CDA数据分析师技能树系列

SPSS 数据分析

从小白到高手

▶ 双色视频版

SPSS DATA ANALYSIS
FROM BEGINNER TO EXPERT

王国平

编著

U0314182

化学工业出版社
·北京·

内容简介

大数据时代，掌握必要的数据分析能力，将大大提升你的工作效率和自身竞争力。SPSS是一款常用的数据分析及可视化工具，本书将详细讲解利用SPSS进行数据分析和展示的相关知识。

书中主要内容包括：SPSS概述、描述统计、T检验、方差分析、相关分析、回归分析、聚类分析、变量降维、时间序列分析、调查问卷及其分析、SPSS缺失值分析、SPSS数据可视化以及综合实战案例等。

本书内容丰富，采用双色印刷，配套视频讲解，结合随书附赠的素材边看边学边练，能够大大提高学习效率，迅速掌握SPSS数据分析技能，并用于实践。

本书适合数据分析初学者、初级数据分析师、数据库技术人员、市场营销人员、产品经理等自学使用。同时，本书也可用作职业院校、培训机构相关专业的教材及参考书。

图书在版编目（CIP）数据

SPSS数据分析从小白到高手 / 王国平编著. -- 北京：化学工业出版社，2024. 11. -- ISBN 978-7-122-33786 -3

Ⅰ．C819

中国国家版本馆CIP数据核字第2024GF1909号

责任编辑：耍利娜　　　　　　　　文字编辑：李亚楠　温潇潇
责任校对：宋　玮　　　　　　　　装帧设计：孙　沁

出版发行：化学工业出版社
　　　　　（北京市东城区青年湖南街13号　邮政编码100011）
印　　刷：三河市航远印刷有限公司
装　　订：三河市宇新装订厂
710mm×1000mm　1/16　印张20½　字数341千字
2025年1月北京第1版第1次印刷

购书咨询：010-64518888　　　　　售后服务：010-64518899
网　　址：http://www.cip.com.cn

定　　价：89.00元

前 言

在当今信息爆炸的时代，海量的数据涌入我们的生活，处理和分析这些数据成为了一项必不可少的技能。SPSS（统计软件包社会科学）是一款广泛应用于数据分析领域的软件，它提供了直观且易于使用的界面，使得初学者可以迅速上手。通过学习 SPSS，我们可以了解如何快速进行数据清洗、数据可视化和统计分析等操作，从而更好地理解数据并做出合理的决策。

学习 SPSS 软件对于数据分析人员来说是至关重要的。目前在各种研究工作中，数据分析是一个不可或缺的环节，SPSS 软件提供了强大的统计分析功能，使得研究人员可以更加高效地处理和分析数据，从海量数据中提取有价值的信息，得出更加可靠和有效的结论。

本书既包括 SPSS 数据分析的主要方法和技巧，又融入了案例实战，使广大读者通过对本书的学习，能够轻松快速地掌握数据分析的主要方法。本书配套资源中包含案例实战中所采用的数据源、PPT 和学习视频等，供读者在阅读本书时使用。

本书主要内容

8. 变量降维

9. 时间序列分析

10. 调查问卷及其分析

11. SPSS 缺失值分析

12. SPSS 数据可视化

13. 案例：航空业客户价值画像

14. 案例：武汉市空气质量分析

**SPSS 数据分析
从小白到高手**

1. SPSS 概述

2. 描述统计

3. T 检验

4. 方差分析

5 相关分析

6. 回归分析

7. 聚类分析

使用本书的注意事项

（1）SPSS 版本

本书基于SPSS 29软件进行编写，建议读者安装该版本进行学习，由于SPSS 26、SPSS 27、SPSS 28等版本与SPSS 29间的差异不大，因此，本书也适用于其他版本的学习。

（2）理论联系实际

本书的目的是帮助读者理解和应用相关的概念和SPSS操作，在学习过程中，读者需尝试将所学的知识应用到实际问题中，以加深对书中内容的理解和记忆。

本书主要特色

特色1：本书内容丰富，涵盖领域广泛，适合各行业人士快速提升SPSS技能。

特色2：看得懂，学得会，注重传授方法、思路，以便读者更好地理解与运用。

特色3：贴近实际工作，介绍职场人急需的技能，通过案例学习，效果立竿见影。

由于作者水平所限，书中难免存在不妥之处，请读者批评指正。

编著者

扫码看视频

扩展阅读
"SPSSAU 在线
分析软件"

扫码下载
PPT、素材文件

目 录

1 SPSS 概述

2 描述统计

3 T 检验

4 方差分析

5 相关分析

6 回归分析

7 聚类分析

8 变量降维

9 时间序列分析

10 调查问卷及其分析

11 SPSS 缺失值分析

12 SPSS 数据可视化

13　案例：航空业客户价值画像

14 案例：武汉市空气质量分析

1

SPSS 概述

▼

SPSS 是一款统计分析软件，被许多研究人员和学者用于数据处理和数据分析。SPSS 提供了一系列功能强大的工具，使用户能够有效地处理和分析大量的数据，还提供了直观的用户界面，通过简单的拖放操作，用户可以快速进行各种统计分析。本章对 SPSS 软件进行概述，包括特点及优势、软件简介、入门基础、参数设置等。

1.1 SPSS 特点及优势

　　SPSS软件拥有强大的统计分析功能，包括描述性统计分析、假设检验、方差分析、回归分析、时间序列分析等，可以满足不同领域的数据分析需求，具有以下特点。

　　首先，SPSS可以处理各种类型的数据，包括数字和文本等。此外，SPSS还提供了丰富的统计分析方法，包括描述统计、推断统计、因子分析、聚类分析等，这些方法可以帮助用户从数据中提取有用的信息，并做出准确的决策。

　　其次，SPSS具有友好的用户界面和易于使用的功能。用户可以通过简单的拖放和单击操作完成数据分析和可视化。此外，SPSS还提供了丰富的图表和图形工具，可以帮助用户更直观地理解数据并进行可视化分析。

　　另外，SPSS还具有强大的数据清洗和预处理功能。用户可以使用SPSS对数据进行清洗、缺失值处理、异常值检测等操作，从而提高数据质量和准确性。

　　除此之外，SPSS还具有广泛的应用领域。它可以应用于市场调研、社会调查、医学研究、金融分析等领域，为用户提供准确、可靠的数据分析支持。

　　总之，SPSS是一款功能强大、易于使用、应用广泛的统计软件。它具有丰富的统计分析方法和强大的数据清洗和预处理功能，可以帮助用户从数据中提取有用的信息，并做出准确的决策。如果我们需要进行数据分析和统计建模，SPSS将是一个不错的选择。

1.2 SPSS 软件简介

1.2.1 SPSS 启动与退出

（1）SPSS 的启动

　　SPSS软件的安装比较简单，安装结束后双击桌面上的SPSS Statistics 29图标即可，或者在【开始】菜单中依次选择【所有应用】|【IBM SPSS

Statistics】|【IBM SPSS Statistics 29】选项，启动后会出现欢迎使用IBM SPSS Statistics界面，如图1-1所示。

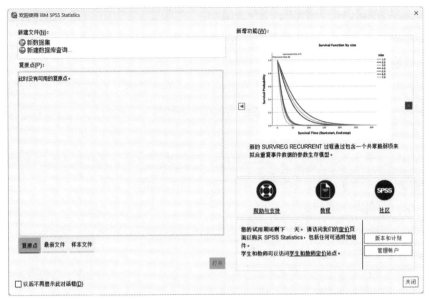

图1-1　SPSS欢迎页面

"欢迎使用IBM SPSS Statistics"页面上的主要选项如下。

① 新建文件

点击此选项可以创建一个新的数据文件，可以选择创建空白数据集，或者从已有的数据库中查询数据。

② 新增功能

点击此选项可以打开目前所使用的SPSS版本的新增功能详细介绍页面。

③ 复原点

每个复原点都是一个SPSS Statistics会话快照。每个复原点都包含会话意外退出时处于活动状态或手动保存的数据编辑器、语法和输出文件信息。保存的复原点将保持备份状态，直至恢复或删除。

④ 最新文件

点击此选项可以快速访问最近打开或保存的数据文件，这样可以方便快速地回到上次使用过的文件。

⑤ 样本文件

IBM SPSS Statistics自带样本数据集，这些数据集是为了方便用户进行练习和熟悉软件操作而提供的。

⑥ 帮助与支持

点击此选项可以访问IBM SPSS Statistics的帮助文档和在线支持资源，可以查找常见问题的解答，获取使用上的帮助和指导。

⑦ 教程

点击此选项可以访问IBM SPSS Statistics的教学资源，在这里可以找到各种教程和培训材料，帮助我们更好地使用SPSS进行数据分析。

⑧ 社区

点击此选项可以访问IBM SPSS Statistics的用户社区，在社区中与其他用户交流经验、提问问题等，以便更好地利用SPSS进行数据分析。

⑨ 以后不再显示此对话框

点击此选项，下次登录IBM SPSS Statistics时将不会显示"欢迎使用IBM SPSS Statistics"页面。

⬤（2）SPSS的退出

在菜单栏中选择【文件】|【退出】选项或者单击数据编辑窗口右上角的"关闭"按钮，都可以退出SPSS。

1.2.2　SPSS界面与窗口

SPSS软件的界面包括主窗口（数据编辑窗口）、结果输出窗口和语法编辑器窗口等，下面分别进行介绍。

⬤（1）数据编辑窗口

SPSS的数据编辑窗口是用于输入、编辑和查看数据的主要界面元素之一。用户可以在数据编辑窗口中输入和编辑数据，添加或删除变量，对数据进行筛选、排序等操作。数据编辑窗口类似于一个电子表格，用户可以在其中看到所有的数据行和列，并对其进行编辑和修改。同时，数据编辑窗口还提供了多种工具和按钮，方便用户对数据进行处理和分析。

如果在启动选项中选择"输入数据"或"打开现有的数据源"，输入SPSS后的第一个窗口就是数据编辑窗口，如图1-2所示。

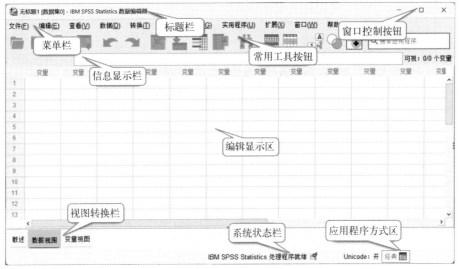

图 1-2　SPSS 的数据编辑窗口

SPSS数据编辑窗口的主要区域如下：

① 标题栏

标题栏显示窗口名称和编辑的数据文件名。如果当前数据编辑器中是一个新建的文件，其显示为"无标题1[数据集0]－ IBM SPSS Statistics 数据编辑器"。

② 窗口控制按钮

窗口控制按钮主要用于对窗口进行布局和管理操作，包括最小化、最大化、关闭等按钮，这些控制按钮可以帮助用户更加方便地管理和布局SPSS的各个窗口，提高工作效率。

③ 菜单栏

菜单栏包括"文件""编辑""查看""数据""转换""分析""图形""实用程序""扩展""窗口"和"帮助"菜单，这些菜单可以实现编辑数据与变量、定义系统参数、设置显示方式、进行数据分析、绘制图形和查阅软件帮助等功能。

④ 常用工具按钮

它是SPSS软件中常用的界面元素之一，包含文件工具、编辑工具、视图工具、数据管理工具、统计分析工具等，可以快速访问常用的命令和操作。

⑤ 信息显示栏

其用于显示单元格位置和单元格的内容等相关信息。左侧灰色显示的区域为提示区，显示单元格的位置，右侧空白区域为数据编辑区，该区域内显示当前选

5

中的单元格的信息，可以输入或修改相应的内容。

⑥ 编辑显示区

窗口中部区域是编辑显示区，该区域最左侧一列显示单元序列号，最上边一行显示变量名称。选定的单元格将呈反色显示，其内容将出现在数据和单元格"信息显示栏"中，可以输入或修改单元格内容。

⑦ 视图转换栏

其用于进行变量视图和数据视图的切换，用户只需要单击相应的标签便可以完成切换。

⑧ 系统状态栏

其显示当前软件操作，用户可以通过该栏了解SPSS当前的工作状态。

⑨ 应用程序方式区

其用于在经典（输出和语法）方式与工作簿方式之间进行切换。

（2）结果输出窗口

结果输出窗口中显示各种统计分析的结果，如描述性统计、推论性统计、回归分析等，同时还可以绘制各种统计图形，如柱状图、饼图、散点图等。用户可以在输出窗口中对输出的结果进行复制、编辑等操作，方便对结果进行进一步的处理和分析，结果输出窗口如图1-3所示。

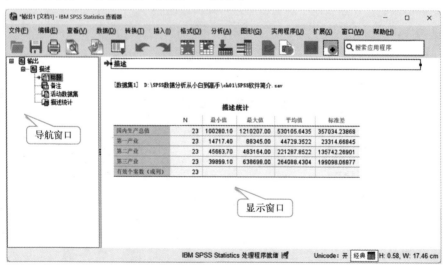

图1-3　SPSS 的结果输出窗口

结果输出窗口左侧是导航窗口，显示输出结果的目录，单击目录前边的加、减号可以显示或隐藏相关的内容；右侧是显示窗口，显示所选目录的具体内容。

（3）语法编辑器窗口

语法编辑器窗口用于编写和编辑SPSS的语法命令，以便进行复杂的数据分析操作。对于中高级用户，可以通过输入代码的方式进行操作，实现更加灵活和高效的数据分析功能。依次选择菜单【文件】|【新建】|【语法】选项或【文件】|【打开】|【语法】选项均可打开语法编辑器窗口，如图1-4所示。

图1-4　SPSS的语法编辑器窗口

用户可以在语法编辑器窗口中输入或修改SPSS选项，或单击任何分析对话框上的粘贴按钮，将使用对话框设置的各种命令或选项粘贴到语法编辑器窗口中。

1.2.3　SPSS 29新增功能

2022年9月，IBM正式宣布推出SPSS Statistics 29版本，包括新的生存模型程序、新的开源扩展程序、UI界面、搜索及工作簿改进等，下面介绍主要的新增功能。

（1）"概述"选项卡

新的"概述"选项卡提供数据集或文件中数据的特征信息，包含变测量级别、缺失值摘要和变量报告等，并允许根据测量级别定义向下钻取到具有相应图表和摘要统计信息的各个变量。

（2）线性 OLS 的替代模型：弹性网络

全新线性弹性网络扩展程序可生成估算因变量对一个或多个自变量的正则化线性回归模型，正则化结合了L1（Lasso）和L2（Ridge）的罚函数。该扩展包括可选的模式，以显示在给定的L1比率下不同 α 值的跟踪图，并在交叉验证的基础上选择L1比率和 α 超参数值。

（3）线性 OLS 的替代模型：套索

全新线性套索扩展可对一个或多个自变量的因变量进行L1损失正则化线性回归模型估算，并包括显示跟踪图和根据交叉验证选择 α 超参数值的可选模式。

当单一模型被拟合或交叉验证被用来选择 α 时，分区的保留数据可被用来估计样本外的性能。

（4）线性 OLS 的替代模型：脊线

全新线性脊线扩展程序对一个或多个自变量的因变量进行L2或平方损失正则化线性回归模型估算，同样包括显示跟踪图和基于交叉验证选择 α 超参数值的可选模式。

当单一模型被拟合或交叉验证被用来选择 α 时，分区的保留数据可被用来估计样本外的性能。

（5）参数化的加速失效时间模型

新程序调用了参数化生存模型程序与非复现性生命时间数据。参数化生存模型假定生存时间遵循一个已知分布，而这种分析适合加速失效时间模型，其模型效应与生存时间成正比。

（6）假性 R^2 量

假性 R^2 量和类内相关系数现在包括在线性混合模型和广义线性混合模型的输出中（在适当时）。决定系数 R^2 是一个常见的统计数字，它代表了一个线性模型所解释的方差比例。类内相关系数是一个相关的统计数字，它量化了多层次/分层数据中由分组（随机）因素解释的方差比例。

◯ （7）小提琴图

图形板模板选择器包括一个全新的小提琴图供选择，小提琴图显示了统计数据中的峰值，适用于可视化数字数据的分布情况。以往的盒式图只能显示汇总的统计数据，而小提琴图则描述了汇总统计数据和每个变量的密度情况。

1.2.4 ChatGPT 指导 SPSS 学习

作为数据分析师，我们面临着处理大量数据和提取准确结论的挑战。随着近年来信息技术的飞速发展，我们可以借助人工智能工具来有效地分析数据。下面介绍如何利用 ChatGPT 来指导使用 SPSS 进行数据分析。

尽管 SPSS 具有用户友好的界面，但是对于新手而言，它的复杂性依然可能会让人感到困惑，这便是 ChatGPT 派上用场的地方。ChatGPT 是一种基于人工智能的对话模型，可以提供指导和解答关于 SPSS 的问题。通过与 ChatGPT 进行对话，我们可以获得有关如何正确使用 SPSS 的实用建议。下面列举一些可以向 ChatGPT 提问的 SPSS 问题：

- 如何在 SPSS 中导入数据？
- 如何选择适当的统计测试方法？
- 如何进行数据清洗和处理？
- 如何使用 SPSS 创建图表？
- 如何解释 SPSS 输出结果和分析报告？

ChatGPT 可以通过回答上述这些问题，提供具体的 SPSS 操作步骤、示例和提示，来帮助我们更好地理解和使用 SPSS。作为数据分析师，我们可以通过 ChatGPT 获得更多有用的指导，从而优化数据分析的过程。

此外，ChatGPT 还可以帮助我们解决一些特定的数据分析问题。例如，当我们想要了解两个变量之间是否存在相关性时，可以询问 ChatGPT 如何在 SPSS 中执行相关性分析。ChatGPT 可以指导我们选择合适的统计测试方法，输入相关变量并解读结果。这种实时的指导和解答能够显著提高我们的工作效率和准确性。

然而，尽管 ChatGPT 在提供指导时具有一定的优势，我们还是需要谨慎对待其建议。由于 ChatGPT 是通过学习大量文本数据得出的结论，它可能存在理解错误或提供不准确答案的风险。因此，在使用 ChatGPT 的指导时，我们应该将其作为参考，而不是绝对依据。同时，我们也应该对 ChatGPT 输出的结果进行检验和验证，以确保其准确性和可靠性。

例如，下面介绍如何使用ChatGPT进行描述性分析。

输入的提示语如下：

案例数据集是衡量我国各省市综合发展水平的一些指标，包括2020年不同省份的人均地区生产总值、社会消费品零售总额、农村居民人均可支配收入、技术市场成交额、企业法人数，请使用SPSS分析工具，利用因子分析来提取公共因子，分析衡量地区发展因素的指标，输出详细的步骤和脚本。

输出的结果如下：

要在SPSS中使用因子分析来提取公共因子，分析衡量地区发展因素的指标，你可以按照以下步骤进行。

① 打开SPSS软件并导入数据集。

② 点击菜单栏中的"分析(Analyse)"，然后选择"数据降维(Data Reduction)"，再选择"因子(Factor)"。

③ 在弹出的窗口中，选择需要进行因子分析的指标变量，比如人均地区生产总值、社会消费品零售总额、农村居民人均可支配收入、技术市场成交额、企业法人数，然后将它们移动到"因子(Factor)"框中。

④ 点击"提取(Extraction)"按钮，选择提取方法（比如主成分分析或者最大方差法）和提取的因子数量。

⑤ 点击"旋转(Rotation)"按钮，选择旋转方法（比如方差最大旋转法或者极大似然旋转法）和旋转的类型。

⑥ 点击"确定(OK)"按钮，SPSS将进行因子分析并输出结果。

以下是可能的SPSS脚本示例：

```SPSS
FACTOR
  /VARIABLES=人均地区生产总值 社会消费品零售总额 农村居民人均可支配收入
技术市场成交额 企业法人数
  /MISSING LISTWISE
  /ANALYSIS 人均地区生产总值 社会消费品零售总额 农村居民人均可支配收入 技
术市场成交额 企业法人数
  /PRINT INITIAL CORRELATION KMO ROTATION
  /CRITERIA FACTORS(3) ITERATE(25)
  /EXTRACTION PC
  /CRITERIA ITERATE(25)
  /ROTATION VARIMAX
  /SAVE REG(ALL)
  /METHOD=CORRELATION.
```

请确保将变量名称替换为你的数据集中实际的变量名称。

通过这些步骤和脚本，你可以在SPSS中进行因子分析，提取公共因子，以分析衡量地区发展因素的指标。SPSS将输出因子分析的结果，包括公共因子的提取和旋转后的因子载荷。

1.3　SPSS 入门基础

1.3.1　常量与变量

**（1）常量**

常量是在SPSS程序中固定不变的数值，用于描述和标记数据，SPSS中的常量可以是数值型、字符型、日期型等。

① 数值常量

可以是整数或小数，用于表示数值类型的常量。

② 字符常量

由字符组成的文本常量，可以是字母、数字或标点符号等。

③ 日期常量

用于表示日期和时间，包括年、月、日、时、分、秒等。

④ 逻辑常量

用于表示逻辑"真假"或"是非"，通常用于布尔运算。

⑤ 坐标常量

用于表示空间坐标位置，如地理位置坐标、三维空间坐标等。

⑥ 缺失值常量

用于表示缺失值或无效值，在统计分析中常用于剔除无效样本和数据清洗。

（2）变量

变量是在SPSS程序中可以变化的数值，用于记录和统计数据，每个变量都有一个变量名和变量类型，变量类型可以是数值型、字符型、日期型等，根据不同需求进行选择。

① 数值型变量

数值型变量一般由数字、分隔符和一些特殊符号构成，包含以下6种具体的形式。

a. 数字型。数字型数值变量是SPSS中默认的数值变量格式，其默认长度为8，小数位数为2，小数点采用圆点表示。

b. 逗号型。逗号型数值变量的整数部分从右向左每隔三位插入一个逗号作为分隔，逗号型变量默认长度为8，小数位数为2，小数点采用圆点表示。

c. 点型。点型数值变量显示方式与带逗号的数值型变量相反，其整数部分从右向左每隔三位插入一个圆点作为分隔符，默认长度为8，小数位数为2，小数点采用逗号表示。

d. 科学记数法型。数值采用指数形式表示，科学记数法型数值变量默认长度为8，小数位数为2，通常用于表示很大或很小的数字。

e. 美元型。美元型数值变量是在数字前添加美元符号的变量，默认长度为8，小数位数为2。

f. 自定义货币型。用户可以创建5种自定义数据显示格式，名称命名为CCA、CCB、CCC、CCD和CCE，这只是5种命名，用户可以自行定制这5种类型。

② 字符型变量

字符型变量由字符串组成，可以包含数字、字母和一些特殊符号。字符型变量的默认长度为8，大于8个字符的字符型变量称为长字符型变量，小于等于8个字符的变量称为短字符型变量，字符型变量最长为32767个字符。字符型变量不能参与运算，系统将区分大小写字母。

③ 日期型变量

日期型变量用于表示日期和时间。在图1-5所示的"变量类型"对话框中，选中"日期"单选按钮，可以看到SPSS提供的34种不同的日期和时间格式，可根据需要选择相应的格式。日期型变量不能参与运算，要想使用日期变量的值进行

图1-5　日期型变量的格式

运算必须通过有关的日期函数进行转换。

1.3.2　变量名与变量标签

◯ **（1）变量名**

变量名是用于标识数据变量的唯一名称，它用于在SPSS中识别和引用不同的变量，在SPSS中，变量名必须满足一些特定的规则，例如长度限制、区分大小写等。这些规则有助于确保变量名的唯一性和正确性，SPSS中变量的命名规则如下：

① SPSS的变量名不能超过32768个字符。

② 首字符必须是字母、中文或特殊符号"@""$"或"#"。

③ 变量名中不能出现"？""！""-""+""="和"*"和空格。

④ 末字符不能为"."和空格。

⑤ 名称不能与SPSS的保留字相同，SPSS的保留字有：AND 、BY、EQ、GE、GT 、LT、NE、NOT、OR、TO、WITH和ALL。

⑥ 系统不区分变量名中的大小写字母。

◯ **（2）变量标签**

变量标签是对变量含义的进一步解释说明，它可增强变量名的可视性和统计分析结果的可读性，变量标签的长度可以达到120个字符，这为解释说明提供了充足的空间。变量标签包括变量名标签和变量值标签两类。

① 变量名标签

变量名标签是对变量名的进一步解释和说明。变量名标签可由数字、汉字、字母和特殊符号构成，可以包含空格和SPSS保留字。用户可以自行设置变量名标签和变量名的显示方式，也可以用变量名标签代替变量名显示。变量名标签是一个可选择属性，用户可以不定义变量名标签。

② 变量值标签

变量值标签是对变量取值的进一步解释和说明，通常用于分类变量。变量值标签只对数值型变量、日期型变量和短字符型变量有效，变量值标签是一个可选属性，如图1-6所示。

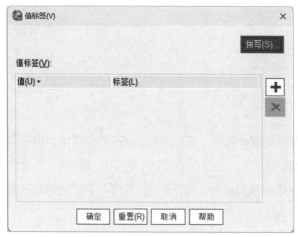

图 1-6　SPSS 值标签

1.3.3　运算符与表达式

　　SPSS的基本运算有3种，即数学运算、关系运算和逻辑运算，相应的运算符及其意义如表1-1所示。

表1-1　SPSS中的运算符

数学运算符		关系运算符			逻辑运算符		
符号	意义	符号	运算符	意义	符号	运算符	意义
+	加	<	LT	小于	&	AND	与
−	减	>	GT	大于	|	OR	或
*	乘	<=	LE	小于或等于	~	NOT	非
/	除	>=	GE	大于或等于			
**	乘方	=	EQ	等于			
()	括号	~=	NT	不等于			

　　将常量变量或函数用运算符进行连接，便形成了表达式，表达式的具体形式有以下3种。

⚪（1）算术表达式

　　数学运算符连接数值型的常量、变量和函数即形成算术表达式，其运算结果一般为数值，例如表达式53+16，输出结果为69。

（2）比较表达式

利用关系运算符建立变量间的比较关系即为比较表达式，但是要求相互比较的变量类型是一致的，比较表达式的结果一般为逻辑型，例如，x=6，则表达式"x>0"为真，系统返回True。

（3）逻辑表达式

逻辑表达式由逻辑运算符、逻辑型的变量或取值为逻辑型的比较表达式构成，逻辑表达式的值为逻辑型常量，例如对于表达式"True AND True"系统返回True，"True OR False"系统返回True，"NOT False"系统返回True。

1.3.4　变量的定义

在数据编辑窗口中的视图转换栏中选择"变量视图"标签，如图1-7所示，变量的定义就是在数据编辑器的变量视图中进行的。

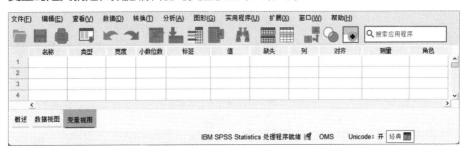

图1-7　数据编辑器的变量视图

（1）定义变量名

选中某个变量的"名称"单元格，直接输入变量名便可定义变量名称，输入完成后单击其他单元格或按回车键即可完成设置。如果用户没有预先设置变量名称而直接在数据视图中输入数据，那么变量名称将使用系统的默认名称VAR00001、VAR00002等，用户可以在变量视图中双击变量名称进行修改。

（2）定义变量类型

选中某个变量的"类型"单元格，单击右侧的按钮弹出如图1-8所示的"变量类型"对话框。用户在该变量类型对话框中选择相应的单选按钮即可完成

15

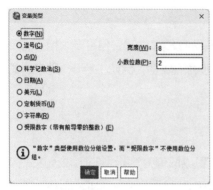

图 1-8　"变量类型"对话框

变量类型的选择与设置。

① 宽度定义

选中某个变量的"宽度"单元格，直接输入相应数值便可定义变量宽度，可以通过下拉按钮来调节变量的宽度，系统默认的变量宽度为8，变量宽度的设置对日期型变量无效。

② 小数位数定义

选中某个变量的"小数"单元格，直接输入相应数值便可定义变量的小数位数，也可以通过下拉按钮来调节，系统默认的小数位数为2，变量小数位数的设置对非数值型变量无效。

（3）变量值标签定义

选中某个变量的"标签"单元格，直接输入相应的内容便可定义该变量的值标签。

变量值标签定义，选中某个变量的"值"单元格，单击右侧的按钮弹出如图1-9所示的"值标签"对话框。在"值"输入框中输入要定义标签的变量值，在"标签"输入框中输入定义的值标签内容，如图1-10所示。

图 1-9　"值标签"对话框

图 1-10　输入值标签

（4）缺失值的定义

缺失值在数据分析中具有重要性，因此在处理和分析数据时需要谨慎对待，正确的处理方法有助于提供更准确和有用的分析结果。选中某个变量的"缺失"

16

单元格，单击右侧的按钮将弹出如图1-11所示的"缺失值"对话框。有3个可定义单选项。

① 无缺失值

选择此项表示无缺失值，为系统默认方式。

② 离散缺失值

选择此项表示数据中存在离散缺失值，用户可以在其下的输入框中输入不超过三个的缺失值。

图1-11 "缺失值"对话框

③ 范围加上一个可选的离散缺失值

选择此项表示数据中存在连续缺失值，在"下限"和"上限"输入框中输入相应的值以确定取值范围。此外，用户还可以在"离散值"输入框中指定一个离散形式的缺失值。

（5）列宽度设置

选中某个变量的"列"单元格，直接输入相应数值便可定义列的显示宽度，可以通过下拉按钮来调节列的显示宽度。

（6）对齐方式设置

选中某个变量的"对齐"单元格，在其右侧出现的下拉列表中选择相应的对齐方式即可，系统给出了"左""右"和"居中"3种对齐方式。

（7）变量标度尺度设置

选中某个变量的"标度方式"单元格，在其右侧出现的下拉列表中选择相应的标度尺度即可。

（8）变量角色设置

选中某个变量的"角色"单元格，在其右侧出现的下拉列表中选择相应的角色类型，系统包含"输入""目标"和"两者"等6种类型。

· 输入（input）：变量将用作输入，例如自变量或预测变量。

· 目标（target）：变量将用作输出或目标，例如因变量。

· 两者（both）：变量将同时用作输入和输出。

· 无（none）：变量没有角色分配，即不被纳入分析。

·分区（partition）：变量将被用于将数据划分为单独的训练、检验和验证样本。

·拆分（split）：具有此角色的变量不会在SPSS中被用作拆分文件变量。

1.4 SPSS 参数设置

1.4.1 常规参数设置

SPSS的常规参数设置主要涉及变量列表、输出与通知、变量角色和默认设置等，通过合理设置这些参数，用户可以定制SPSS的使用习惯，提高数据分析的效率和准确性。"常规"选项卡如图1-12所示。

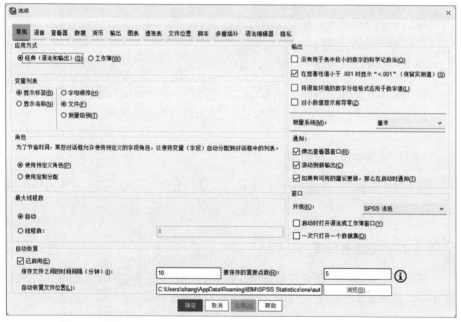

图1-12 "常规"选项卡

（1）应用方式选项组

SPSS运行过程时，结果显示在"查看器"窗口中，"查看器"窗口可以通过经典（语法和输出）和工作簿两种方式运作。

① 经典（语法和输出）

缺省方式以经典查看器格式显示输出。在该方式下，可以很容易地浏览到要查看的输出，也可以使用输出并创建包含所需的确切输出内容的文档。

② 工作簿

工作簿方式将SPSS语法编辑功能与Notebook方法连接起来，该方法提供了用于运行语法和查看相应输出的交互式方法。工作簿文档由各个段落组成，这些段落包含各个输出元素（语法、过程、图表等）。

（2）变量列表选项组

"变量列表"选项组用于设置变量在变量表中的显示方式与显示顺序。显示方式可选择"显示标签"或"显示名称"。若选择"显示标签"，则变量标签显示在前；若选择"显示名称"，则只显示变量名称。

（3）角色选项组

"角色"选项组是从SPSS Statistics 25版本开始引入的，其来源于数据挖掘方法体系的要求。为了节省时间，某些对话框允许使用预定义的字段角色，以便将变量（字段）自动分配到对话框中的列表，包括使用预定义角色和使用定制分配两种设置。

SPSS默认为所有变量分配输入角色。注意：角色分配只影响支持角色分配的对话框。而此类对话框在现有版本的SPSS中较少。一般情况下，该选项使用默认设置即可。

（4）输出选项组

该选项组主要设置SPSS的输出风格，"测量系统"下拉列表框用于设置SPSS的标度参数，可以选择"厘米""英寸"和"磅"等单位，默认是厘米；选择"没有用于表中较小的数字的科学记数法"复选框，则输出结果中将把非常小的小数以0代替；在显著性值小于.001时显示"<.001"（保留实测值）。

通知栏包括"弹出查看器窗口""滚动到新输出"和"如果有可用的建议更新，那么在启动时通知"3个复选框，选择"弹出查看器窗口"，SPSS会在有新的结果时自动打开视图窗口；选择"滚动到新输出"，SPSS会自动在视图窗口中滚动到新的输出。

"外观"下拉列表框用于设置SPSS的整体外观风格，用户可以选择"SPSS浅色""SPSS标准""SPSS传统"和"窗口"4种风格。

另外，选择"启动时打开语法或工作簿窗口"复选框，SPSS启动时将打开语法窗口。若选择"一次只打开一个数据集"复选框，SPSS将关闭多数据集支持功能，用户打开新数据集时必须将原先打开的数据集关闭。

1.4.2 输出参数设置

在SPSS中，输出参数设置允许用户自定义和控制分析结果的显示方式和格式，可以帮助用户更好地理解和解释数据，同时也使结果更易于共享和报告。"输出"选项卡如图1-13所示。

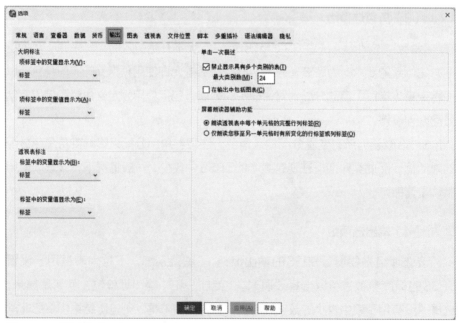

图1-13 "输出"选项卡

（1）"大纲标注"选项组

该选项组包括"项标签中的变量显示为"和"项标签中的变量值显示为"两

个下拉列表框，分别用于设置变量标签和变量值的显示方式。两个下拉列表框中都有三个可选项："标签"，使用变量标签标示每个变量；"名称"，使用变量名称标示每个变量；"标签与名称"，两者都使用。

（2）"透视表标注"选项组

该选项组包含内容及其设置方式与"大纲标注"选项组相同。

1.4.3 图表参数设置

"图表"选项卡用于设置图表输出时的各种参数，通过这些参数设置，用户可以定制SPSS图表，以更好地满足数据可视化需求，使结果更加清晰直观地展现，有助于提高图表的可读性和视觉效果，从而更好地传达信息给目标受众。"图表"选项卡如图1-14所示。

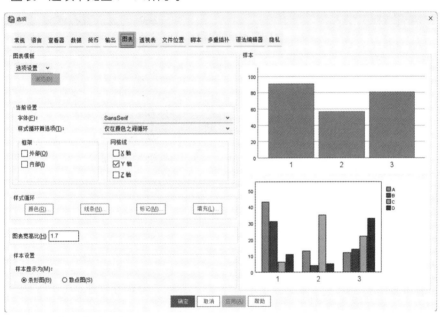

图1-14 "图表"选项卡

（1）"图表模板"选项组

该选项组包含"选项设置""指定的用户""APA""明亮""旧""26旧""粉彩""出版灰"和"Web报告"等选项。若选择默认的"选项设置"选项，则图表采用此标签中的当前设置参数，包括字体、样式循环首选项、框架、网格线等。

"字体"下拉列表框用于设置新图表中所有文本的字体。

"样式循环首选项"下拉列表框用于设置新图表的颜色和图案的初始分配，包含两个选项："仅在颜色之间循环"，选择则仅使用颜色区分图表元素，而不使用图案；"仅在模式之间循环"，选择则仅使用线条样式、标记符号或填充图案来区分图表元素，而不使用颜色。

"框架"选项组用于控制新图表上内部和外部的显示，用户可以选择显示内部或外部。

"网格线"选项组用于设置新图表上的刻度轴网格线和类别轴网格线的显示。

（2）"样式循环"选项组

该选项组包含"颜色""线条""标记""填充"4个按钮，分别用于设置新图表的颜色、线条样式、标记符号和填充图案。

（3）"图表宽高比"设置项

该设置项用于设置生成图表宽度与高度的比例。

（4）"样本设置"选项组

该选项组用于设置样本默认的显示风格，默认是条形图。

2

描述统计

▼

在进行数据分析之前，一般需要对数据进行初步的描述统计。描述统计是一种统计方法，用于对数据进行总结、描述和可视化，从而更好地理解数据的特征和趋势。本章将结合实例，详细介绍这些分析的具体操作并对结果进行解释。

2.1 描述性分析

2.1.1 描述性分析概述

描述性分析是对数据进行基础性的描述，提供数据的集中趋势、离散程度和分布情况等方面的统计指标。通过描述性分析，可以得出数据的平均值、和、标准差、最大值、最小值、方差、全距、均值标准误差、峰度、偏度等统计量，来估计原始数据的集中程度、离散状况和分布情况。

主要描述统计指标如下。

（1）平均值

平均值是一个比较重要的表示集中趋势的统计量。根据所掌握资料的表现形式不同，算术平均数有简单算术平均数和加权算术平均数两种。

简单算术平均数是将总体各单位每一个标志值加总得到的标志总量除以单位总量而求出的平均指标。其计算方法如下所示：

$$\bar{X} = \frac{X_1 + X_2 + \cdots + X_n}{n} = \frac{\sum X}{n}$$

简单算术平均数适用于总体单位数较少的未分组资料。如果所给的资料是已经分组的次数分布数列，则算术平均数的计算应采用加权算术平均数的形式。

加权算术平均数是先用各组的标志值乘以相应的各组单位数求出各组标志总量，并加总求得总体标志总量，而后再将总体标志总量和总体单位总量对比。其计算过程如下所示：

$$\bar{X} = \frac{f_1 X_1 + f_2 X_2 + \cdots + f_n X_n}{f_1 + f_2 + \cdots + f_n} = \frac{\sum fX}{\sum f}$$

式中，f_n 表示各组的单位数，或频数、权数。

（2）中位数

中位数也是一个比较重要的表示集中趋势的统计量。将总体单位某一变量的各个变量值按大小顺序排列，处在数列中间位置的那个变量值就是中位数。

计算步骤如下：将各变量值按大小顺序排列，当 n 为奇数项时，则中位数就是居于中间位置的那个变量值；当 n 为偶数项时，则中位数是位于中间位置的两个变量值的算术平均数。

（3）方差

方差是一个比较重要的表示离中趋势的统计量。它是总体各单位变量值与其算术平均数的离差平方的算术平均数，用 σ^2 表示。

方差的计算公式如下所示：

$$\sigma^2 = \frac{\sum (X - \bar{X})^2}{n}$$

（4）标准差

标准差是另一个比较重要的表示离中趋势的统计量。与方差不同的是，标准差是具有量纲的，它与变量值的计量单位相同，其实际意义要比方差清楚。因此，在对社会经济现象进行分析时，往往更多地使用标准差。

方差的平方根就是标准差，标准差的计算公式如下所示：

$$\sigma = \sqrt{\frac{\sum (X - \bar{X})^2}{n}}$$

（5）百分位数

如果将一组数据排序，并计算相应的累计百分位，则某一百分位所对应数据的值就称为这一百分位的百分位数。常用的有四分位数，指的是将数据分为四等份，分别位于25%、50%和75%处的分位数。

百分位数适合于定序数据，不能用于定类数据，它的优点是不受极端值的影响。

（6）变异系数

变异系数是将标准差或平均差与其平均数对比所得的比值，又称离散系数，计算公式如下所示：

$$V_\sigma = \frac{\sigma}{\bar{X}}$$

式中，V_σ、σ、$\bar{X}$ 分别表示变异系数、标准差和平均值。变异系数是一个无名数的数值，可用于比较不同数列的变异程度。其中，最常用的变异系数是标准差系数。

（7）偏度

偏度是对分布偏斜方向及程度的测度。常用三阶中心矩除以标准差的三次方，表示数据分布的相对偏斜程度，用 a_3 表示。其计算公式如下所示：

$$a_3 = \frac{\sum f(X - \bar{X})^3}{\sigma^3 \sum f}$$

式中，a_3 为正，表示分布为右偏；a_3 为负，则表示分布为左偏。

（8）峰度

峰度是频数分布曲线与正态分布相比较，顶端的尖峭程度。统计上常用四阶中心矩测定峰度，其计算公式如下所示：

$$a_4 = \frac{\sum f(X - \bar{X})^4}{\sigma^4 \sum f}$$

当 a_4=3时，分布曲线为正态分布；

当 a_4<3时，分布曲线为平峰分布；

当 a_4>3时，分布曲线为尖峰分布。

（9）Z 标准化得分

Z 标准化得分是某一数据与平均数的距离以标准差为单位的测量值。其计算公式如下：

$$Z_i = \frac{X_i - \bar{X}}{\sigma}$$

式中，Z_i 即为 X_i 的 Z 标准化得分。Z 标准化数据越大，说明它离平均数越远。

标准化值不仅能表明各原始数据在一组数据分布中的相对位置，而且能在不同分布的各组原始数据间进行比较，同时还能接受代数方法的处理。因此，标准化值在统计分析中起着十分重要的作用。

2.1.2　SPSS 操作及选项设置

首先打开相应的数据文件，在SPSS Statistics数据编辑器窗口中进行描述性统计分析。

（1）打开描述选项

在SPSS Statistics数据编辑器窗口的菜单栏中选择【分析】|【描述统计】|【描述】选项，打开如图2-1所示的"描述"对话框。

（2）选择分析变量

从源变量列表中单击需要描述的变量，然后单击图中向右的箭头按钮，将需要分析的变量选入"变量"列表中，例如"国内生产总值[GDP]"，如图2-2所示。

图2-1 "描述"对话框

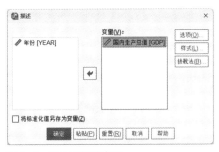

图2-2 选入要描述变量

（3）相应选项设置

单击右侧"选项"按钮，弹出如图2-3所示的"描述：选项"对话框。

"描述：选项"对话框主要用于指定需要输出和计算的基本统计量和结果输出的显示顺序，分为4个部分。

①"均值"和"总和"复选框

选中"均值"复选框表示输出变量的算术平均数。选中"总和"复选框表示输出各个变量的求和。

②"离散"选项组

该选项组主要用于输出离中趋势统计量，共有6个复选框："标准差""方差""范围""最小值""最大值"和"标准误差均值"。选中这些复选框分别表示输出变量的标准差、方差、范围、最小值、最大值、平均值的标准误差。

图2-3 "描述：选项"对话框

③"分布"选项组

该选项组主要用于输出表示分布的统计量：

·"峰度"复选框，选中该复选框表示输出变量的峰度统计量。

·"偏度"复选框，选中该复选框表示输出变量的偏度统计量。

④"显示顺序"选项组

该选项组主要用于设置变量的排列顺序，有以下4种选择：

·变量列表：表示按变量列表中变量的顺序进行排序。

·字母：表示按变量列表中变量的首字母顺序排序。

·按均值的升序排序：表示按变量列表中变量的均值的升序排序。

·按均值的降序排序：表示按变量列表中变量的均值的降序排序。

其中，系统默认的基本统计量是"均值""标准差""最大值""最小值"和显示顺序中的"变量列表"。

设置完毕后，单击"继续"按钮，返回到"描述"对话框。

（4）拔靴法

单击图2-2右侧"拔靴法"按钮，弹出如图2-4所示的"拔靴法"对话框。

图2-4　"拔靴法"对话框

拔靴法是一种统计学方法，常用于估计统计量的标准误差、置信区间和假设检验等。它的基本思想是通过从原始数据中有放回地抽取样本来构建大量的重采样样本，然后利用这些样本来进行统计分析。拔靴法能够更好地处理数据的非正态分布和小样本问题，提供更稳健的统计推断结果。

在SPSS软件中，拔靴法可以通过使用插件或编写语法来实现。首先，需要选择要进行拔靴法的变量或变量组合。然后，设置拔靴法的参数，如重采样次数和置信水平。接下来，运行拔靴法分析并获取结果。最后，可以通过拔靴法得到的重采样样本来计算统计量的标准误差、置信区间和假设检验等。

（5）设置"将标准化值另存为变量"复选框

如果选中该复选框，则表示变量列表中的每一个要分析描述的变量都要计算 Z 标准化得分，并且系统会将每个变量的 Z 标准化得分保存到数据文件中（其中，新变量的命名方式是在源变量的变量名前加 Z，如源变量名为"GDP"，则生成的新变量名为"ZGDP"）。

（6）"重置"按钮

单击"重置"按钮，即可以重新选择变量，重新设置"选项"。

2.1.3 案例：国内生产总值描述性分析

（1）案例数据简介

国内生产总值简称 GDP，是指在一定时期内（通常为一年）国内所有常住单位和个人生产活动中所创造的最终产品和服务的总价值，用于衡量一个国家经济发展的总体规模和速度。国内生产总值是国家经济核算体系中最基本、最全面、最重要的经济总量指标之一。

"国内生产总值.xlsx"数据文件显示了 2000 年至 2022 年，共计 23 年的国内生产总值数据，以此数据文件为例，描述性分析该数据文件中的一些基本统计量。

首先，在 SPSS 变量视图中建立变量"YEAR"和"GDP"，分别表示年份和国内生产总值，两个变量的标度标准都为"标度"，如图 2-5 所示。

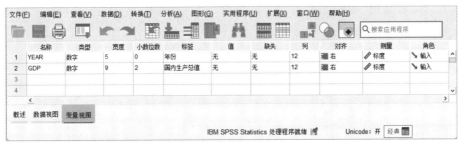

图 2-5 数据文件变量视图

然后在 SPSS 数据视图中，把相关数据输入到各个变量中，输入完毕后，数据如图 2-6 所示。

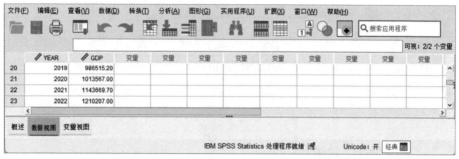

图 2-6　数据文件数据视图

（2）案例操作步骤

打开数据文件，进入SPSS Statistics数据编辑器窗口，然后在菜单栏中依次选择【分析】|【描述统计】|【描述】选项，打开"描述"对话框，将"国内生产总值[GDP]"选入"变量"列表。

单击"选项"按钮弹出"描述：选项"对话框，选中"最大值""最小值""均值""标准差""峰度"和"偏度"，在"显示顺序"选项组中选中"变量列表"，然后单击"继续"按钮。

最后，选中"将标准化值另存为变量（Z）"复选框，并单击"确定"按钮。

（3）案例结果分析

单击"确定"按钮可以得到描述性分析的结果，如图2-7和图2-8所示。

图2-7给出了描述性分析的主要结果。从图表可以得到各个变量的个数、最大值、最小值等统计量。从描述性分析的结果可以看出：国内生产总值的最小值是100280.10，最大值是1210207.00，平均值为530105.6435，表示波动程度的标准差为357034.23868，偏度大于0，峰度小于正态分布的峰度3，可见数据分布右偏，不服从正态分布。

描述统计

	N 统计	最小值 统计	最大值 统计	平均值 统计	标准差 统计	偏度 统计	偏度 标准误差	峰度 统计	峰度 标准误差
国内生产总值	23	100280.10	1210207.00	530105.6435	357034.23868	.459	.481	-1.053	.935
有效个案数（成列）	23								

图2-7　描述统计量

从图2-8可以看出，在选中"将标准化值另存为变量（Z）"复选框后，数据文件中就会增加新的变量"ZGDP"，分别表示"GDP"的Z标准化得分。通过该统计量可以看出，大于0的数值表示该年的国内生产总值比平均值要高，小于0的数值表示该年的国内生产总值要比平均值低，如2022年数值为1.90486，即该年的国内生产总值比平均值要高1.90486个标准差。

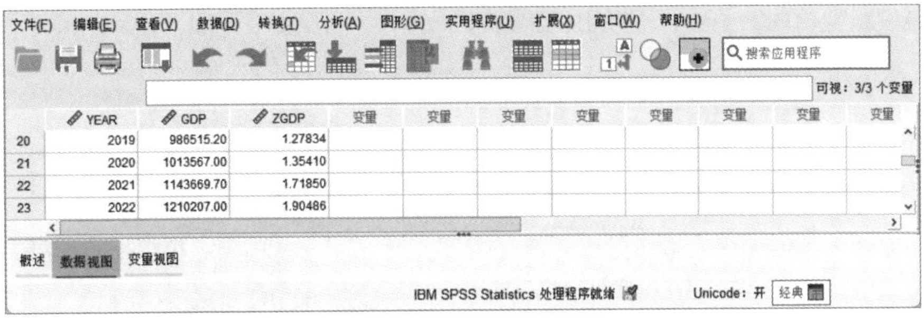

图2-8　操作后数据视图

2.2　频数分析

2.2.1　频数分析概述

频数分析是对一组数据的不同数值的频数，或者数据落入指定区域内的频数进行统计，了解其数据分布状况的方式。通过频数分析，能在一定程度上反映出样本是否具有总体代表性，抽样是否存在系统偏差，并以此证明以后相关问题分析的代表性和可信性。

频数分析主要用于定类数据（比如性别，数字代表类别这类数据）的选择频数和比例的统计，频数分析常用于样本基本背景信息统计，以及样本特征和基本态度情况分析。

此外，频数分析还可以用于计算定类数据（比如量表评分，非常不满意、不满意、非常满意等）的选择频数和比例。频数分析常用于研究量表数据的基本认知情况分析，使用平均值去表述样本对于量表数据的整体态度情况。

频数分析的基本任务是编制频数分布表，包括频数（即变量值落在某个区间中的次数）、百分比（即各频数占总样本数的百分比）、有效百分比（即各频数占有效样本数的百分比），以及累计百分比（即各百分比逐级累加起来的结果）。

频数分析在各个领域都有广泛的应用。在市场调研中，频数分析可以帮助我们了解消费者的购买偏好和行为习惯。在医学研究中，频数分析可以帮助我们分析疾病的发病率和死亡率。在教育评估中，频数分析可以帮助我们评估学生的学习成绩和表现。总之，频数分析是一种简单而有效的统计方法，可以帮助我们从数据中获得有用的信息，并做出科学的决策。

2.2.2　SPSS 操作及选项设置

打开相应的数据文件或者建立一个数据文件后，即可以在SPSS Statistics数据编辑器窗口中进行频数分析，过程如下。

（1）打开频率选项

在菜单栏中选择【分析】|【描述统计】|【频率】选项，打开如图2-9所示的"频率"对话框。

（2）选择分析变量

在源变量列表中选一个或多个变量，单击图中的向右箭头按钮使其输入"变量"列表框中作为频数分析的变量。

（3）相应选项设置

①"统计"设置

单击"统计"按钮，将打开如图2-10所示的"频率：统计"对话框。

图 2-9　"频率"对话框

图 2-10　"频率：统计"对话框

该对话框用于设置需要在输出结果中出现的统计量，主要包括5个选项组。

a. 百分位值：该选项组主要用于设置输出的百分位数，包括3个复选框。

·"四分位数"复选框，用于输出四分位数。

·"分割点"复选框，用于输出等间隔的百分位数，其后的输入框中可以输入介于2～100的整数。

·"百分位"复选框，用于输出用户自定义的百分位数。在其后输入框中输入自定义的百分位数，然后单击"添加"按钮加入相应列表即可在结果中输出。对于已经加入列表的百分位数，用户还可以通过"更改"和"删除"按钮进行修改和删除操作。

b. 集中趋势：该选项组主要用于设置输出表示数据集中趋势的统计量，包括"均值""中位数""众数"和"总和"4个复选框，分别用于输出的均值、中位数、众数和样本求和。

c. 离散：该选项组主要用于设置输出表示数据离中趋势的统计量，包括"标准差""方差""范围""最小值""最大值"和"标准误差均值"6个复选框，用于输出样本的标准差、方差、范围、最小值、最大值和均值的标准误差。

d. "值为组的中点"复选框：当原始数据采用的是取组中值的分组数据时，选择该复选框。

e. 分布：该选项组主要用于设置输出表示数据分布的统计量，包括"偏度"和"峰度"两个复选框，用于输出样本的偏度和峰度。

② "图表"设置

单击"图表"按钮，打开如图2-11所示的"频率：图表"对话框。

该对话框用于设置输出的图表，主要包括两个选项组。

a. 图表类型：该选项组主要用于设置输出的图表类型，有4种选择。"无"，表示不输出任何图表；"条形图"，输出条形图；"饼图"，输出饼状图，"直方图"，输出直方图（仅适用于数值型变量），若选择"在直方图中显示正态曲线"复选框，则表示在输出图形中包含正态曲线。

b. 图表值：该选项组仅对条形图和饼图有效，包括两个选项——频率和百分比。

③ "格式"设置

单击"格式"按钮，打开"频率：格式"对话框，如图2-12所示。

图 2-11 "频率: 图表"对话框

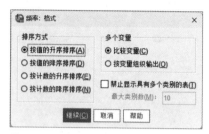

图 2-12 "频率: 格式"对话框

该对话框用于设置输出格式，主要包括两个选项组和一个复选框。

a. 排序方式: 该选项组主要用于设置输出表格内容的排序方式，包括"按值的升序排序""按值的降序排序""按计数的升序排序"和"按计数的降序排序"4个选择，分别表示按变量值和频数的升序或降序排列。

b. 多个变量: 该选项组主要用于设置变量的输出方式，包括两个选项——"比较变量"表示将所有变量在一个表格中输出；"按变量组织输出"表示每个变量单独列表输出。

c."禁止显示具有多个类别的表"复选框: 选择此复选框后，可以在下面的"最大类别数"框中输入最大能显示的分组数量，当频数表的分组数量大于此临界值时，不作输出。

设置完毕后，单击"继续"按钮，返回到"频率"对话框。

2.2.3 案例: 居民消费水平频数分析

(1)案例数据简介

居民消费水平是指居民在一定时期内购买商品和服务的数量和质量的综合表现，它反映了居民的消费需求和消费能力，并直接影响国民经济的发展。提高居民消费水平意味着人们能够购买更多的物质，享受和提高生活质量，这对于改善居民的生活条件、满足居民的需求和提升居民的幸福感具有重要意义。

"居民消费水平.xlsx"数据文件显示了2000年至2022年，共计23年的全国居民消费水平。以该数据文件为例，利用频数分析对其进行分析，输出四分位数、均值和标准差，绘制频率分布直方图和正态曲线，并判断分布形态。

34

在SPSS的变量视图中，建立"年份""居民消费水平"两个变量，如图2-13所示。

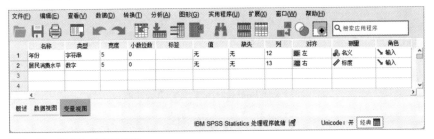

图 2-13　数据文件变量视图

在SPSS活动数据文件的数据视图中，把相关数据输入到各个变量中，输入后数据如图2-14所示。

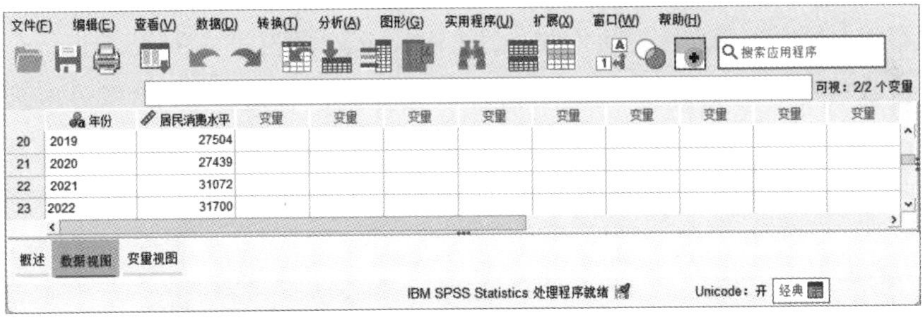

图 2-14　数据文件数据视图

（2）案例操作步骤

打开数据文件，进入SPSS Statistics数据编辑器窗口，然后在菜单栏中选择【分析】|【描述统计】|【频率】选项，打开"频率"对话框。

在源变量列表中选择"居民消费水平"作为频数分析的变量。

单击"统计"按钮，选择"四分位数""均值""标准差"和"偏度"复选框，单击"继续"按钮。

单击"图表"按钮，选择"直方图"选项与"在直方图中显示正态曲线"复选框，单击"继续"按钮。

单击"确定"按钮，执行频数分析。

（3）案例结果分析

单击"确定"按钮可以得到频数分析的结果，输出结果如图2-15所示。

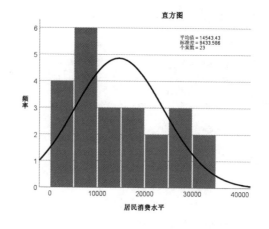

统计		
居民消费水平		
个案数	有效	23
	缺失	0
平均值		14543.43
标准 偏差		9433.586
偏度		.512
偏度标准误差		.481
百分位数	25	5688.00
	50	12668.00
	75	22968.00

图 2-15 频数分析结果

统计量表给出了居民消费水平的均值、标准差、百分位数等信息，从分析结果可以看出，居民消费水平的平均收入为14543.43，标准差为9433.586，三个百分位数分别为5688.00、12668.00和22968.00。表的右侧为频率分布直方图和正态曲线。由于偏度系数为0.512，由此我们可以看出，2000年至2022年的居民消费水平呈现比较明显的右偏分布。

2.3　探索分析

2.3.1　探索分析概述

探索分析是一种数据分析方法，通过对数据进行探索和发现，揭示数据中的模式、趋势和关联关系。它可以帮助我们理解数据的特征和规律，并从中提取有用的信息，以支持决策和解决问题。

在探索分析中，我们通常会使用统计学和可视化工具来分析数据。通过统计学方法，我们可以计算数据的中心趋势、离散程度和相关性等指标，以了解数据的整体特征。而可视化工具可以将数据以图表、图像或地图等形式展示出来，使我们能够更直观地观察数据的分布、变化和关系。

探索分析可以应用于各种领域和行业，例如市场调研、金融分析、医疗研究等。通过对数据进行探索分析，我们可以发现隐藏在数据中的信息，并基于这些发现做出相应的决策和行动。

总之，探索分析是一种重要的数据分析方法，通过对数据进行探索和发现，可以帮助我们理解数据的特征和规律，从而支持决策和解决问题。

2.3.2　SPSS 操作及选项设置

打开相应的数据文件或者建立一个数据文件后，即可在SPSS Statistics数据编辑器窗口中进行探索分析，其过程如下。

图2-16　"探索"对话框

（1）打开探索选项

在SPSS Statistics数据编辑器窗口的菜单栏中选择【分析】|【描述统计】|【探索】选项，打开如图2-16所示的"探索"对话框。

（2）选择分析变量

从源变量列表中选择需要分析的变量，然后单击向右的箭头按钮将选中的变量选入"因变量列表"中；从源变量列表中选择分组变量，然后单击向右的箭头按钮选入"因子列表"中；从源变量列表中选择标注变量，单击向右的箭头按钮选入"个案标注依据"中。

① 因变量列表

该列表中的变量为探索分析过程中需要分析的目标变量，变量的属性一般为连续型变量或者比率变量。

② 因子列表

该列表中的变量为"因变量列表"中目标变量的分组变量，就是对所需要分析的目标变量进行分组表示，该变量的属性可以是字符型或者数值型，但是一般变异较少。

③ 个案标注依据

一般当输出异常值时，用该变量进行标识，有且只有一个标识变量。

例如将图2-16中的源变量分别选入"因变量列表""因子列表"，如图2-17所示。

（3）相应选项设置

①"统计"设置

单击右侧的"统计"按钮，弹出如图2-18所示的"探索：统计"对话框。

"探索：统计"对话框用于设置需要在输出结果中出现的统计量。

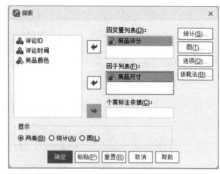

图2-17　选入各个变量

a."描述"复选框：选中该复选框，表示输出一些描述性分析中的基本统计量，如均值、标准差、范围等，该复选框还包括一个"均值的置信区间"输入框，要求设置均值的置信区间的范围，可以选择1%～99%中的任意一个，系统默认的是95%的置信区间。

b."M-估计量"复选框：选中该复选框，表示输出4种均值的稳健极大似然估计量，包括稳健估计量、非降稳健估计量、波估计值、复权重估计量。

c."离群值"复选框：选中该复选框，表示输出变量数据的前5个最大值和后5个最小值。

d."百分位数"复选框：选中该复选框，表示输出变量数据的百分位数，分为缺省值、四分位数、定制三种方法。

②"图"设置

单击右侧"图"按钮，弹出如图2-19所示的"探索：图"对话框。

图2-18　"探索：统计"对话框

图2-19　"探索：图"对话框

a."箱图"选项组：该选项组主要用于对箱图的参数进行设置，包括3个单选项。

·"因子级别并置"选项：表示多个因变量箱图，将按照因变量的个数分别显示。

·"因变量并置"选项：表示多个因变量箱图，将不按照因变量的个数分别显示，而是一起显示在一个框图里面。

·"无"选项：表示将不显示因变量的箱图。

b."描述图"选项组：该选项组主要用于对统计图表进行设置，包括两个复选框。

·"茎叶图"选项：表示将按照因变量输出相应的茎叶图。

·"直方图"选项：表示将按照因变量输出相应的直方图。

c."含检验的正态图"复选框：正态图是一种常用于检查数据是否符合正态分布的工具。如果数据遵循正态分布，那么这些数据可以更容易地进行统计分析，并可以依赖于许多统计假设。

含检验的正态图是一种更先进的正态图，它在图中加入了统计检验的结果，以更直观的方式判断数据是否服从正态分布。以下是含检验的正态图的特点。

·数据点表示：在含检验的正态图中，数据点通常会根据其值的大小以不同的方式表示。例如，可以使用颜色、形状或大小的变化来表示数据点。

·直方图：直方图是正态图的核心部分，它展示了数据的分布情况。如果数据遵循正态分布，那么直方图应该呈现出钟形的形状。

·核密度估计：核密度估计是一种可视化单变量概率分布的方法。在含检验的正态图中，核密度估计线可以用来表示数据的概率密度函数。如果数据遵循正态分布，那么这条线应该是平滑的，且形状与正态分布的形状相匹配。

·检验结果：这是含检验的正态图中最独特的一部分。在这一部分，通常会显示统计检验的结果，例如p值。p值是用来判断数据是否服从正态分布的一个重要指标。如果p值接近于0，那么我们可以认为数据不服从正态分布；如果p值接近于1，那么我们可以认为数据服从正态分布。

选择该复选框可以输出变量数据的正态概率图和离散正态概率图。

d."含莱文检验的分布－水平图"选项组：方差齐性的莱文检验（Levene检验）是一种非参数方法，用于检验两个或更多组数据的方差是否相等。这种方法不需要假设数据服从正态分布，因此适用于更广泛的数据类型。

在Levene检验中，首先将数据按组进行整理，并计算每组的平均值和标准差。然后，对于每个组，计算每个观察值与组平均值的差值，并对这些差值进行绝对值处理。这样可以确保差值的正负号不会影响检验结果。接下来，对这些绝对差值进行单因素方差分析，以检验各组之间的方差是否相等。

Levene检验的原假设是各组的方差相等，备择假设是各组的方差不相等。如果数据集的方差不相等，则可能会导致错误的结论，因此方差齐性检验对于正确的分析非常重要。

值得注意的是，在进行方差齐性检验之前，需要先进行正态性检验，以确定数据是否满足正态分布假设。如果数据不满足正态分布假设，则可能需要使用非参数方法进行分析。

该选项组主要用于对数据转换的散布水平图进行设置，可以显示数据转换后的回归曲线斜率和进行方差齐性的莱文检验，包括4个单选项。

·"无"选项：表示将不输出变量的散布水平图。

·"功效估算"选项：通过比较不同组之间的方差差异来判断检验是否具有较高的功效。

·"转换后"选项：表示对因变量数据进行相应的转换，具体的转换方法有自然对数变换、1/平方根的变换、倒数变换、平方根变换、平方变换、立方变换。

·"未转换"选项：表示不对原始数据进行任何变换。

③"选项"设置

单击右侧的"选项"按钮，弹出如图2-20所示的"探索：选项"对话框。

图2-20　"探索：选项"对话框

"探索：选项"对话框用于对缺失值进行设置，设置方法有3种。

·成列排除个案：表示只要任何一个变量含有缺失值，就要剔除所有因变量或分组变量中有缺失值的观测记录。

·成对排除个案：表示仅仅剔除所用到的变量的缺失值。

·报告值：表示将变量中含有的缺失值单独作为一个类别进行统计，并输出。

设置完毕后，单击"继续"按钮，返回到"探索"对话框。

④"拔靴法"设置

拔靴法的含义可以见前述的相关介绍，保持默认设置即可，如图2-21所示。

2.3.3 案例：商品评论得分探索分析

图 2-21　"拔靴法"对话框

（1）案例数据简介

"京东手机评论.xlsx"数据文件记录了部分客户对京东上某品牌手机的评分，以此数据文件为例，利用探索分析该数据文件中不同颜色手机评分的最大值、最小值、众数、平均数等，并检验样本数据的正态性。

在SPSS的变量视图中建立"评论ID""评论时间""商品颜色""商品尺寸"和"商品评分"5个变量，在"商品颜色"变量中，"釉白色"编码为"1"、"秘银色"编码为"2"、"亮黑色"编码为"3"、"秋日胡杨"编码为"4"、"夏日胡杨"编码为"5"；在"商品尺寸"变量中，"8GB+128GB"编码为"1"、"8GB+256GB"编码为"2"，如图2-22所示。

	名称	类型	宽度	小数位数	标签	值	缺失	列	对齐	测量	角色
1	评论ID	字符串	7	0	无	无	无	9	≡ 左	♣ 名义	↘ 输入
2	评论时间	字符串	19	0	无	无	无	19	≡ 左	♣ 名义	↘ 输入
3	商品颜色	数字	2	0		{1, 釉白色}...	无	12	≡ 右	♣ 名义	↘ 输入
4	商品尺寸	数字	2	0		{1, 8GB+12...	无	12	≡ 右	♣ 名义	↘ 输入
5	商品评分	数字	1	0		无	无	12	≡ 右	♣ 名义	↘ 输入

概述　数据视图　变量视图

IBM SPSS Statistics 处理程序就绪　　Unicode: 开　经典

图 2-22　数据文件变量视图

在SPSS中，把相关数据输入到各个变量中，输入后数据视图如图2-23所示。

（2）案例操作步骤

打开数据文件，进入SPSS Statistics数据编辑器窗口，然后在菜单栏中选择【分析】|【描述统计】|【探索】选项，打开"探索"对话框。

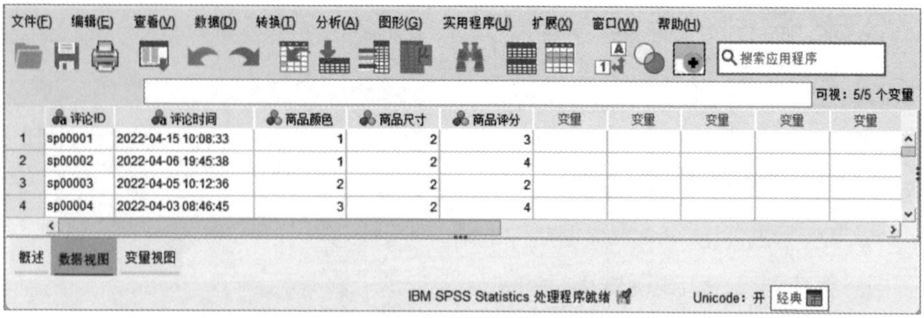

图 2-23　数据文件数据视图

将变量"商品评分"选入"因变量列表"，将"商品尺寸"选入"因子列表"。

单击"统计"按钮，选中"描述"复选框；单击"图"按钮，选中"箱图"选项组中的"因子级别并置"、"描述图"选项组中的"茎叶图"，勾选"含检验的正态图"复选框，"含莱文检验的分布-水平图"选项组中选择"无"选项。

在"探索"对话框中选中"显示"选项组中的"两者"单选按钮，然后单击"确定"按钮，就可以输出探索分析的结果了。

（3）案例结果分析

单击"确定"按钮，SPSS Statistics查看器窗口的输出结果如图2-24～图2-32所示。

图2-24给出了探索分析中的变量样本数据的有效个数和百分比、缺失个数和百分比及合计个数和百分比，通过"个案处理摘要"可以看出本案例中无数据缺失。

个案处理摘要

		个案					
		有效		缺失		总计	
	商品尺寸	个案数	百分比	个案数	百分比	个案数	百分比
商品评分	8GB+128GB	204	100.0%	0	0.0%	204	100.0%
	8GB+256GB	796	100.0%	0	0.0%	796	100.0%

图 2-24　个案处理摘要

图2-25给出了商品评分按照商品尺寸的一些统计量，如平均值、中位数、方差、标准差等，通过该图可以看出不同商品尺寸的手机评分均值和中位数数值是一样的。

描述

商品尺寸				统计	标准 错误
商品评分	8GB+128GB	平均值		3.92	.086
		平均值的95%置信区间	下限	3.75	
			上限	4.09	
		5%剪除后平均值		4.02	
		中位数		4.00	
		方差		1.515	
		标准 偏差		1.231	
		最小值		1	
		最大值		5	
		全距		4	
		四分位距		2	
		偏度		-.944	.170
		峰度		-.185	.339
	8GB+256GB	平均值		3.92	.044
		平均值的95%置信区间	下限	3.84	
			上限	4.01	
		5%剪除后平均值		4.03	
		中位数		4.00	
		方差		1.539	
		标准 偏差		1.241	
		最小值		1	
		最大值		5	
		全距		4	
		四分位距		2	
		偏度		-.939	.087
		峰度		-.236	.173

图2-25　变量描述

　　图2-26给出了因变量样本数据按照因子变量分类的正态性检验结果。列中"统计"表示检验统计量的值，"自由度"表示检验的自由度，"显著性"表示检验的显著水平。对本案例而言，正态检验的原假设是：数据服从正态分布。从"正态性检验"中柯尔莫戈洛夫－斯米诺夫统计量、夏皮洛－威尔克统计量可以看出，不同尺寸商品的评分显著水平都小于5%，接受原假设，即都服从正态分布。

正态性检验

	商品尺寸	柯尔莫戈洛夫-斯米诺夫[a]			夏皮洛-威尔克		
		统计	自由度	显著性	统计	自由度	显著性
商品评分	8GB+128GB	.247	204	.000	.807	204	.000
	8GB+256GB	.258	796	.000	.802	796	.000

　　a. 里利氏显著性修正。

图2-26　正态性检验表

图2-27给出了商品评分的茎叶图，图中"频率"表示相应数据的频数，"Stem"即茎，"叶"即叶子，两者分别表示数据的整数部分和小数部分，"主干宽度"表示茎宽。

商品评分 茎叶图：
商品尺寸= 8GB+128GB

频率	Stem & 叶
12.00	1 . 000000000000
.00	1 .
21.00	2 . 000000000000000000000
.00	2 .
28.00	3 . 0000000000000000000000000000
.00	3 .
54.00	4 . 000000000000000000000000000000000000000000000000000000
.00	4 .
89.00	5 . 00000000000000000000000000000000000000000000000000000000000000000000000000000000000000000

主干宽度： 1
每个叶： 1个案

商品评分 茎叶图：
商品尺寸= 8GB+256GB

频率	Stem & 叶
48.00	1 . 000000000000
.00	1 .
81.00	2 . 00000000000000000000
.00	2 .
113.00	3 . 00000000000000000000000000000
.00	3 .
195.00	4 . 00000000000000000000000000000000000000000000000000
.00	4 .
359.00	5 . 00000000000000000000000000000000000000000000000000000000000000000000000000000000000000000

主干宽度： 1
每个叶： 4个案

图 2-27 茎叶图

图2-28和图2-29分别给出了商品尺寸为8GB+128GB商品评分的标准Q-Q图和趋降Q-Q图。标准Q-Q图中的观察点都分布在直线附近，趋降Q-Q图中除了极个别点外都分布在0值横线附近，因此显示样本数据服从正态分布，这个结论和正态性检验的结论一致。

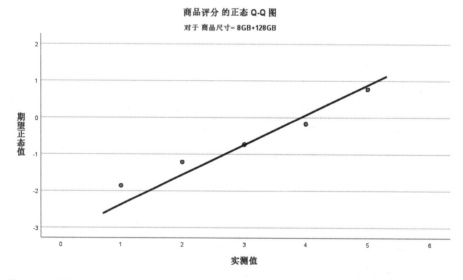

图 2-28 8GB+128GB 商品评分的标准 Q-Q 图

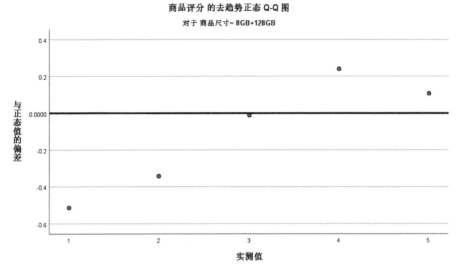

图 2-29　8GB+128GB 商品评分的趋降 Q-Q 图

　　图 2-30 和图 2-31 分别给出了商品尺寸为 8GB+256GB 商品评分的标准 Q-Q 图和趋降 Q-Q 图。标准 Q-Q 图中的观察点都分布在直线附近，趋降 Q-Q 图中除了极个别点外都分布在 0 值横线附近，因此显示样本数据服从正态分布，这个结论和正态性检验的结论一致。

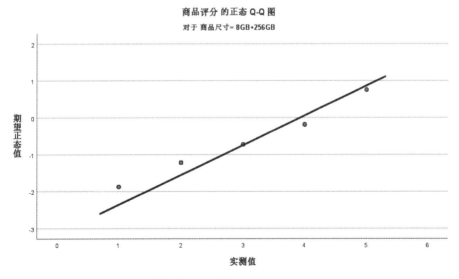

图 2-30　8GB+256GB 商品评分的标准 Q-Q 图

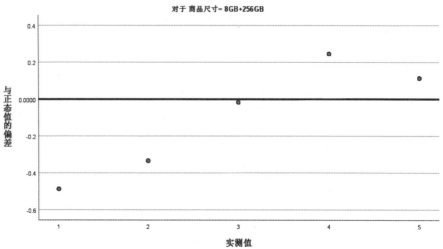

图 2-31 8GB+256GB 商品评分的趋降 Q-Q 图

图 2-32 给出了按因子变量商品尺寸区分的商品评分的箱图，其中箱图两头的两条实线分别表示最大值和最小值，中间的黑色实线表示中位数，而箱体的上下两端为四分位数。

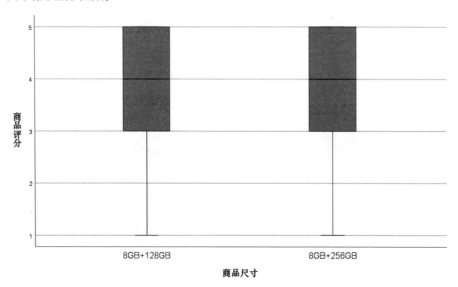

图 2-32 箱图

2.4 交叉表分析

2.4.1 交叉表分析概述

交叉表分析是一种统计分析方法，用于展示两个或多个变量之间的关系。它通常用于市场调查、科学研究等领域，以揭示变量之间的关联性、分布情况和差异程度。

交叉表分析通过将两个或多个变量组合在一起，形成一个二维表格，其中行表示一个变量的取值，列表示另一个变量的取值。在交叉表中，每个单元格表示对应行和列变量取值组合的统计结果。常见的统计量包括频数、百分比、平均数等。

交叉表分析的优点在于能够直观地展示变量之间的关系，易于理解和解释。通过观察交叉表中的数据，分析者可以发现变量之间的关联性、分布情况和差异程度。此外，交叉表分析还可以用于比较不同组之间的差异，以及进行假设检验等统计分析。

需要注意的是，交叉表分析只能揭示变量之间的关联性，不能证明因果关系。为了确定因果关系，需要进行更深入的研究和分析。

2.4.2 SPSS 操作及选项设置

打开相应的数据文件或者建立一个数据文件后，即可在SPSS Statistics数据编辑器窗口中进行探索分析，其过程如下。

（1）打开探索选项

在SPSS Statistics数据编辑器窗口的菜单栏中选择【分析】|【描述统计】|【交叉表】选项，打开如图2-33所示的"交叉表"对话框。

（2）选择分析变量

如果选择一个或多个层变量，那么将对每个层变量（控制变量）的每个类别产生单独的交叉制表。例如，如果有一个行变量、一个列变量和一个具有两个类别的层变量，那么可为层变量的每个类别生成一个双向表。要形成另一层控制变量，应单击下一个。为每个第一层变量与每个第二层变量的每种类别组合生成子表。进入交叉表分析设置界面，例如将"商品颜色"选入行区域，"商品评分"选入列区域，如图2-34所示。

图2-33　"交叉表"对话框

图2-34　选入各个变量

（3）相应选项设置

①"精确"选项卡（图2-35）

在SPSS中，"精确检验"有以下三种方法。

·仅渐进法：基于渐进分布的显著性水平的检验指标，适用于大样本，如果样本过小或者分布不好，就会影响检验的效力。

·蒙特卡洛法：适用于精确显著性水平的无偏估计，如果样本过大，数据处理过程太长，就应该使用这个选项，需要设置置信度级别和样本数。

·精确：可以设定数据处理的时间，需要设置每个检验的时间限制，如果数据处理时间超过了设定的时间，就应该使用蒙特卡洛法。

②"统计"选项卡（图2-36）

a. 卡方。对于两行两列的表，应选择卡方以计算Pearson卡方、似然比卡方、Fisher的精确检验和Yates修正卡

图2-35　"精确"选项

方（连续性修正）。对于2×2表，如果表并非源自包含期望频率小于5的单元格的较大表中的缺失行或缺失列，那么计算Fisher精确检验。对于所有其他2×2表，计算Yates修正卡方。对于具有任意行列数的表，选择卡方来计算Pearson卡方和似然比卡方。当两个表变量都是定量变量时，卡方将产生线性关联检验。

图2-36 "统计"选项

b. 相关性。对于行和列都包含排序数值的表，相关将生成Spearman相关系数rho（仅数值数据）。Spearman的rho是等级顺序之间的相关性测量。当两个表变量（因子）都是定量变量时，相关产生Pearson相关性系数，这是变量之间的线性相关性测量。

c. 名义。对于名义数据，可以选择列联系数、Phi和克莱姆、Lambda和不确定性系数。

·列联系数：基于卡方统计的相关性测量。值在0～1之间，其中0表示行变量和列变量之间不相关，而接近1的值表示变量之间的相关度高。

·Phi和克莱姆：Phi是基于卡方统计的相关性测量，它将卡方检验统计除以样本大小，并取结果的平方根。克莱姆是基于卡方统计的相关性测量。

·Lambda：一种相关性测量，它反映使用自变量的值来预测因变量的值时，误差成比例缩小。值为1表示自变量能完全预测因变量，值为0表示自变量对于预测因变量没有帮助。

·不确定性系数：一种相关性测量，它表示当一个变量的值用来预测其他变量的值时，误差成比例下降的程度。同时计算不确定性系数的对称版本和不对称版本。

d. 有序。对于行和列都包含已排序数值的表，需要选择Gamma、肯德尔tau-b和肯德尔tau-c；若要根据行类别预测列类别，需要选择萨默斯d。

·Gamma：两个有序变量之间的对称相关性测量，它的范围是−1～1。绝对值接近1的值表示两个变量之间存在紧密的关系，接近0的值表示关系较弱或者没有关系。对于双向表，显示零阶伽马。对于三阶表到n阶表，显示条件Gamma。

·萨默斯d：两个有序变量之间的相关性测量，它的范围是−1～1。绝对值接近1的值表示两个变量之间存在紧密的关系，值接近0则表示两个变量之间关系很弱或没有关系。萨默斯d是伽马的不对称扩展，不同之处仅在于它包含了未约束到自变量上的成对的数目。

·肯德尔tau-b：将结考虑在内的有序变量或排序变量的非参数相关性测量。系数的符号指示关系的方向，绝对值指示强度，绝对值越大则表示关系强度越高。可能的取值范围是-1～1，但-1或1值只能从正方表中取得。

·肯德尔tau-c：忽略结的有序变量的非参数相关性测量。系数的符号指示关系的方向，绝对值指示强度，绝对值越大则表示关系强度越高。可能的取值范围是-1～1，但-1或1值只能从正方表中取得。

e. 按区间标定。当一个变量为分类变量，而另一个变量为定量变量时，需要选择Eta，且分类变量必须进行数值编码。

·Eta：范围为0～1的相关性测量，其中0值表示行变量和列变量之间无相关性，接近1的值表示高度相关。Eta适用于在区间刻度上标度的因变量以及具有有限类别的自变量。计算两个Eta值：一个将行变量视为区间变量，另一个将列变量视为区间变量。

f. 其他参数设置。

·Kappa：用来衡量分类变量之间的准确性，Kappa系数的大小表示分类准确性的程度，其值介于-1～1之间。其中，Kappa系数大于0表示分类准确，Kappa系数等于1表示完全准确，Kappa系数接近于0表示分类准确度与随机猜测一致，而Kappa系数小于0表示分类不准确。

·风险：对于2×2表，某因子的存在与某事件的发生之间相关性强度的测量。如果该统计的置信区间包含值1，那么不能假设因子与事件相关。当因子出现很少时，概率比可用作估计或相对风险。

·麦克尼马尔：两个相关二分变量的非参数检验。使用卡方分布检验响应改变。"之前与之后"设计中的试验干预会导致响应变量发生变化，它对于检测到这些变化很有用。

·柯克兰和曼特尔-亨塞尔统计：用于检验二分因子变量和二分响应变量之间的条件独立性，条件是给定一个或多个分层（控制）变量定义的协变量模式。

③"单元格"选项卡（图2-37）

为帮助发现数据中有助于显著性卡方检验的模式，交叉表过程显示期望频率和三种可测量观察和期望的频率之间的差异的残差（偏差）。表的每个单元格可以包含选定计数、百分比值和残差的任意组合。

a. 计数。如果行和列变量彼此独立，那么这是实际观察的个案数和期望的个案数。可以选择隐藏小于指定整数的计数。隐藏的值将显示为$<N$，其中N是指定的整数。指定的整数必须大于或等于2，或者允许指定值为0（表示不隐藏任何计数）。

b. Z-检验。比较列比例：该选项将计算列属性的成对比较，并指出给定行中的哪对列明显不同。使用下标字母以APA样式格式在交叉表中标识显著性差异，并以0.05显著性水平对其进行计算。

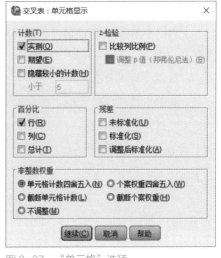

图2-37　"单元格"选项

调整p值（邦弗伦尼法）：列比例的成对比较使用了邦弗伦尼修正，可在进行了多个比较后调整观察到的显著性水平。

c. 百分比。百分比值可以跨行或沿列进行相加，还提供表（一层）中表示的个案总数的百分比值。

d. 残差。未标准化的原始残差给出了观察值和期望值之间的差，还提供标准化残差和经过调整的标准化残差。

·未标准化：观察值与期望值之间的差。如果两个变量之间没有关系，那么期望值是期望在单元格中出现的个案数。如果行变量和列变量独立，那么正的残差表示单元格中的实际个案数多于期望的个案数。

·标准化：残差除以其标准差的估计。标准化残差也称为Pearson残差，它的平均值为0，标准差为1。

·调整后标准化：单元格的残差除以其标准误差的估计值。生成的标准化残差表示为平均值上下的标准差单位。

e. 非整数权重。单元格计数通常为整数值，因为它们代表每个单元格中的个案个数。但是，如果数据文件当前按某个带小数值的权重变量进行加权，那么单元格计数也可能是小数值。在计算单元格计数之前可以进行截断或舍入，或对表显示和统计计算都使用小数单元格计数。

·单元格计数四舍五入：在使用之前对单元格中的计数进行四舍五入。

·截断单元格计数：在计算任何统计之前，个案权重按原样使用，但截断单元格中的累计权重。

·个案权重四舍五入：在使用之前对个案权重进行四舍五入。

·截断个案权重：在使用之前对个案权重进行截断。

·不调整：个案权重按原样使用且使用小数单元格计数。但是，当需要"精确"统计时，在计算"精确"检验统计之前，单元格中的累计权重或者截断或者四舍五入。

2.4.3　案例：商品颜色交叉表分析

○（1）案例数据简介

这里还是使用"京东手机评论.xlsx"数据文件，利用交叉表分析该数据文件中不同颜色手机的评分。

○（2）案例操作步骤

打开数据文件，进入SPSS Statistics数据编辑器窗口，然后在菜单栏中选择【分析】|【描述统计】|【交叉表】选项，打开"交叉表"对话框。

将变量"商品颜色"选入"行"区域，将"商品评分"选入"列"区域。

单击"精确"按钮，选中"仅渐进法"；单击"统计"按钮，选中"相关性"复选框；单击"单元格"按钮，选中"计数"选项组中的"实测"、"非整数权重"选项组中的"单元格计数四舍五入"复选框；"格式"选项组中选择"升序"选项。

在"交叉表"对话框中选中"显示簇状条形图""禁止显示表"选项，然后单击"确定"按钮，就可以输出交叉表的分析结果了。

○（3）案例结果分析

单击"确定"按钮，SPSS Statistics查看器窗口的输出结果如图2-38～图2-40所示。

图2-38给出了探索分析中的变量样本数据的有效个数和百分比、缺失个数和百分比及合计个数和百分比，通过"个案处理摘要"可以看出本案例中无数据

缺失。

个案处理摘要

| | 个案 | | | | | |
| | 有效 | | 缺失 | | 总计 | |
	N	百分比	N	百分比	N	百分比
商品颜色 * 商品评分	1000	100.0%	0	0.0%	1000	100.0%

图 2-38　个案处理摘要

图2-39给出了对称测量的值，可以了解分类变量之间的相似性程度，对称测量值的范围为0～1，其中0表示完全不同，1表示完全相同。由于图中对称测量值都接近0，所以变量之间的相似性程度较低。

对称测量

		值	渐近标准误差[a]	近似 T[b]	渐进显著性
区间到区间	皮尔逊 R	.024	.032	.764	.445[c]
有序到有序	斯皮尔曼相关性	-.009	.032	-.295	.768[c]
有效个案数		1000			

a. 未假定原假设。

b. 在假定原假设的情况下使用渐近标准误差。

c. 基于正态近似。

图 2-39　对称测量

图2-40给出了不同颜色商品评分的条形图，可以看出每种颜色的商品中，都是评分为5的最多，其次是4，但是其他评分计数排序存在较大差异。

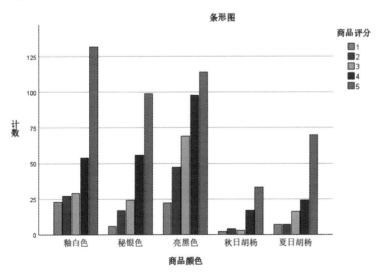

图 2-40　条形图

将图4-12中的变量选入上述列表，结果如图4-13所示。

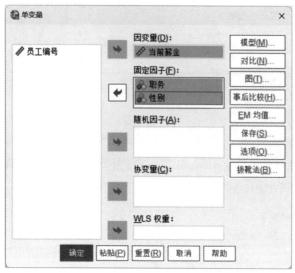

图4-13　"单变量"对话框变量选择

（3）相应选项设置

①"模型"设置

单击"模型"按钮，弹出如图4-14所示的"单变量：模型"对话框。

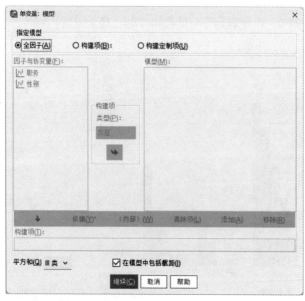

图4-14　"单变量：模型"对话框

a."指定模型"选项组。在此选项组中为单因变量多因素分析指定方差分析的模型，有如下3种。

·全因子：即全因子模型，包含所有因子主效应、所有协变量主效应，以及所有因子间交互，但它不包含协变量交互。

·构建项：表示可以仅指定其中一部分的交互或指定因子协变量交互，必须指定要包含在模型中的所有项。

·构建定制项：为了更好地分析数据，以获得更准确的结果，需要根据需求（如进行特定的比较）和数据特点（如因素数量较多）构建合适的定制项。

如果选择"构建项"单选按钮，则下方的"因子与协变量""构建项""模型"项均被激活。"因子与协变量"列表中列出了所有参与分析的因子与协变量。

"构建项"的下拉菜单中有五种模型形式可供选择。

·交互：表示模型中含有所选变量的交互项。

·主效应：表示模型中仅仅考虑各个控制变量的主效应而不考虑变量之间的交互项。

·所有二阶、所有三阶、所有四阶：表示模型中要考虑所有的二维、三维、四维的交互效应。

b."平方和"下拉列表框。该下拉列表框用于指定计算平方和的方法，主要有四种类型。

·"Ⅰ类"表示分层处理平方和，仅仅处理主效应项。

·"Ⅱ类"表示处理所有其他效应。

·"Ⅲ类"表示可以处理Ⅰ类和Ⅱ类中的所有效应。

·"Ⅳ类"表示对任何效应都处理。但对于没有缺失单元的平衡或非平衡模型，Ⅲ类平方和方法最常用，也是系统默认的。

c."在模型中包括截距"复选框。该复选框用于决定是否在模型中包含截距，如果认为数据回归线可以经过坐标轴原点的话，就可以在模型中不含截距，但是一般系统默认含有截距项。

②"对比"设置

单击"对比"按钮，弹出如图4-15所示的"单变量：对比"对话框。

a."因子"列表框。该列表框用于存放多因素方差分析中的因子变量，单击需要对比的因子就可以激活"更改对比"选项组，对要进行对比的因子设置对比方式。

就是因变量，班级就是自变量。

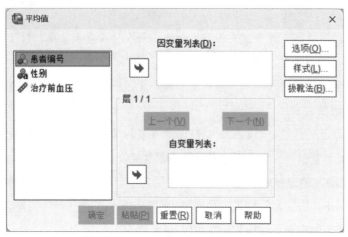

图 3-1 "平均值"对话框

　　② 自变量列表

　　该列表框中的变量为分组变量，又称为自变量。自变量为分类变量，其取值可以为数字，也可以为字符串。一旦指定了一个自变量，"下一个"按钮就会被激活，如图 3-2 所示。

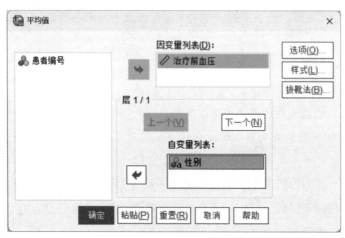

图 3-2 按钮激活

　　此时单击该按钮可以在原分层基础上进一步再细分层次，也可以利用"上一个"回到上一个层次，如图 3-3 所示。如果在层 1 中有一个自变量，层 2 中也有一个自变量，结果就显示为一个交叉的表，而不是对每个自变量显示一个独立的表。

56

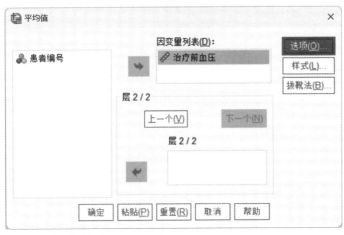

图3-3 "平均值：选项"对话框

（3）相应选项设置

单击右侧"选项"按钮，弹出如图3-4所示的相应选项设置对话框。

相应选项设置对话框主要用于设置输出统计量。

a."统计"列表框：该列表框用于存放可供输出的常用统计量，主要包括："中间值（中位数）""分组中位数""平均值标准误差""总和""最小值""最大值""范围""第一个""最后一个""方差""峰度""偏度"等。

b."单元格统计"列表框：该列表框用于存放用户指定要输出的统计量，主要来源于左侧的统计量列表框。其中，系统默认输出的是"平均值""个案数""标准差"，用户可以选择需要输出的统计量，然后单击中间的箭头按钮，使之进入"单元格统计"列表框。

c."第一层的统计"选项组：该选项组主要用于检验第一层自变量对因变量的影响是否显著，包括两个复选项。

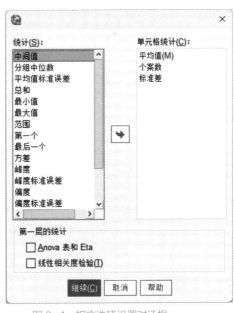

图3-4 相应选项设置对话框

57

主效应提供估计边际均值未修正的成对比较，但必须在"显示均值"列表框中含有主效应变量。

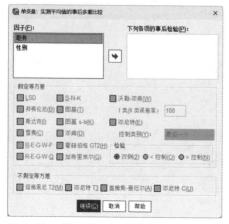

图 4-17　"单变量：实测平均值的事后多重比较"对话框

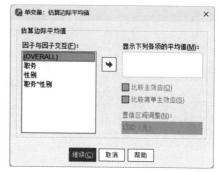

图 4-18　"单变量：估算边际平均值"对话框

在统计学中，比较不同处理条件或组之间的平均值是否存在显著差异，有两种常用的方法：比较主效应和比较简单主效应。比较主效应用来确定整体上不同处理条件或组之间的平均值是否有显著差异，而比较简单主效应则用来确定具体哪些处理条件或组之间存在显著差异。

比较主效应是用来确定整体上不同处理条件或组之间的平均值是否存在显著差异。这种方法通常使用方差分析来进行。方差分析可以告诉我们，总体上不同处理条件或组的平均值是否有显著差异，但无法告诉我们具体哪些处理条件或组之间存在差异。

当比较主效应显示了组之间存在显著差异时，我们通常会使用事后检验来确定具体哪些处理条件或组之间存在显著差异。事后检验可以帮助我们进行比较简单主效应的分析，从而确定具体哪些组之间的差异是显著的。

⑥"保存"设置

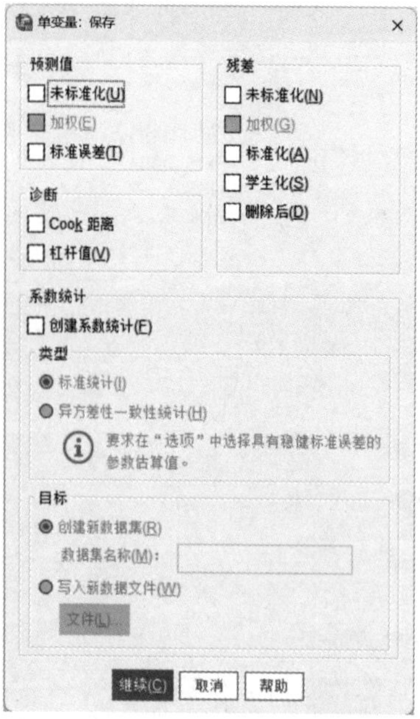

单击"保存"按钮，弹出如图 4-19 所示

图 4-19　"单变量：保存"对话框

90

的"单变量：保存"对话框。

"单变量：保存"对话框用于在数据编辑器中将模型预测的值、残差和相关测量另存为新变量，包括4个选项组内容。

a."预测值"选项组。该选项组用于保存模型为每个个案预测的值，含有3个复选项。

·未标准化：表示模型为因变量预测的值。

·加权：表示加权未标准化预测值，仅在已经选择了WLS变量的情况下可用。

·标准误差：表示对于自变量具有相同值的个案所对应的因变量均值标准差的估计。

b."残差"选项组。该选项组用于保存模型的残差，含有5个复选项。

·未标准化：表示因变量的实际值减去由模型预测的值。

·加权：表示在选择了WLS变量时提供加权的未标准化残差。

·标准化：表示对残差进行标准化的值。

·学生化：表示Student化的残差。

·删除后：表示剔除残差。

c."诊断"选项组。该选项组用于标识自变量的值具有不寻常组合的个案和可能对模型产生很大影响的个案的测量，包括两个复选项。

·Cook距离：表示在特定个案从回归系数的计算中排除的情况下，所有个案的残差变化幅度的测量，较大的库克距离表明从回归统计量的计算中排除个案之后，系数会发生根本变化。

·杠杆值：表示未居中的杠杆值，每个观察值对模型拟合的相对影响。

d."系数统计"选项组。该选项组主要用于保存模型中的参数估计值的协方差矩阵，一旦选中"创建系数统计"，下面的两个单选按钮就会被激活。

类型：

·标准统计，统计学中常用的基本方法，包括描述统计、推断统计、相关分析等。

·异方差性一致性统计，要求在"选项"中选择具有稳健标准误差的参数估算值。

目标：

·创建新数据集，表示将参数估计值的协方差矩阵写入当前会话中的新数据

3.2 单样本 T 检验

3.2.1 单样本 T 检验概述

单样本 T 检验是一种统计方法，用于比较一个样本的均值与一个已知的理论值或者参考值是否存在显著差异。它可以帮助我们判断样本均值是否与理论值相等，从而对样本进行推断。

在单样本 T 检验中，我们首先提出一个原假设（H0），即样本均值等于理论值。然后，我们收集样本数据，并计算样本的平均值和标准差。

接下来，我们使用 T 统计量来比较样本均值与理论值之间的差异，其中 T 统计量的计算方法为样本均值减去理论值，再除以样本标准差除以样本大小的平方根，计算出 T 值公式如下：

$$T = \frac{X - \mu}{S / \sqrt{n}}$$

式中，n 表示样本的大小。

最后，我们根据 T 统计量的值，结合显著性水平（通常为 0.05），来判断样本均值是否与理论值存在显著差异。

单样本 T 检验的前提条件是样本数据服从正态分布或者近似正态分布。如果样本数据不满足正态分布的要求，我们可以使用非参数检验方法，如 Wilcoxon符号秩检验。

总之，单样本 T 检验是一种常用的统计方法，用于比较一个样本的均值与一个已知的理论值或者参考值是否存在显著差异。它可以帮助我们进行推断和决策，从而对样本进行合理的分析和解释。

3.2.2 SPSS 操作及选项设置

打开相应的数据文件或者建立一个数据文件后，可以在 SPSS Statistics 数据编辑器窗口中进行单样本 T 检验。

（1）打开单样本 T 检验选项

在菜单栏中选择【分析】|【比较平均值和比例】|【单样本 T 检验】选项，

打开如图3-9所示的"单样本T检验"对话框。

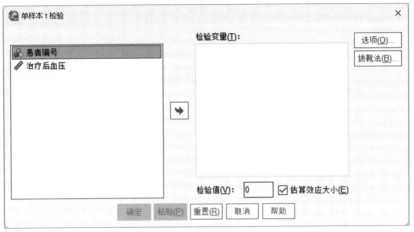

图 3-9 "单样本T检验"对话框

（2）选择分析变量

从源变量列表中选择需要检验的变量，然后单击向右的箭头按钮，将选中的变量选入"检验变量"中，可以同时选择多个检验变量。其中，"检验变量"的标度标准为标度变量，数据类型为数值型。

（3）相应选项设置

单击右侧"选项"按钮，弹出如图3-10所示的"单样本T检验：选项"对话框。

"单样本T检验：选项"对话框主要对置信区间和缺失值进行设置。

a."置信区间百分比"输入框

该输入框主要用于指定输出结果中的平均值置信区间，输入范围是1~99，系统默认为95。

b."缺失值"选项组

该选项组主要用于当检验多个变量，有一个或多个变量的数据缺失时，可以指定T检验剔除哪些个案，主要含有两个单选项。

·按具体分析排除个案：表示每个T检验均使用对于检验的变量具有有效数据的全部个案，此时样本大小可能随T检验的不同而不同。

在SPSS中，把相关数据输入到各个变量中，输入完毕后数据视图如图 4-22所示。

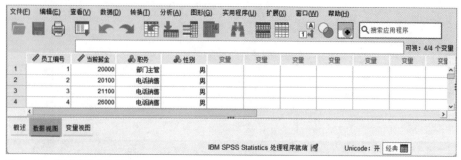

图 4-22　数据文件数据视图

（2）案例操作步骤

在菜单栏中依次选择【分析】|【一般线性模型】|【单变量】选项，打开"单变量"对话框。

将"当前薪金"选入"因变量"，将"职务"和"性别"变量选入"固定因子"列表。

单击"模型"按钮，选择"全因子"，其他默认，然后单击"继续"按钮保存设置结果。

单击"选项"按钮，然后选中"描述统计""齐性检验""分布－水平图"复选框，单击"继续"。

单击"确定"按钮，输出分析结果。

（3）案例结果分析

单击"确定"按钮，SPSS Statistics查看器窗口的输出结果如图4-23～图4-28所示。

图4-23给出了主要的因子列表。从该表可以得到两个因子变量的各个水平及每个水平上的观测值数量。

图4-24给出了因变量在各个因素下的一些描述性统计量表。从该表可以得到不同包装形式和销售地区的当前薪金的平均值、标准差及样本观察值数量。

图4-25给出了因变量在各个因素水平下的误差方差的莱文等同性检验结果。从该表可以看出，检验的零假设是：在所有组中因变量的误差方差均相等。

检验的概率值小于显著性水平0.001，因此可以认为因变量在各个因素水平下的误差方差不相等。

描述统计

因变量：当前薪金

职务	性别	平均值	标准差	N
电话销售	女	16774.79	3787.740	119
	男	19267.37	2759.360	95
	总计	17881.31	3584.576	214
技术开发	男	20654.74	980.472	19
	总计	20654.74	980.472	19
部门主管	女	23276.75	2212.269	8
	男	22584.00	3007.796	11
	总计	22875.68	2655.707	19
总计	女	17184.36	4027.782	127
	男	19770.11	2767.134	125
	总计	18466.98	3688.450	252

主体间因子

		值标签	N
职务	1	电话销售	214
	2	技术开发	19
	3	部门主管	19
性别	0	女	127
	1	男	125

图 4-23 主体间因子表   图 4-24 描述性统计量表

误差方差的莱文等同性检验[a,b]

		莱文统计	自由度 1	自由度 2	显著性
当前薪金	基于平均值	9.225	4	247	<.001
	基于中位数	8.478	4	247	<.001
	基于中位数并具有调整后自由度	8.478	4	227.616	<.001
	基于剪除后平均值	9.551	4	247	<.001

检验"各个组中的因变量误差方差相等"这一原假设。

a. 因变量：当前薪金。

b. 设计：截距 + 职务 + 性别 + 职务 * 性别。

图 4-25 误差方差的莱文检验表

图4-26给出了主体间效应检验结果表。从该表可以看出，整个模型的F统计量为20.918，概率水平小于0.001，可见此方差分析模型是非常显著的，但是R方只有0.253，说明当前薪金的变异能被"职务""性别"及两者的交互效应解释的部分仅有25.3%。其中，"职务""职务 * 性别"对当前薪金有显著的影响（相应的显著性都小于0.05），但"性别"对当前薪金却没有显著的影响。

图4-27给出了当前薪金关于标准差额的分布－水平图。图中绘制了标准差对各个水平上均值的分布图，来源于图4-24中的描述性统计量的均值和标准差。从图中可以看出，各个水平均值下的标准差并没有递增或递减的趋势，进一步验证了图4-26误差方差的莱文检验结果。

图4-28给出了当前薪金在各个因素水平下的估算边际均值，图表是以职务为分线的对性别的边际均图，并根据图4-24中各类职务的平均值所绘制。从该

3.3 独立样本 T 检验

3.3.1 独立样本 T 检验概述

独立样本T检验是一种用于比较两个独立样本平均值是否有显著差异的统计方法。它适用于两个样本的数据是独立、正态分布且方差相等的情况。

独立样本T检验的原假设是两个样本的平均值相等，备择假设是两个样本的平均值不相等。通过计算两个样本的平均值和标准差，以及样本大小，可以计算出T值。然后，根据T值和自由度，可以确定T值的显著性水平。

在进行独立样本T检验之前，需要进行一些前提条件的检查，包括检查数据是否满足正态分布和方差齐性的假设。如果数据不满足这些假设，可能需要使用非参数方法进行统计分析。

独立样本T检验可以用于各种研究领域，例如医学、社会科学和市场研究等。它可以帮助研究者确定两个独立样本之间是否存在显著差异，从而对研究结果进行解释和推断。

3.3.2 SPSS 操作及选项设置

打开相应的数据文件或者建立一个数据文件后，就可以在SPSS Statistics数据编辑器窗口中进行独立样本T检验了。

（1）打开独立样本 T 检验选项

在菜单栏中依次单击【分析】|【比较平均值和比例】|【独立样本T检验】选项，打开如图3-15所示的"独立样本T检验"对话框。

（2）选择分析变量

从左侧源变量列表中选择需要检验的变量，然后单击向右的箭头按钮，将选中的变量选入右侧"检验变量"中；从左侧源变量列表中选择分组变量，单击向右的箭头按钮，将选中的变量选入右侧"分组变量"中。

① 检验变量

该文本框中的变量为要进行T检验的目标变量，一般为标度变量，变量属性为数值型。

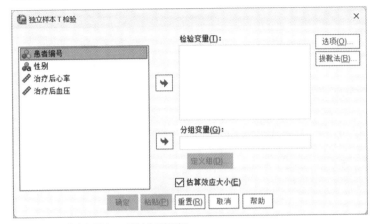

图 3-15　"独立样本 T 检验"对话框

② 分组变量

该文本框中的变量为分组变量，主要用于对检验
变量进行分组。分组变量为分类变量，其取值可以为
数字，也可以为字符串。一旦指定分组变量后，"定义
组"按钮就会被激活，打开"定义组"对话框，如图
3-16所示，其用于对分组变量进行设置。

图 3-16　"定义组"对话框

如果分组变量是名义变量，可利用"使用指定的值"进行分组定制，对于短
字符串分组变量，"组1"中输入一个字符串，"组2"中输入另一个字符串，具
有其他字符串的个案将从分析中排除。

如果分组变量是连续的标度变量，也可利用"使用指定的值"进行分组定
制，在"组1"输入一个值，在"组2"输入另一个值，具有任何其他值的个案
将从分析中排除，若使用"分割点"单选按钮设置分割点，输入一个将分组变量
的值分成两组的数字，值小于分割点的所有个案组成一个组，值大于等于分割点
的个案组成另一个组。

设置完"定义组"后，单击"继续"按钮，返回到"独立样本T检验"对话
框，如图3-17所示。

（3）"选项"设置

单击右侧"选项"按钮，弹出"独立样本T检验：选项"对话框，如图

65

法与多因素方差分析一样。

图4-29　"单变量"对话框

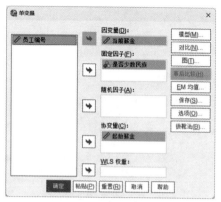

图4-30　"单变量"对话框的变量选择

（3）相应选项设置

"单变量"对话框中的"模型""对比""图""事后比较""EM均值""保存""选项"的具体设置方法与多因素方差分析相同。

4.3.3　案例：当前薪金协方差分析

（1）案例数据简介

"当前薪金协方差分析.xlsx"数据文件是某企业的员工起始薪金与当前薪金数据。如果个人的起始薪资水平较低，那么在同行业或同职位中，其薪资增长的空间可能会更大，因为起始薪资较低，所以有更多的空间通过升职加薪或其他方式来提高薪资。

尽管案例研究的是"是否少数民族"对当前薪金的影响，但是当前薪金不仅与是否为少数民族有关，而且还受到入职时的薪资待遇影响，因此必须考虑起始薪金这个因素。

在SPSS的变量视图中建立"员工编号""当前薪金""起始薪金"和"是否少数民族"4个变量，如图4-31所示。

在SPSS中，把相关数据输入到各个变量中，输入完毕后数据视图如图4-32所示。

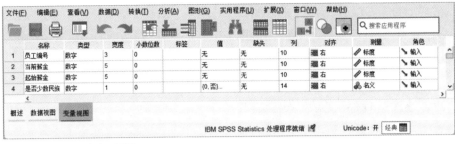

图 4-31　数据文件变量视图

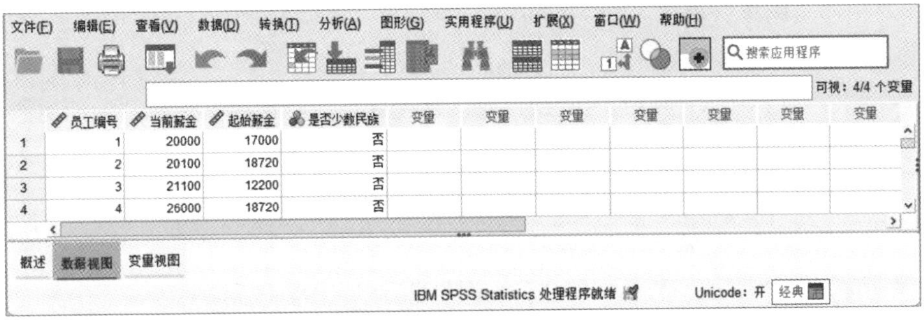

图 4-32　数据文件数据视图

（2）案例操作步骤

在菜单栏中依次单击【分析】|【一般线性模型】|【单变量】选项，打开"单变量"对话框。

将"当前薪金"选入"因变量"，"是否少数民族"选入"固定因子"列表，"起始薪金"选入"协变量"列表。

单击"模型"按钮，选择"全因子"，其他默认，单击"继续"按钮。

单击"选项"按钮，选中"描述统计"项，然后单击"继续"按钮，保存"选项"设置结果。

单击"确定"按钮，输出分析结果。

（3）案例结果分析

单击"确定"按钮，SPSS Statistics查看器窗口的输出结果如图4-33和图4-34所示。

图4-33给出了本案例的一些基本的描述性统计量表。从表中可以看到不同类型员工的平均值、标准差和每组的样本数数据，其中员工不是少数民族的当前

然后将"治疗后心率""治疗后血压"选入"检验变量",将"性别"选入"分组变量",并单击"定义组"按钮,在"定义组"对话框的"组1"中输入"男"、"组2"中输入"女",单击"继续"按钮。

单击"选项"按钮,在"置信区间百分比"输入框中输入95,然后单击"继续"按钮,保存"选项"设置结果。

（3）案例结果分析

单击"确定"按钮,SPSS Statistics查看器窗口的输出结果如图3-21和图3-22所示。

图3-21给出了分组的一些统计量。从图中可以看出男女性别"治疗后心率""治疗后血压"的均值、标准差和标准误差平均值等统计量。

组统计

	性别	N	均值	标准差	标准误差平均值
治疗后心率	女	10	79.20	8.574	2.711
	男	10	82.10	9.927	3.139
治疗后血压	女	10	113.60	8.409	2.659
	男	10	108.70	8.028	2.539

图 3-21　组统计

图3-22给出了对本案例的独立样本T检验的结果,包括方差齐次性的莱文检验结果和平均值方程的T检验结果。

由莱文方差等同性检验,检验数据是否满足方差齐性,治疗后心率的方差齐性检验F值是1.078,相应的P值为0.313,大于0.1,因此男女性别"治疗后心率"的方差相等。检验数据是否满足方差齐性,治疗后血压的方差齐性检验F值是0.063,相应的P值为0.805,大于0.1,因此男女性别"治疗后血压"的方差相等。

此外,假设方差相等的T检验结果即P值分别是0.493和0.199,都大于显著水平0.05,因此可以判断男女性别"治疗后心率""治疗后血压"没有显著差异。

独立样本检验

		莱文方差等同性检验		平均值等同性t检验						
									差值 95% 置信区间	
		F	显著性	t	自由度	显著性（双尾）	平均值差值	标准误差差值	下限	上限
治疗后心率	假定等方差	1.078	.313	.699	18	.493	2.900	4.148	-5.815	11.615
	不假定等方差			.699	17.627	.494	2.900	4.148	-5.828	11.628
治疗后血压	假定等方差	.063	.805	-1.333	18	.199	-4.900	3.677	-12.624	2.824
	不假定等方差			-1.333	17.962	.199	-4.900	3.677	-12.625	2.825

图 3-22　独立样本检验

3.4 成对样本 T 检验

3.4.1 成对样本 T 检验概述

成对样本 T 检验是一种用于比较同一组参与者在两个不同时间点或两种不同条件下的表现的统计方法。它的基本原理是通过比较两个时间点或条件下的平均值之间的差异来确定是否存在显著的差异。

在进行成对样本 T 检验时，首先需要收集同一组参与者在两个时间点或两种条件下的相关数据。然后，计算每个参与者的差异值，即第二个时间点或条件下的数值减去第一个时间点或条件下的数值。接下来，使用差异值的平均值和标准差来计算 T 值。最后，通过与 T 分布进行比较，确定 T 值是否显著。

成对样本 T 检验的假设包括零假设和备择假设。零假设认为两个时间点或条件下的平均值之间没有显著差异，备择假设认为存在显著差异。根据计算得到的 T 值和显著水平，可以决定是否拒绝零假设。

成对样本 T 检验的优点包括能够控制个体差异和提高统计效力。然而，它也有一些限制，例如对数据的正态分布和方差齐性的假设，以及对样本量的要求。

总之，成对样本 T 检验是一种常用的统计方法，用于比较同一组参与者在两个不同时间点或两种不同条件下的表现差异。它可以帮助研究者确定是否存在显著的差异，并对研究结果进行解释和推断。

3.4.2 SPSS 操作及选项设置

打开相应的数据文件或者建立一个数据文件后，可以在 SPSS Statistics 数据编辑器窗口中进行成对样本 T 检验。

(1) 打开成对样本 T 检验选项

在菜单栏中依次单击【分析】|【比较平均值和比例】|【成对样本 T 检验】选项，打开如图 3-23 所示的"成对样本 T 检验"对话框。

(2) 选择分析变量

从左侧源变量列表中选择需要检验的成对变量，然后单击箭头按钮将选中的

5.1 相关分析概述

5.1.1 相关关系概述

相关分析是指在数据分析领域中，通过对数据集中不同变量之间的关系进行分析，来探索它们之间的相互作用和影响。这种分析方法可以帮助研究人员更好地理解数据，发现潜在的规律和趋势，并为决策提供支持。

在进行相关分析时，通常会使用相关系数来衡量两个变量之间的相关程度。相关系数的取值范围为-1 ~ 1，其中-1表示完全负相关，0表示无相关性，1表示完全正相关。通过计算相关系数，可以判断两个变量之间的关系强度和方向。

在实际应用中，相关分析可以用于市场营销、金融投资、医疗研究等领域。例如，在市场营销中，可以通过对顾客的购买行为和个人属性进行相关分析，来确定最有效的营销策略。在金融投资中，可以通过对不同股票之间的相关性进行分析，来降低投资风险。在医疗研究中，可以通过对疾病发生率和环境因素之间的关系进行分析，来发现潜在的疾病风险因素。

变量相关关系可以分为以下几类。

正相关关系：当两个变量的值同时增加或减少时，它们之间存在正相关关系。例如，身高和体重之间就存在正相关关系，因为身高越高的人往往体重也越重。

负相关关系：当一个变量的值增加，另一个变量的值减少时，它们之间存在负相关关系。例如，雨天和出门人数之间就存在负相关关系，因为雨天的时候出门的人数通常会减少。

无关系：当两个变量之间没有任何联系时，它们之间就不存在相关关系。例如，一个人的身高和他喜欢吃什么食物之间就不存在相关关系。

非线性相关关系：当两个变量之间存在一种复杂的、非线性的关系时，它们之间就存在非线性相关关系。例如，一个人的年龄和他的记忆力之间可能存在非线性相关关系，因为年龄越大，记忆力可能先增加后下降。

多元相关关系：当多个变量之间存在一种复杂的、多元的关系时，它们之间就存在多元相关关系。例如，一个人的健康状况可能受到多个因素的影响，如饮食、运动、环境等。

以上是变量相关关系的基本分类，不同类型的相关关系在实际应用中有着不同的意义和应用场景。

5.1.2　相关系数的三种类型

相关系数是一种用于描述两个变量之间关系的统计量，常用于数据分析和建模中。根据变量类型和相关性的标度方法，相关系数可以分为以下几种类型。

（1）皮尔逊简单相关系数

皮尔逊相关系数是一种常用的相关系数，用于标度两个连续变量之间的线性关系。它的取值范围为 −1 ~ 1，当相关系数为正时表示两个变量呈正相关，反之则呈负相关。当相关系数接近于 0 时，表示两个变量之间没有线性关系。

若随机变量 X、Y 的联合分布是二维正态分布，x_i 和 y_i 分别为 n 次独立观测值，则计算 ρ 和 r 的公式分别如下：

$$\rho = \frac{E[X - E(X)][Y - E(Y)]}{\sqrt{D(X)}\sqrt{D(Y)}}$$

$$r = \frac{\sum_{i=1}^{n}(x_i - \bar{x})(y_i - \bar{y})}{\sqrt{\sum_{i=1}^{n}(x_i - \bar{x})^2}\sqrt{\sum_{i=1}^{n}(y_i - \bar{y})^2}}$$

式中，$\bar{x} = \frac{1}{n}\sum_{i=1}^{n}x_i$，$\bar{y} = \frac{1}{n}\sum_{i=1}^{n}y_i$。

可以证明，样本相关系数 r 为总体相关系数 ρ 的最大似然估计量。

简单相关系数 r 有如下性质：

① $-1 \leqslant r \leqslant 1$，$r$ 绝对值越大，表明两个变量之间的相关程度越强。

② $0 < r \leqslant 1$，表明两个变量之间存在正相关。若 $r=1$，则表明变量间存在着完全正相关的关系。

③ $-1 \leqslant r < 0$，表明两个变量之间存在负相关。$r=-1$，表明变量间存在着完全负相关的关系。

④ $r=0$，表明两个变量之间无线性相关。

应该注意的是，简单相关系数所反映的并不是任何一种确定关系，而仅仅是线性关系。另外，相关系数所反映的线性关系并不一定是因果关系。

和"治疗后心率"作为一对选入"配对变量"列表框，再将"治疗前血压"和
"治疗后血压"作为一对选入"配对变量"列表框。

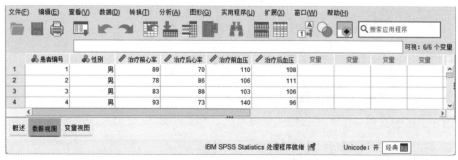

图 3-26　数据文件数据视图

单击"选项"按钮，在"置信区间百分比"输入框中输入95，单击"继续"
按钮保存"选项"设置结果。

（3）案例结果分析

单击"确定"按钮，SPSS Statistics查看器窗口的输出结果如图3-27～图
3-29所示。

图3-27给出了本案例成对样本的一些统计量。从图中可以得到病人心率和
血压在疗程前后的均值、标准差和标准误差平均值等统计量，可以看出病人在疗
程前后的心率和血压没有显著差别。

成对样本统计

		均值	N	标准差	标准误差平均值
配对 1	治疗前心率	79.60	20	7.059	1.578
	治疗后心率	80.65	20	9.149	2.046
配对 2	治疗前血压	116.15	20	9.080	2.030
	治疗后血压	111.15	20	8.387	1.875

图 3-27　成对样本统计量表

图3-28给出了本案例成对样本的相关系数。从图中可以得到病人心率和血
压在疗程前后的相关系数分别为0.123和0.020，响应的概率值大于0.05，显著
性不显著。

图3-29给出了本案例成对样本的成对样本T检验结果。从图中可以得到病
人心率和血压在疗程前后之差的均值、标准差、标准误差平均值、95%的置信

区间，以及T检验的值、自由度和双侧概率值。

成对样本相关性

		N	相关性	显著性	
				单侧 P	双侧 P
配对 1	治疗前心率 & 治疗后心率	20	.123	.302	.605
配对 2	治疗前血压 & 治疗后血压	20	.020	.466	.932

图 3-28　成对样本相关系数表

成对样本检验

		配对差值					t	自由度	显著性	
		均值	标准差	标准误差平均值	差值 95% 置信区间				单侧 P	双侧 P
					下限	上限				
配对 1	治疗前心率 - 治疗后心率	-1.050	10.846	2.425	-6.126	4.026	-.433	19	.335	.670
配对 2	治疗前血压 - 治疗后血压	5.000	12.235	2.736	-.726	10.726	1.828	19	.042	.083

图 3-29　成对样本检验表

　　由于治疗前后的心率T检验的概率值是0.670，大于0.05的显著水平，所以可认为该药品不能有效地改善病人的心率状况；而治疗前后的血压T检验的双侧概率值是0.083，也大于0.05的显著水平，所以可认为该药品不能有效地改善病人的血压状况。

（3）设置相应选项

①"相关系数"选项组

该选项组提供三种相关系数复选框，分别为皮尔逊复选框、肯德尔 tau-b(K)复选框和斯皮尔曼复选框，分别可以计算皮尔逊简单相关系数、肯德尔等级相关系数和斯皮尔曼等级相关系数。

②"显著性检验"选项组

它包括两个复选框：双尾检验和单尾检验。如果了解变量间是正相关或者负相关，应选择"双尾检验"单选按钮；否则，应选择"单尾检验"单选按钮。

③"标记显著性相关性"复选框

如果选择此复选框，则会在输出结果中标出有显著意义的相关系数。

④"选项"按钮

单击右方的"选项"按钮，打开如图5-3所示的"双变量相关性：选项"对话框。该对话框同样提供了两个选项组。

图5-3 "双变量相关性：选项"对话框

a."统计"选项组。该选项组用于选择输出的统计量。

·"均值和标准差"复选框：表示为每个变量计算并显示其平均值和标准差，并且显示具有非缺失值的个案数。

·"叉积偏差和协方差"复选框：表示计算变量叉积偏差和协方差，即为每对变量显示叉积偏差和协方差，偏差的叉积等于校正均值变量的乘积的求和。这是皮尔逊相关系数的分子。协方差是有关两个变量之间关系的一种非标准化标度，等于叉积偏差除以$N-1$。

b."缺失值"选项组。该选项组用于选择处理默认值的方法。

·选择"成对排除个案"表示在计算某个统计量时，在这一对变量中排除有默认值的观测，为系统默认选项。

·选择"成列排除个案"则表示对于任何分析，排除所有含默认值的观测个案。

⑤"置信区间"按钮

单击右方的"置信区间"按钮，打开如图5-4所示的"双变量相关性：置信区间"对话框。

·估算双变量相关性参数的置信区间：控制双变量相关性参数的置信区间估算。选定时，将进行置信区间估算。

·置信区间（%）：指定所有生成的置信区间的置信度，指定0～100之间的数字值，缺省值是95。

·皮尔逊相关性："应用偏差调整"复选框设置控制是否应用偏差调整。缺省情况下，未选择设置，不会考虑偏差项。选定时，将针对置信限制估算应用偏差调整。

图5-4　"双变量相关性：置信区间"对话框

·斯皮尔曼相关性：在"双变量相关性"对话框上选择斯皮尔曼，并且提供可通过以下方法估算"斯皮尔曼相关性"方差的选项时，该设置可用。

选项设置结束后，单击"继续"按钮，则可返回主对话框。

5.2.3　案例：铁路和公路货运量相关分析

（1）案例数据简介

"月度铁路和公路货物运输量.xlsx"数据文件记录了2020年至2022年共计3年每个月的铁路和公路货物运输量，单位是万吨，下面将介绍如何利用双变量分析方法对铁路和公路货物运输量的相关性进行分析。

首先，在SPSS变量视图中建立"月份""铁路货运量"和"公路货运量"3个变量，后面两个变量的测量均为标度，变量视图如图5-5所示。

其次，在SPSS数据视图中，把相关数据输入到变量中，输入完毕后数据视图如图5-6所示。

4.1.2 SPSS 操作及选项设置

打开相应的数据文件或者建立一个数据文件后，在SPSS Statistics数据编辑器窗口中就可以进行单因素方差分析了。

（1）打开单因素 ANOVA 检验选项

在菜单栏中依次选择【分析】|【比较平均值和比例】|【单因素ANOVA检验】选项，打开如图4-1所示的"单因素ANOVA检验"对话框。

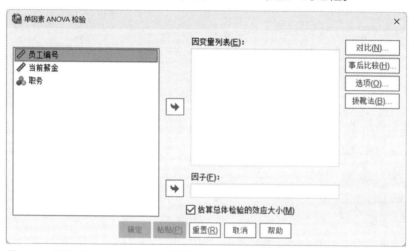

图 4-1　"单因素 ANOVA 检验"对话框

（2）选择分析变量

从源变量列表中选择需要进行方差分析的因变量，然后单击向右的箭头按钮，将选中的变量选入"因变量列表"中；选择因子变量，选入"因子"列表中。

① 因变量列表

该列表框中的变量为要进行方差分析的目标变量，称为因变量。因变量一般为标度变量，类型为数值型。

② 因子

该列表框中的变量为因子变量，又称自变量，主要用来分组。如要比较两种教学方法下学生语文成绩是否一致，学生语文成绩变量就是因变量，教学方法就是因子变量。因子变量为分类变量，其取值可以为数字，也可以为字符串。因子变量值应为整数，并且为有限个类别。

　　将"当前薪金"选入因变量列表，"职务"为因子，如图4-2所示。

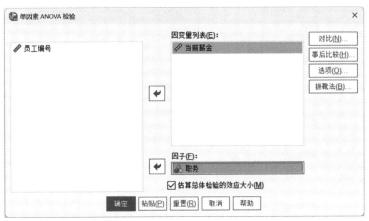

图4-2　变量选择

（3）相应选项设置

　　①"对比"设置

　　单击"对比"按钮，弹出如图4-3所示的"单因素ANOVA检验：对比"对话框。

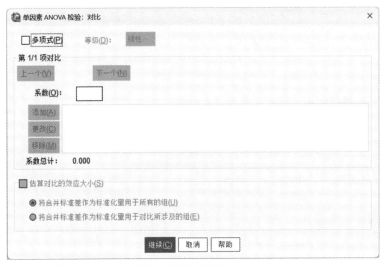

图4-3　"单因素 ANOVA 检验：对比"对话框

　　a."多项式"复选框：该复选框主要用于将组间平方和划分成趋势成分，或控制其他心理和生理因素的影响。

然而，偏相关分析也有一些限制。首先，它只能用于研究变量之间的关系，而不能确定因果关系。其次，偏相关分析需要大量的数据和复杂的计算方法，对于数据收集和分析的要求较高。此外，偏相关分析也需要考虑其他可能的变量，以避免遗漏重要的影响因素。

偏相关分析也称净相关分析，它在控制其他变量的线性影响下分析两变量间的线性相关，所采用的工具是偏相关系数。假如有g个控制变量，则称为g阶偏相关。一般的，假设有n（$n>2$）个变量$X_1, X_2, \cdots, X_n$，则任意两个变量X_i和X_j的g阶样本偏相关系数公式如下：

$$r_{ij-l_1l_2\cdots l_g} = \frac{r_{ij-l_1l_2\cdots l_{g-1}} - r_{il_g-l_1l_2\cdots l_{g-1}} r_{jl_g-l_1l_2\cdots l_{g-1}}}{\sqrt{(1-r^2_{il_g-l_1l_2\cdots l_{g-1}})(1-r^2_{jl_g-l_1l_2\cdots l_{g-1}})}}$$

式中，右边均为$g-1$阶的偏相关系数，其中$l_1, l_2, \cdots, l_g$为自然数从1到n除去i和j的不同组合。

一般我们主要研究一阶偏相关，如分析变量X_1和X_2之间的净相关时控制X_3的线性关系，X_1和X_2之间的一阶偏相关系数公式如下：

$$r_{123} = \frac{r_{12} - r_{13}r_{23}}{\sqrt{(1-r^2_{13})(1-r^2_{23})}}$$

5.3.2　SPSS 操作及选项设置

在SPSS Statistics数据编辑器窗口中进行偏相关分析的SPSS操作步骤如下。

（1）打开偏相关选项

在菜单栏中依次选择【分析】|【相关】|【偏相关】选项，打开如图5-9所示的"偏相关性"对话框。

（2）选择分析变量

从源变量列表中选择需要进行偏相关分析的变量，然后单击第一个箭头按钮将选中的变量选入"变量"列表框中；从源变量列表中选

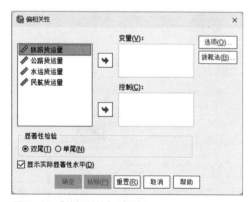

图 5-9　"偏相关性"对话框

择控制变量，单击下面的箭头按钮将选中的变量选入"控制"列表框中。

①"变量"列表框

该文本框中的变量是需要进行偏相关分析的，因此，至少应包含两个变量名，当其中变量个数大于等于三个时，输出结果为两两变量间偏相关分析的结果。

②"控制"列表框

该文本框中显示的是应该剔除其影响的变量名，如果不选择控制变量，则进行的是简单相关分析。

选择变量完成后，设置结果如图5-10所示。

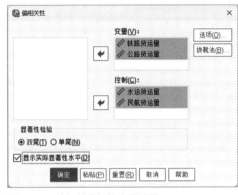

图5-10 偏相关分析的变量设置

（3）"选项"设置

"偏相关性"对话框中的"选项"设置与"双变量分析"对话框中的"选项"设置相同，这里不再详述。

5.3.3 案例：铁路和公路货运量偏相关分析

（1）案例数据简介

"全国月度各货运方式运输量.xlsx"数据文件记录了2020年至2022年共计3年每个月的铁路货运量、公路货运量、水运货运量和民航货运量，单位是万吨，下面将介绍如何利用偏相关分析过程得到在控制"水运货运量"和"民航货运量"的情况下，"铁路货运量"和"公路货运量"之间的相关系数。

在SPSS变量视图中建立"月份""铁路货运量""公路货运量""水运货运量"和"民航货运量"5个变量，后4个变量的测量为"标度"，如图5-11所示。

在SPSS数据视图中，把相关数据输入到变量中，输入完毕后数据视图如图5-12所示。

（2）案例操作步骤

打开数据文件，进入SPSS Statistics数据编辑器窗口，在菜单栏中依次选

111

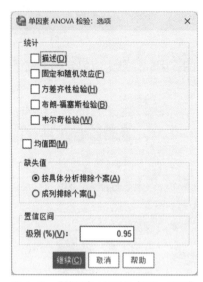

图4-5 "单因素ANOVA检验：选项"
对话框

SPSS中有两种原假设检验显著性水平的选择方法：使用与选项中的设置相同的显著性水平和指定用于事后检验的显著性水平。

③"选项"设置

单击"选项"按钮，弹出如图4-5所示的"单因素ANOVA检验：选项"对话框。

a."统计"选项组：该选项组主要用于指定输出的统计量，包括5个复选框。

·描述：表示要输出每个因变量的个案数、平均值、标准差、均值标准误差、最小值、最大值和95%置信区间。

·固定和随机效应：表示把数据看成面板数据进行回归，来计算固定效应模型的标准差、标准误差和95%置信区间，以及随机效应模型的标准误差、95%置信区间和成分间方差估计。

·方差齐性检验：即莱文方差齐性检验。

·布朗-福塞斯检验：表示计算布朗-福塞斯统计量以检验组均值是否相等，特别是当莱文方差齐性检验显示方差不等时，该统计量优于F统计量。

·韦尔奇检验：计算韦尔奇统计量以检验组均值是否相等，与布朗-福塞斯类似，当莱文方差齐性检验显示方差不等时，该统计量优于F统计量。

b."缺失值"选项组：该选项组主要用于当检验多个变量，有一个或多个变量的数据缺失时，可以指定检验剔除哪些个案，有下述两种方法。

·按具体分析排除个案：表示给定分析中的因变量或因子变量有缺失值的个案不用于该分析，也不使用超出因子变量指定的范围的个案。

·成列排除个案：表示因子变量有缺失值的个案，或在主对话框中因变量列表上缺失的个案都排除在所有分析之外，如果尚未指定多个因变量，那么这个选项不起作用。

c."均值图"复选框：该复选框主要用于绘制每组的因变量平均值分布图，组别是根据因子变量控制的。

设置完毕后，单击"继续"按钮，返回到"单因素ANOVA检验"对话框。

4.1.3　案例：当前薪金单因素方差分析

⭕ （1）案例数据简介

"当前薪金单因素分析.xlsx"数据文件是某企业员工月度考勤数据，下面利用单因素方差分析不同职务的员工当前薪金是否有显著差异。

在SPSS的变量视图中建立变量"员工编号""当前薪金"和"职务"，其中"职务"变量中分别用1、2、3代表电话销售、技术开发、部门主管，如图4-6所示。

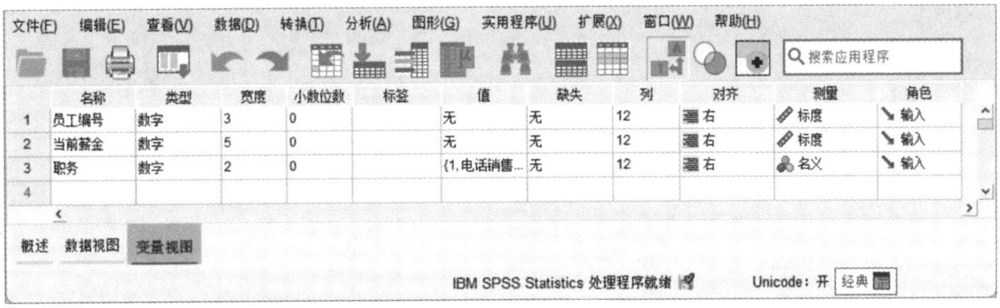

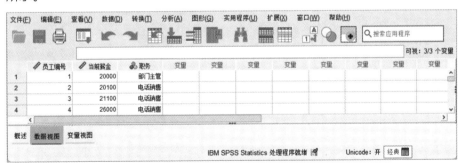

图 4-6　数据文件变量视图

在SPSS中，把相关数据输入到各个变量中，输入完毕后数据视图如图4-7所示。

图 4-7　数据文件数据视图

⭕ （2）案例操作步骤

在菜单栏中依次选择【分析】|【比较平均值和比例】|【单因素ANOVA检验】选项，打开"单因素方差分析"对话框。

将"当前薪金"选入"因变量列表"，将"职务"选入"因子"列表。

6

回归分析

▼

回归分析是研究一个因变量与一个或多个自变量之间的线性或非线性关系的一种统计分析方法。它基于观测数据建立变量间适当的依赖关系，以分析数据内在规律，并可用于预测、控制等问题。SPSS提供强大的回归分析功能，可以进行线性回归、曲线回归、Logistic回归、非线性回归等多种分析，本章将对回归分析进行详细介绍。

6.1 线性回归

6.1.1 线性回归概述

线性回归分析是最常用的回归分析，许多非线性的模型形式亦可以转化为线性回归模型进行分析。

线性回归是利用回归方程（函数）对一个或多个自变量（特征值）和因变量（目标值）之间的关系进行建模的一种分析方式。线性回归能够用一条直线较为精确地描述数据之间的关系。这样当出现新的数据的时候，就能够预测出一个简单的值。线性回归中常见的就是房屋面积和房价的预测问题。只有一个自变量的情况称为一元回归，大于一个自变量的情况称为多元回归。

多元线性回归模型是日常工作中应用频繁的模型，公式如下：

$$y = \beta_0 + \beta_1 x_1 + \beta_2 x_2 + \ldots + \beta_k x_k + \varepsilon$$

式中，$x_1, \cdots, x_k$ 是自变量；y 是因变量；β_0 是截距；$\beta_1, \cdots, \beta_k$ 是变量回归系数；ε 是误差项的随机变量。

对于误差项有如下几个假设条件：

· 误差项 ε 是一个期望为 0 的随机变量。

· 对于自变量的所有值，ε 的方差都相同。

· 误差项 ε 是一个服从正态分布的随机变量，且相互独立。

如果想让我们的预测值尽量准确，就必须让真实值与预测值的差值最小，即让误差平方和最小，用公式来表达如下，具体推导过程可参考相关的资料。

$$J(\beta) = \sum (y - X\beta)^2$$

损失函数只是一种策略，有了策略，还要用适合的算法进行求解。在线性回归模型中，求解损失函数就是求与自变量相对应的各个回归系数和截距。有了这些参数，我们才能实现模型的预测（输入 x，给出 y）。

对于误差平方和损失函数的求解方法有很多，典型的如最小二乘法、梯度下降等。因此，通过以上的异同点，总结如下：

最小二乘法的特点：

· 得到的是全局最优解，因为一步到位，直接求极值，所以步骤简单。

· 线性回归的模型假设，这是最小二乘法的优越性前提，否则不能推出最小

4.2 多因素方差分析

4.2.1 多因素方差分析概述

多因素方差分析是一种统计方法，用于分析多个因素对于一个或多个因变量的影响。它是单因素方差分析的扩展，可以同时考虑多个因素的影响。

在多因素方差分析中，有两个或两个以上的自变量（也称为因子），每个自变量可以有两个或两个以上的水平。因变量是我们想要研究的结果或效果。

多因素方差分析的目的是确定各个因素和因素水平对因变量的影响是否显著，并且确定各个因素之间是否存在交互作用。通过分析因素和因素水平的影响，我们可以了解不同因素对因变量的相对重要性，以及它们之间的相互作用。

多因素方差分析的基本假设包括：各个因素的水平对因变量的影响是线性的、各个因素之间的影响是独立的、各个观测值之间的误差项是独立且服从正态分布的。

多因素方差分析的步骤包括：确定研究的因素和因素水平、收集数据、计算总平方和、计算因子平方和、计算误差平方和、计算因子间的平方和、计算总平方和、计算F值、进行显著性检验。

多因素方差分析可以应用于各种领域的研究，例如医学、社会科学、教育等。它可以帮助我们理解多个因素对于一个或多个因变量的影响，并且可以用来比较不同因素和因素水平的效果。

4.2.2 SPSS 操作及选项设置

打开相应的数据文件或者建立一个数据文件后，在SPSS Statistics数据编辑器窗口中就可以进行单因变量的多因素方差分析了。

（1）打开单变量选项

在菜单栏中依次选择【分析】|【一般线性模型】|【单变量】选项，打开如图4-12所示的"单变量"对话框。

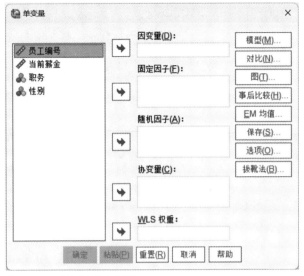

图 4-12　"单变量"对话框

（2）选择分析变量

对话框中有5个列表框。

·因变量：该列表中的变量为要进行方差分析的目标变量，"因变量"列表中只能选择唯一一个变量。

·固定因子：该列表中的变量为固定控制变量，主要用来分组。固定控制变量的各个水平一般是可以人为控制的，如案例的温度、水分等。因子自变量为分类变量，其取值可以为数字，也可以为字符串。因子变量值应为整数，并且为有限个类别。

·随机因子：该列表中的变量为随机控制变量，也用来分组。与固定控制变量不同的是，随机控制变量的各个水平一般是不可以人为控制的，如体重、身高等。

·协变量：该列表中的变量是与因变量相关的定量变量，用来控制与因子变量有关且影响方差分析的目标变量的其他干扰因素，类似于回归分析中的控制变量。

·WLS权重：该列表框为加权最小二乘分析指定权重变量。如果加权变量的值为 0、负数或缺失，则将该个案从分析中排除。已用在模型中的变量不能用作加权变量。

3

T检验

▼

在统计分析中，经常遇到这样的问题：要对抽取的样本按照某个类别分别计算相应的常见统计量，如平均数、标准差等；或者检验两个相关的样本是否来自具有相同均值的总体；或者检验两个有联系的正态总体的均值是否存在显著差异；等等。本章介绍的均值比较过程及 T 检验过程可以解决此类统计分析问题。

3.1 均值过程

3.1.1 均值过程概述

SPSS均值过程是一种统计分析方法，用于计算和比较不同组之间的均值差异，可以帮助研究人员快速了解数据集中各变量的平均水平，从而对数据进行初步的分析和描述，还可以用于比较不同组之间的均值差异，以及检验变量的正态分布性等。

在SPSS的均值过程中，首先要选择需要比较的变量，并设置分组变量（如果有需要）。然后，SPSS会计算这些变量的均值，并输出结果。除了均值之外，还可以选择输出其他统计量，如标准差、最小值、最大值等，以帮助更好地了解数据的特点。

均值过程的基本原理是利用样本均值来估计总体均值。当样本量足够大时，样本均值会接近总体均值，因此可以用样本均值来近似表示总体均值。在进行两个或多个均值之间的比较时，可以使用独立样本均值检验或配对样本均值检验等方法，以确定它们之间是否存在显著差异。

3.1.2 SPSS 操作及选项设置

打开相应的数据文件或者建立一个数据文件后，可以在SPSS Statistics数据编辑器窗口中进行均值比较分析。

（1）打开平均值选项

在菜单栏中选择【分析】|【比较平均值和比例】|【均值】选项，打开如图3-1所示的"平均值"对话框。

（2）选择分析变量

将变量分别选入"因变量列表"和"自变量列表"两个列表框。

① 因变量列表

该列表框中的变量为要进行均值比较的目标变量，又称为因变量，且因变量一般为标度变量。如要比较两个班的语文成绩的均值是否一致，则语文成绩变量

b."更改对比"选项组。该选项组用于检验因子的水平之间的差值,可以为模型中的每个因子指定对比,包括7种对比的方法。

·无:表示不进行因子各个水平间的任何对比。

·偏差:表示对因子变量每个水平与总平均值进行对比。

·简单:表示对因子变量各个水平与第一个水平和最后一个水平的均值进行对比。

·差值:表示对因子变量的各个水平都与前一个水平进行做差比较,当然第一个水平除外。

·赫尔默特:表示对因子变量的各个水平都与后面的水平进行做差比较,当然最后一个水平除外。

·重复:表示重复比较,除第一类之外,因素变量的每个分类都与后面所有分类的平均效应进行比较。

·多项式:表示对每个水平按因子顺序进行趋势分析。对于"偏差"对比和"简单"对比,可以选择参照水平是"最后一个"或"第一个"。

③"图"设置

单击"图"按钮,弹出如图4-16所示的"单变量:轮廓图"对话框。

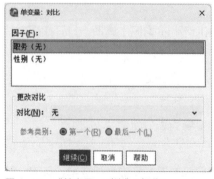

图4-15 "单变量:对比"对话框　　　图4-16 "单变量:轮廓图"对话框

a."因子"列表框：该列表中主要存放各个因子变量。

b."水平轴"输入框：从"因子"列表中选择输入，"水平轴"输入框的变量是均数轮廓图中的横坐标。

c."单独的线条"输入框：从"因子"列表中选择输入，它是用来绘制分离线的。

d."单独的图"输入框：从"因子"列表中选择输入，它可用来创建分离图。

e."图"设置：当"水平轴""单独的线条"或"单独的图"中有变量时，下方的"添加""更改""除去"按钮就会被激活，单击"添加"按钮即可将选择的变量加入"图"输入框。

f."图表类型"选项组：包括折线图和条形图两种，默认是折线图。

g."误差条形图"选项组：可选"包括误差条形图"选项及其置信区间和标准误差等。

此外，还有"包括总平均值的参考线""Y轴从0开始"选项。

④"事后比较"设置

单击"事后比较"按钮，弹出如图4-17所示的"单变量：实测平均值的事后多重比较"对话框。

"单变量：实测平均值的事后多重比较"对话框的作用在于一旦确定均值间存在差值，两两范围检验和成对多重比较就可以确定哪些均值存在差值，同样包含假定方差齐性和未假定方差齐性两种，与单因素方差分析中的"假定方差齐性"选项组和"未假定方差齐性"选项组一样，此处不再重复。

⑤"EM均值"设置

单击"EM均值"按钮，弹出如图4-18所示的"单变量：估算边际平均值"对话框。

该对话框提供一些基于固定效应模型计算的统计量，包括2个列表框。

a."因子与因子交互"列表框。在"因子与因子交互"列表框中的是所有因子变量和"OVERALL"变量，从"因子与因子交互"列表框中选择变量并单击箭头按钮就可以使之进入"显示下列各项的平均值"列表框。

b."显示下列各项的平均值"列表框。该列表框中的变量用来输出该变量的估算边际均值、标准误差等统计量。当"显示下列各项的平均值"列表框中含有变量时，下方"比较主效应"复选框就会被激活，该复选项表示为模型中的任何

·Anova表和Eta：表示对第一层自变量和因变量进行单因素方差分析，然后输出 Anova 表和 Eta 的值。

·线性相关度检验：用于检测各组平均值之间的线性趋势，实际上是对因变量的平均值进行线性回归，然后计算回归的判定系数和相关系数。该检验仅在自变量具有三个或更多水平时才能进行。

设置完毕后，单击"继续"按钮，可以返回到"平均值"对话框。

3.1.3 案例：医疗前血压均值比较

（1）案例数据简介

"医疗前血压数据.xlsx"数据文件展示的是10名男性和10名女性患者治疗前的血压数据，这些数据通常用于评估患者的健康状况和确定适当的治疗方案。医疗前血压数据包括收缩压（高压）和舒张压（低压），通常以毫米汞柱（mmHg）❶表示。医疗前血压数据可以通过体格检查或使用血压计来获取。这些数据对于诊断高血压、心血管疾病和其他相关健康问题非常重要。

在 SPSS 变量视图中建立"患者编号""性别"和"治疗前血压"3个变量，如图3-5所示。

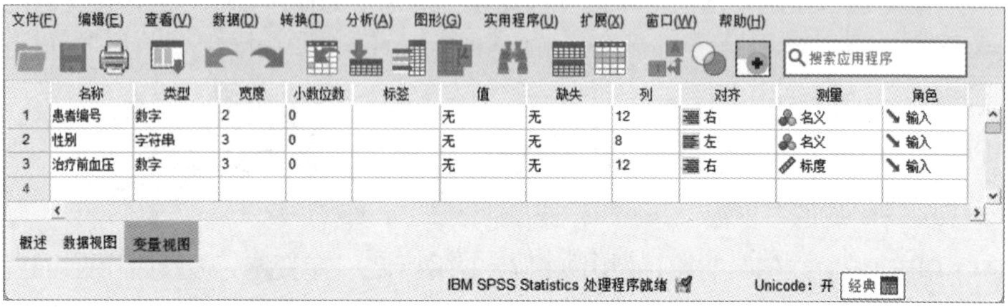

图3-5 数据文件变量视图

在 SPSS 中，把搜集的数据输入到各个变量中，输入完毕后数据视图如图3-6所示。

（2）案例操作步骤

打开数据文件，进入 SPSS Statistics 数据编辑器窗口，在菜单栏中选择

---

❶ 1mmHg=133.32Pa。

【分析】|【比较平均值和比例】|【均值】选项，然后将"治疗前血压"选入"因变量列表"，将"性别"选入"自变量列表"。

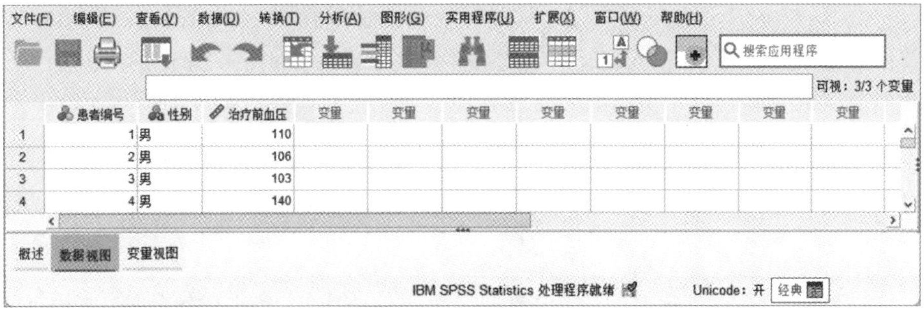

图 3-6　数据文件数据视图

单击"选项"按钮，选中"平均值""个案数""标准差"输入"单元格统计"列表框，单击"继续"按钮，保存设置结果。

（3）案例结果分析

单击"确定"按钮，SPSS Statistics查看器窗口的输出结果如图3-7和图3-8所示。

个案处理摘要

	个案					
	包括		排除		总计	
	个案数	百分比	个案数	百分比	个案数	百分比
治疗前血压 * 性别	20	100.0%	0	0.0%	20	100.0%

图 3-7　个案处理摘要

图3-7给出了平均值过程的个案处理摘要。该表显示了平均值过程中的个案数、已经排除的个案数及总计的数据和相应的百分比。

图3-8给出了平均值比较结果报告。该表中列出了所有男女性别的患者治疗前血压的平均值情况和相应的个案数目、标准差，可以发现女性患者治疗前血压的平均值要高于男性，但是其标准偏差却小于男性。

报告

治疗前血压

性别	平均值	个案数	标准 偏差
男	114.70	10	11.729
女	117.60	10	5.641
总计	116.15	20	9.080

图 3-8　平均值比较结果报告

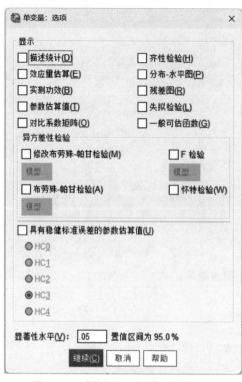

图 4-20 "单变量：选项"对话框

集。

· 写入新数据文件，表示将参数估计值的协方差矩阵写入外部 SPSS Statistics 数据文件。其中，对于每个因变量，都有一行参数估计值、一行与参数估计值对应的 T 统计量的显著性水平，以及残差自由度。

⑦"选项"设置

单击"选项"按钮，弹出如图 4-20 所示的"单变量：选项"对话框。

a."显示"选项组。该选项组主要用于指定输出的统计量，有 10 个选项，各选项的功能如表 4-2 所示。

表 4-2 "输出"选项组中复选项的功能

选项	功能
描述统计	因变量的平均值、标准差和计数
齐性检验	输出进行方差齐性的莱文检验
效应量估算	输出每个功效和每个参数估计值的偏 Eta 方值
分布-水平图	输出不同水平因变量均值对标准差和方差的图
实测功效	输出功效显著的 Alpha 值，系统默认的显著水平为 0.05
残差图	输出模型残差图
参数估算值	输出参数估计值、标准误、T 检验、置信区间和检验效能
失拟检验	检查因变量和自变量之间的关系是否能由模型充分地描述
对比系数矩阵	输出对比系数 L 矩阵
一般可估函数	进行基于常规可估计函数构造定制的假设检验

b."异方差性检验"选项组。异方差性检验主要是为了验证不同因素对因变量的影响是否具有一致性。选项包括修改布劳殊-帕甘检验、F 检验、布劳殊-帕甘检验、怀特检验。

c.“具有稳健标准误差的参数估算值”选项组。在多因素方差分析中，每个因变量可能会受到多个因素的影响。因此，模型需要考虑这些因素的影响并分析它们对因变量的联合效应。由于可能存在异方差，使用稳健标准误差可以提供一个更为准确的估计，使分析结果更为可靠。

在SPSS中，该选项包括HC0、HC1、HC2、HC3、HC4，它们是假设约束条件的简称，用于检验不同因素对因变量的影响是否显著，具体含义如下。

· HC0：无约束条件，即所有因素对因变量的影响都自由，没有限制。

· HC1：随机误差项的方差齐性，即不同观测值之间的误差项方差相等。

· HC2：随机误差项的独立性，即不同观测值之间的误差项相互独立。

· HC3：因素间的交互效应，即不同因素之间存在交互效应。

· HC4：因素间的主效应，即不同因素对因变量存在主效应。

在进行多因素方差分析时，可以通过对这些假设约束条件的检验，判断不同因素对因变量的影响是否显著。如果约束条件不成立，则说明某些因素对因变量的影响不显著或存在其他影响因素。

d.“显著性水平”输入框。该输入框主要用于指定上述统计量的显著水平。

4.2.3　案例：当前薪金多因素方差分析

○ （1）案例数据简介

“当前薪金多因素方差分析.xlsx”数据文件是某企业员工月度考勤数据，下面利用多因素方差分析不同职务和性别的员工当前薪金是否有显著性差异。

在SPSS的变量视图中建立变量“员工编号”“当前薪金”“职务”和“性别”，其中“职务”变量中分别用1、2、3代表电话销售、技术开发、部门主管，“性别”变量中分别用1、0代表“男、女”，如图4-21所示。

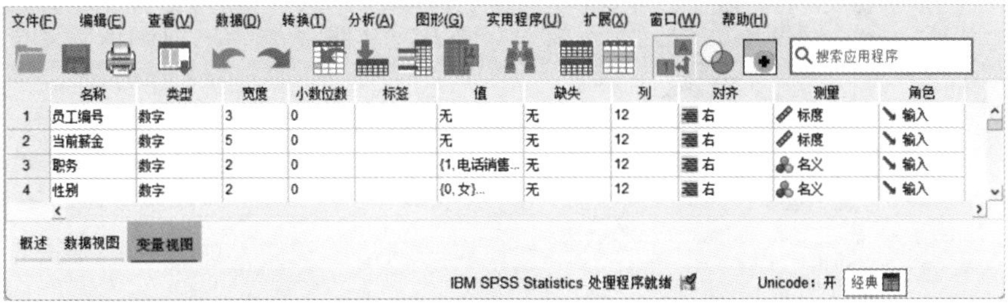

图4-21　数据文件变量视图

·成列排除个案：表示每个T检验只使用对于在任何请求的T检验中使用的所有变量都具有有效数据的个案，此时样本大小在各个T检验之间恒定。

此外，"单样本T检验"对话框中的"检验值"文本框用来输入一个假设的检验值，如果要检验某大学所有男生的平均身高是否与去年全国大学生男生的平均身高一致，那么此处应该输入的检验值就是去年全国大学生男生的平均身高数。

3.2.3　案例：医疗后血压单样本 T 检验

⚪ （1）案例数据简介

"医疗后血压数据.xlsx"数据文件显示的是20名患者治疗后的血压数据，通常用于评估治疗的效果、监测病情的变化以及指导后续的治疗方案。治疗后血压数据包括收缩压和舒张压两个数值。收缩压是指心脏收缩时血液对血管壁施加的压力，通常是较高的数值；舒张压是指心脏舒张时血液对血管壁施加的压力，通常是较低的数值。这两个数值一起构成了血压的测量结果。

在SPSS变量视图中建立变量"患者编号"和"治疗后血压"，变量视图如图3-11所示。

	名称	类型	宽度	小数位数	标签	值	缺失	列	对齐	测量	角色
1	患者编号	数字	2	0		无	无	12	疆右	♣名义	﹨输入
2	治疗后血压	数字	3	0		无	无	12	疆右	✐标度	﹨输入
3											
4											

图 3-11　数据文件变量视图

在SPSS中，把搜集的数据输入到各个变量中，输入完毕后数据视图如图3-12所示。

⚪ （2）案例操作步骤

打开数据文件，进入SPSS Statistics数据编辑器窗口，在菜单栏中选择【分析】|【比较平均值和比例】|【单样本T检验】，然后将"治疗后血压"选入"检

62

验变量"，在"检验值"输入框中输入正常血压110。

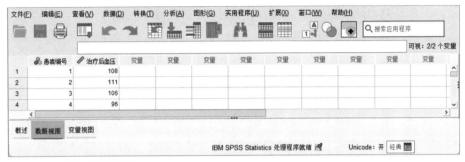

图3-12 数据文件数据视图

单击"选项"按钮，在"置信区间百分比"输入框中输入95，单击"继续"按钮，保存"选项"设置结果。

（3）案例结果分析

单击"确定"按钮，SPSS Statistics查看器窗口的输出结果如图3-13和图3-14所示。

图3-13给出了关于治疗后血压的单个样本统计量情况。从图中可以看出，参与统计的样本个数为20，平均血压为111.15mmHg。

单样本统计

	N	平均值	标准差	标准误差平均值
治疗后血压	20	111.15	8.387	1.875

图3-13 单个样本统计量

图3-14给出了治疗后血压的单个样本T检验结果。从图表可以看出，T检验的P值是0.547，大于显著水平0.05，因此不能够拒绝原假设，所以认为此次实际血压与预测的数据无显著差异。

单样本检验

			检验值 = 110				
			显著性			差值 95% 置信区间	
	t	自由度	单侧 P	双侧 P	平均值差值	下限	上限
治疗后血压	.613	19	.274	.547	1.150	-2.78	5.08

图3-14 单个样本T检验

图形可以看出，职务中的三个水平没有交叉，说明职务对当前薪金的影响十分显著，这与图4-26中的多因素方差分析表对"职务"的分析结果保持一致性。

主体间效应检验

因变量：当前薪金

源	III 类平方和	自由度	均方	F	显著性
修正模型	864075230.8ᵃ	4	216018807.70	20.918	<.001
截距	33385500037	1	33385500037	3232.929	<.001
职务	438450203.35	2	219225101.68	21.229	<.001
性别	13794071.033	1	13794071.033	1.336	.249
职务 * 性别	43205462.922	1	43205462.922	4.184	.042
误差	2550696181.0	247	10326705.186		
总计	89354132236	252			
修正后总计	3414771411.9	251			

a. R 方 = .253（调整后 R 方 = .241）。

图 4-26 主体间效应检验表

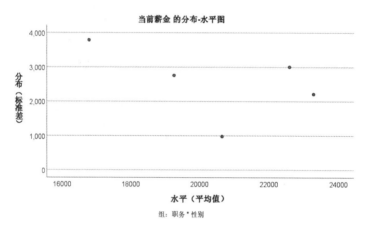

图 4-27 当前薪金的分布 – 水平图

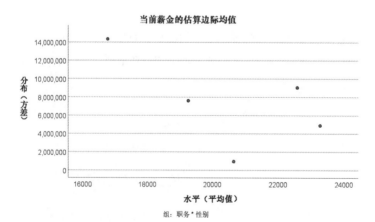

图 4-28 当前薪金的估算边际均值

4.3 协方差分析

4.3.1 协方差分析概述

协方差分析是一种统计分析方法,用于比较两个或多个组之间的差异,同时控制一个或多个协变量的影响。

协方差分析结合了方差分析和回归分析的特点。在协方差分析中,我们首先将数据分成不同的组,然后比较这些组之间的平均差异。与方差分析不同的是,协方差分析还可以控制一个或多个协变量的影响。协变量是与因变量相关的变量,但不是我们主要感兴趣的自变量。

协方差分析的基本假设是各组之间的方差是相等的,同时协变量与因变量之间的关系是线性的。通过协方差分析,我们可以了解组间的差异是否显著,并且可以控制协变量的影响,以减少误差的方差,提高统计效力。

协方差分析在实际应用中有广泛的应用,特别是在医学研究和社会科学研究中。它可以帮助我们研究不同组之间的差异,并且控制潜在的干扰变量,提高研究的准确性和可靠性。

4.3.2 SPSS 操作及选项设置

打开相应的数据文件或者建立一个数据文件后,在SPSS Statistics数据编辑器窗口中就可以进行协方差分析了。

(1)打开单变量选项

在菜单栏中依次选择【分析】|【一般线性模型】|【单变量】选项,打开如图4-29所示的"单变量"对话框。

(2)选择分析变量

从源变量列表中选择需要进行方差分析的因变量,然后单击箭头按钮将选中的变量选入"因变量"中;选入"固定因子"变量、"随机因子"变量、"协变量",如图4-30所示。

"因变量""固定因子""随机因子""协变量""WLS权重"列表的功能和用

3-18所示。

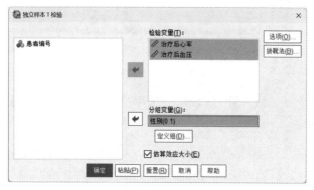

图 3-17 "独立样本 T 检验"对话框

图 3-18 "独立样本 T 检验：选项"对话框

（4）"估算效应大小"选项

在独立样本 T 检验中，效应大小可以通过 Cohen's d 值来估算。Cohen's d 值表示两个均数之间的标准差异，其计算公式为差值的绝对值除以两个独立样本的联合标准差。联合标准差是两个样本标准差的平方平均数。

Cohen's d 值的临界点通常被划分为小、中、大效应，分别是 0.2、0.5 和 0.8。当效应量处于 0.2 以下时，可视为效应过小；处于 0.2 ~ 0.5 时，可视为效应偏小；处于 0.5 ~ 0.8 时，可视为效应较大；而当效应量超过 0.8 时，可视为大效应。

因此，Cohen's d 值越大，说明两个独立样本之间的差异越大。这个效应大小的估算可以帮助我们了解样本之间的差异是否具有统计学上的显著性。如果效应量较大，那么这种差异很可能不是偶然的，而是由于某种实验处理或因素引起的。反之，如果效应量较小，那么这种差异可能是由随机误差引起的，需要更多的数据来确认。

（5）分析结果输出

设置完毕后，单击"确定"按钮，就可以在 SPSS Statistics 查看器窗口得到独立样本 T 检验的结果。

3.3.3 案例：医疗后心率血压独立样本 T 检验

（1）案例数据简介

"医疗后心率血压数据.xlsx"数据文件记录了病人在接受治疗后，测量的心率和血压的数值，这些数据通常会被记录在患者的病历中，以便医生随时查看和监测患者的身体状况。利用描述性统计分析该数据文件中的一些基本统计量。

在SPSS变量视图中建立"患者编号""性别""治疗后心率"和"治疗后血压"4个变量，变量视图如图3-19所示。

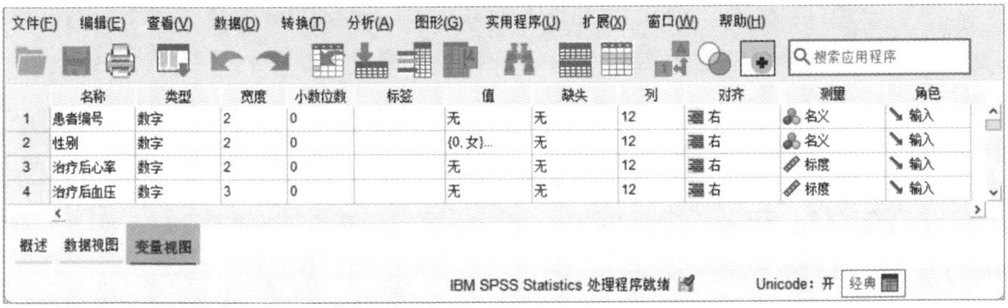

图 3-19　数据文件变量视图

在SPSS数据视图中，把相关数据输入到各个变量中。其中，"性别"变量中"1"表示"男"、"0"表示"女"，输入完毕后数据视图如图3-20所示。

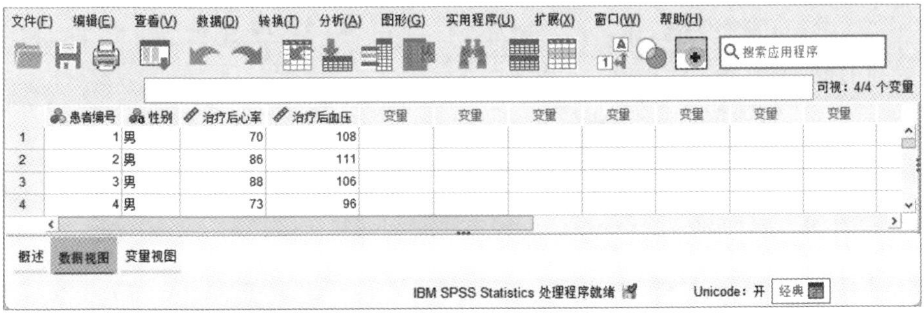

图 3-20　数据文件数据视图

（2）案例操作步骤

打开数据文件，进入SPSS Statistics数据编辑器窗口，在菜单栏中依次单击【分析】|【比较平均值和比例】|【独立样本T检验】选项，打开"独立样本T检验"对话框。

薪金明显要高于是少数民族的当前薪金。

描述统计

因变量: 当前薪金

是否少数民族	平均值	标准差	N
否	18739.48	3782.759	198
是	17467.78	3154.001	54
总计	18466.98	3688.450	252

图 4-33　描述性统计量表

图4-34给出了本案例的协方差分析结果表。

从表中可以看出，整个模型的F值是89.173，概率水平小于0.001，可见此方差分析模型是非常显著的，并且调整后R方是0.413，说明当前薪金能被"起始薪金""是否少数民族"解释的部分有41.3%。协变量"起始薪金"的概率值小于0.001，可见是非常显著的，并且能被解释的离差平方和有1356482620.2；而被"是否少数民族"解释的只有3755990.744，因此忽略协变量"起始薪金"是不合适的。

主体间效应检验

因变量: 当前薪金

源	III 类平方和	自由度	均方	F	显著性
修正模型	1425099755ᵃ	2	712549877.61	89.173	<.001
截距	625267377.78	1	625267377.78	78.250	<.001
起始薪金	1356482620.2	1	1356482620.2	169.759	<.001
是否少数民族	3755990.744	1	3755990.744	.470	.494
误差	1989671656.6	249	7990649.223		
总计	89354132236	252			
修正后总计	3414771411.9	251			

a. R 方 = .417（调整后 R 方 = .413）。

图 4-34　协方差分析结果表

5

相关分析

▼

　　相关分析研究现象之间是否存在某种依存关系，并对具体有依存关系的现象探讨其相关方向及相关程度，是研究随机变量之间相关关系的一种统计方法。本章将结合大量实例说明如何利用SPSS对数据文件进行相关分析。

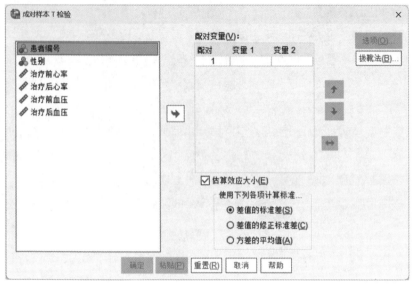

图 3-23 "成对样本 T 检验"对话框

变量选入右侧"配对变量"中,对于每个配对检验,指定两个定量变量(定距测量级别或定比测量级别)。对于配对或个案控制研究,每个检验主体的响应及其匹配的控制主体的响应必须在数据文件的相同个案中。选定一组配对变量后,可以继续选定下一组要分析的配对变量,如图 3-24 所示。

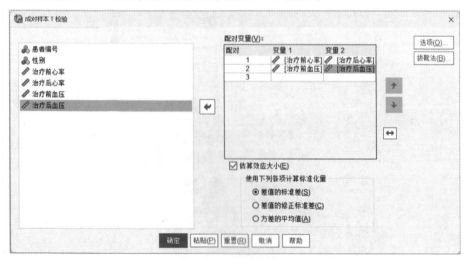

图 3-24 "成对样本 T 检验"对话框

如果选定两组或两组以上的配对变量,可以通过向上的箭头或者向下的箭头按钮进行配对变量之间顺序的调换。另外,可以通过水平双向箭头按钮调换配对变量中的两个变量之间的顺序。

（3）相应选项设置

单击右侧“选项”按钮，“选项”对话框中的选项及含义与单样本T检验和独立样本T检验中的一致。

3.4.3 案例：医疗前后心率血压成对样本T检验

（1）案例数据简介

“医疗前后心率血压数据.xlsx”数据文件是某药物使用前后患者的心率和血压数据。通过分析，我们可以更好地了解其对心血管系统的影响，从而为临床医生提供更准确的治疗方案。此外，药物对心率和血压的调节还涉及个体差异的问题，因此在实践中还需要考虑不同人群的特点。

首先在SPSS变量视图中建立“患者编号”“性别”“治疗前心率”“治疗后心率”“治疗前血压”和“治疗后血压”6个变量，分别表示测试者的编号以及疗程初与疗程末的情况，变量视图如图3-25所示。

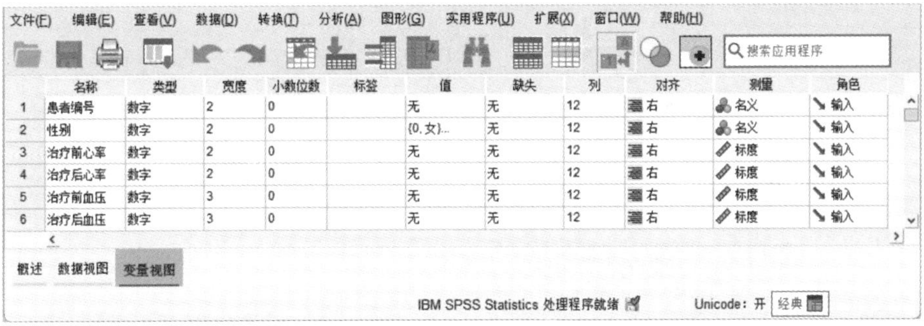

	名称	类型	宽度	小数位数	标签	值	缺失	列	对齐	测量	角色
1	患者编号	数字	2	0		无	无	12	右	名义	输入
2	性别	数字	2	0		{0, 女}...	无	12	右	名义	输入
3	治疗前心率	数字	2	0		无	无	12	右	标度	输入
4	治疗后心率	数字	2	0		无	无	12	右	标度	输入
5	治疗前血压	数字	3	0		无	无	12	右	标度	输入
6	治疗后血压	数字	3	0		无	无	12	右	标度	输入

图3-25 数据文件变量视图

然后在SPSS数据视图中，把相关数据输入到各个变量中，输入完毕后数据视图如图3-26所示。

（2）案例操作步骤

打开数据文件，进入SPSS Statistics数据编辑器窗口，在菜单栏中依次单击【分析】|【比较平均值和比例】|【成对样本T检验】，然后将“治疗前心率”

（2）斯皮尔曼等级相关系数

斯皮尔曼相关系数是一种非参数的相关系数，用于标度两个变量之间的单调关系。它的取值范围也为 −1 ～ 1，但不要求变量呈线性关系。当相关系数为正时，表示两个变量呈单调递增关系，反之则呈单调递减关系。

等级相关用来考察两个变量中至少有一个为定序变量时的相关系数，例如，学历与收入之间的关系。它的计算公式如下：

$$r = 1 - \frac{6\sum_{i=1}^{n} d_i^2}{n(n^2 - 1)}$$

式中，d_i 表示 y_i 的等级和 x_i 的等级之差；n 为样本容量。

（3）肯德尔等级相关系数

肯德尔相关系数也是一种非参数的相关系数，用于标度两个变量之间的等级关系。它的取值范围为 −1 ～ 1，当相关系数为正时，表示两个变量呈等级递增关系，反之则呈等级递减关系。

肯德尔等级相关系数利用变量等级计算一致对数目 U 和非一致对数目 V，采用非参数检验的方法标度定序变量之间的线性相关关系。其计算公式如下：

$$\tau = (U - V) \frac{2}{n(n-1)}$$

5.2 双变量相关分析

5.2.1 双变量相关分析概述

双变量相关分析是一种常用的统计方法，用于研究两个变量之间的关系。在这种分析中，相关系数法是一种常见且重要的技术，用于衡量两个变量之间的相关程度。

相关系数的应用广泛，特别是在数据分析和研究中，可以帮助我们了解两个变量之间的关系，从而进行预测和决策。例如，在市场研究中，使用相关系数来分析产品销量与广告投入之间的关系；在医学研究中，使用相关系数来分析药物剂量与治疗效果之间的关系。

相关系数法是双变量相关分析中一种重要的技术，用于衡量两个变量之间的相关程度。通过计算相关系数，我们可以了解两个变量之间的关系强度和方向。然而，相关系数也有其限制，需要在分析和解释结果时谨慎使用。在实际应用中，我们可以结合其他统计方法和领域知识，对相关系数进行综合分析，以更好地理解变量之间的关系。

5.2.2　SPSS 操作及选项设置

打开相应的数据文件或者建立一个数据文件后，在SPSS Statistics数据编辑器窗口中就可以进行相关分析了。本节主要介绍双变量相关分析，案例主要操作步骤如下。

○（1）打开双变量选项

在菜单栏中依次选择【分析】|【相关】|【双变量】选项，打开如图5-1所示的"双变量相关性"对话框。

○（2）选择分析变量

从源变量列表中选择需要相关分析的变量，然后单击箭头按钮将选中的变量选入"变量"列表中，如图5-2所示。

图 5-1　"双变量相关性"对话框

图 5-2　选择需分析的变量

105

4

方差分析

▼

方差分析是一种统计方法，用于比较两个或多个组的数据，以确定它们之间的均值是否有显著差异，主要用于检验一个或多个分类变量对数值变量的影响。方差分析在经济学、管理学、医学、心理学和生物学等方面具有广泛的应用，SPSS也提供了强大的方差分析功能，本章将对几种常用的方差分析的SPSS实现过程进行介绍。

4.1　单因素方差分析

4.1.1　单因素方差分析概述

单因素方差分析是方差分析类型中最基本的一种，研究的是一个因素对于试验结果的影响和作用，这一因素可以有不同的取值或者是分组。单因素方差分析所要检验的问题就是当因素选择不同的取值或者分组时，对结果有无显著影响。

在试验中，我们将要考察的指标称为试验指标，影响试验指标的条件称为因素。因素可分为两类：一类是人们可以控制的；一类是不能控制的。例如，原料成分、反应温度、溶液浓度等是可以控制的，而测量误差、气象条件等一般是难以控制的。

单因素方差分析通过对不同处理水平下的样本均值进行比较，判断它们之间是否存在显著差异。这种分析方法基于方差的可加性原则，即将实验数据的总变异分解为几个不同来源的分量，包括处理因素引起的变异和误差因素引起的变异。通过比较不同处理水平下的组间方差和组内方差，可以判断处理因素是否对观测结果产生了显著影响。

在单因素方差分析中，原假设是所有处理水平下的总体均值相等。如果原假设成立，则F统计量服从F分布。当观测到的F值大于临界值时，拒绝原假设，认为不同处理水平下的总体均值存在显著差异。

为了进行单因素方差分析，需要满足一定的条件，包括各种处理水平下的样本总体方差相等、各种处理组样本相互独立且符合正态分布、因变量为连续数值型变量、样本仅涉及一个处理因素且处理因素至少有两个处理水平等。

在应用单因素方差分析时，还需要注意数据的异常值和缺失值对分析结果的影响。如果存在异常值或缺失值，需要进行适当的处理或填补，以保证分析的准确性和可靠性。

就单因素方差分析的基本原理而言，其主要的计算过程还是集中在各离差平方和、自由度以及均方上，确定各个水平之间的总体及样本容量，并构造统计模型，如果模型存在设定上的误差，需要将未出现的重要因素归纳到随机误差项中，确保影响因素变化存在差异性，提高案例数据的准确性及有效性，提高数据计算值的参考价值。

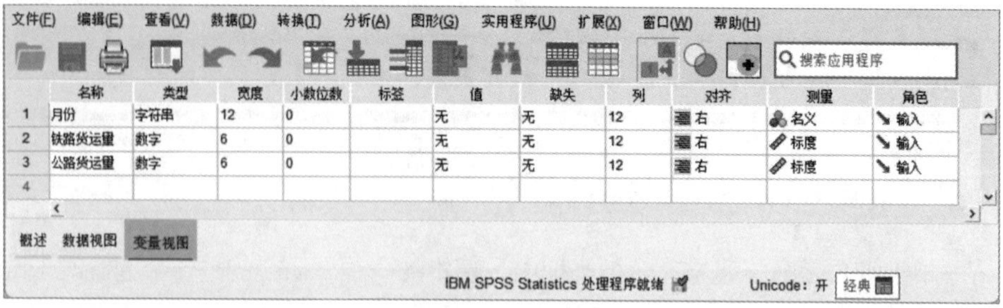

图 5-5　数据文件变量视图

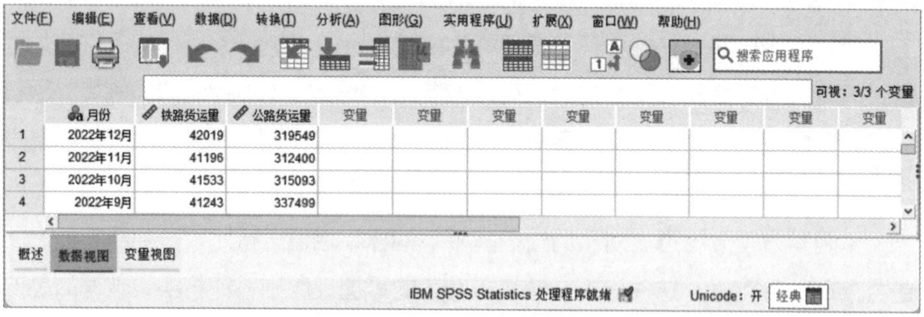

图 5-6　数据文件数据视图

（2）案例操作步骤

打开数据文件，进入SPSS Statistics数据编辑器窗口，在菜单栏中依次单击【分析】|【相关】|【双变量】，打开"双变量相关性"对话框。

将"铁路货运量"和"公路货运量"选入"变量"列表，在相关系数选项框下选择输出皮尔逊相关系数。

单击"选项"按钮，打开"双变量相关性：选项"对话框。选择"均值和标准差""叉积偏差和协方差"两个复选框，并选中"成对排除个案"单选按钮，然后单击"继续"按钮，保存设置结果。

（3）案例结果分析

在主对话框中，单击"确定"按钮，SPSS Statistics查看器窗口的输出结果如图5-7和图5-8所示。

图5-7为描述性统计量的输出表格，包括平均值、标准差和个案数。

图5-8表示相关分析输出结果表，"铁路货运量"和"公路货运量"之间的皮尔逊相关系数为0.611，表示二者之间存在相关性，但不是很高，且两者之间

相关的双侧显著性值小于0.001，所以可以得出：铁路货运量和公路货运量之间存在显著相关关系。

相关性

		铁路货运量	公路货运量
铁路货运量	皮尔逊相关性	1	.611**
	显著性（双尾）		<.001
	平方和与叉积	246098587.56	3253111542.3
	协方差	7031388.216	92946044.067
	个案数	36	36
公路货运量	皮尔逊相关性	.611**	1
	显著性（双尾）	<.001	
	平方和与叉积	3253111542.3	1.151E+11
	协方差	92946044.067	3289322300.1
	个案数	36	36

**. 在 0.01 级别（双尾），相关性显著。

描述统计

	平均值	标准差	个案数
铁路货运量	39197.89	2651.676	36
公路货运量	307006.33	57352.614	36

图 5-7　描述性统计量表

图 5-8　相关分析结果表

5.3　偏相关分析

5.3.1　偏相关分析概述

偏相关分析是一种有用的统计方法，用于研究两个变量之间的关系，同时控制其他变量的影响。与传统的相关分析不同，偏相关分析可以消除其他变量对两个变量之间关系的干扰，这使得我们能够更准确地评估两个变量之间的关联程度。

偏相关分析的基本原理是通过计算两个变量之间的偏相关系数来衡量它们的关系。偏相关系数表示两个变量之间的关联程度，同时控制其他变量的影响。这种方法可以帮助我们确定两个变量之间的独立关系，而不受其他变量的影响。

偏相关分析的应用非常广泛。在经济学中，偏相关分析可以帮助我们理解不同变量之间的关系，如通货膨胀和失业率之间的关系，同时控制其他经济因素的影响。在社会学中，偏相关分析可以帮助我们研究社会现象，如教育水平和犯罪率之间的关系，同时控制其他社会因素的影响。在心理学和医学领域，偏相关分析可以帮助我们研究变量之间的关系，如压力水平和心理健康之间的关系，同时

109

者指定先验对比，按因子顺序进行趋势分析。一旦用户选中"多项式"复选框，则"等级"下拉列表框就会被激活，然后就可以对趋势分析指定多项式的形式，例如"线性""二次项""立方""四次项""五次项"。

b."系数"输入框：该输入框主要用于对组间平均数进行比较定制，即指定的用T统计量检验的先验对比。为因子变量的每个组（类别）输入一个系数，每次输入后单击"添加"按钮。每个新值都添加到系数列表的底部。要指定其他对比组，应单击"下一个"按钮。用"下一个"按钮和"上一个"按钮在各组对比间移动。系数的顺序很重要，因为该顺序与因子变量的类别值的升序相对应。列表中的第一个系数与因子变量的最低值相对应，而最后一个系数与最高值相对应。

②"事后比较"设置

单击"事后比较"按钮，弹出如图4-4所示的"单因素ANOVA检验：事后多重比较"对话框。

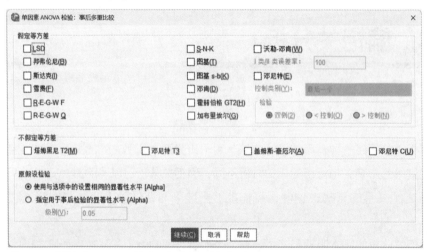

图4-4　"单因素ANOVA检验：事后多重比较"对话框

a."假定等方差"选项组：该选项组主要用于在假定方差齐性下进行两两范围检验和成对多重比较，共有14种检验方法，方法介绍如表4-1所示。

在这14种假定方差齐性下的两两范围检验和成对多重比较检验方法中，比较常用的是邦弗伦尼、图基和雪费方法。

b."不假定等方差"选项组：该选项组主要用于在没有假定方差齐性下进行两两范围检验和成对多重比较，选项组中含有4个复选框。

表4-1　假定方差齐性下两两范围检验的检验方法

方法	概述
LSD	最小显著性差异法，主要使用T检验对组均值之间的所有成对比较，检验敏感度较高，对多个比较的误差率不作调整
邦弗伦尼	修正LSD方法，同样是使用T检验在组均值之间执行成对比较，但通过将每次检验的错误率设置为案例性质的错误率除以检验总数来控制总体误差率
斯达克	基于T统计量的成对多重比较检验，可以调整多重比较的显著性水平，相对于修正LSD方法提供更严密的边界
雪费	使用F取样分布，为均值的所有可能的成对组合进行并发的联合成对比较，可用来检查组均值的所有可能的线性组合，而非仅限于成对组合，但该方法敏感度不高
R-E-G-W F	基于F检验的Ryan-Einot-Gabriel-Welsch多步进过程
R-E-G-W Q	基于T极差的Ryan-Einot-Gabriel-Welsch多步进过程
S-N-K	使用T范围分布在均值之间进行所有成对比较，同时使用步进式过程比较具有相同样本大小的同类子集内的均值对。均值按从高到低排序，首先检验极端的差异值
图基	使用T范围统计量进行组间所有成对比较，并将案例误差率设置为所有成对比较的集合的误差率
图基 s-b	使用T范围分布在组之间进行成对比较
邓肯	用与Student-Newman-Keuls检验所使用的完全一样的逐步顺序成对比较，但为单个检验的错误率设置保护水平
加布里埃尔	使用学生化最大模数的成对比较检验，并且当单元格大小不相等时，它通常比霍赫伯格GT2更为强大，但当单元大小变化过大时，加布里埃尔检验可能会变得随意
霍赫伯格GT2	使用学生化最大模数的多重比较和范围检验，与图基真实显著性差异检验相似
沃勒-邓肯	基于T统计的多比较检验，使用Bayesian方法，需要在输入框中指定类型 I 与类型 II 的误差比
邓尼特	将一组处理与单个控制均值进行比较的成对多重比较T检验，在"检验"中选择检验方法："双侧"，检验任何水平（除了控制类别外）的因子的均值是否不等于控制类别的均值；"<控制"，检验任何水平的因子的均值是否小于控制类别的均值；">控制"，检验任何水平的因子的均值是否大于控制类别的均值

· 塔姆黑尼T2：选择该复选框表示输出基于T检验的保守成对比较结果。

· 邓尼特T3：选择该复选框表示执行学生化最大模数的成对比较检验。

· 盖姆斯-豪厄尔：选择该复选框表示执行方差不齐的成对比较检验，且该方法比较常用。

· 邓尼特C：选择该复选框表示执行基于学生化范围的成对比较检验。

c."原假设检验"选项组：该选项组用于选择合适的显著性水平，需要综合考虑研究的目的、样本大小等因素，较小的显著性水平意味着更倾向于拒绝原假设，从而更容易发现真正的差异或效应，但是也可能导致过度拒绝原假设，增加错误的概率。

择【分析】|【相关】|【偏相关】选项，打开"偏相关"对话框。

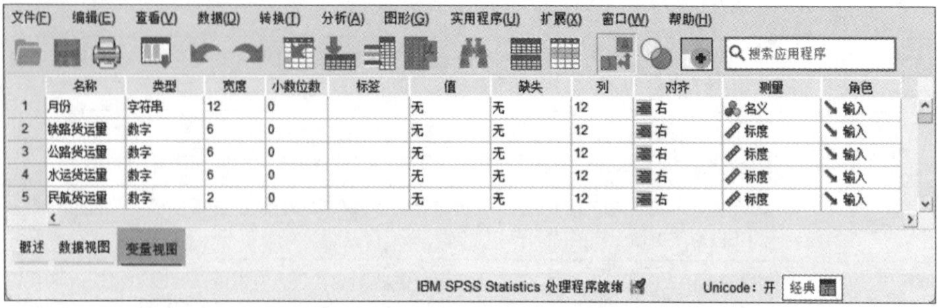

图 5-11　数据文件变量视图

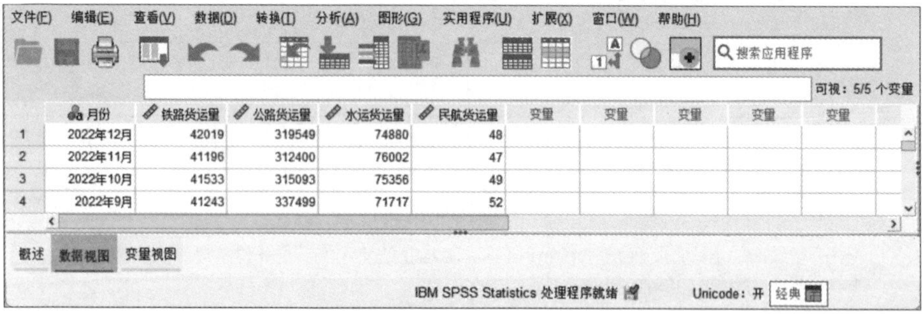

图 5-12　数据文件数据视图

将"铁路货运量""公路货运量"选入"变量"列表框，将"水运货运量"和"民航货运量"选入"控制"列表框中。

单击"选项"按钮，打开"偏相关性：选项"对话框。选择"统计"选项组中的"均值和标准差""零阶相关性"两个复选框，并选择"缺失值"选项组中的"成对排除个案"单选框，最后单击"继续"按钮返回主对话框，保存设置结果，其他设置使用默认设置。

（3）案例结果分析

描述统计

	平均值	标准 偏差	个案数
铁路货运量	39197.89	2651.676	36
公路货运量	307006.33	57352.614	36
水运货运量	67804.28	7637.299	36
民航货运量	55.92	8.897	36

图 5-13　描述性统计量表

单击"确定"按钮，SPSS Statistics查看器窗口的输出结果如图5-13和图5-14所示。

图5-13为描述性统计量表，分别统计了"铁路货运量""公路货运量""水运货运量"和"民航货运量"4

个变量的平均值、标准偏差和个案数。

图5-14为相关性输出表，表格的上半部分表示没有控制变量时4个变量两两间的相关关系，可以看出，"公路货运量"和"水运货运量"之间的相关系数为0.905，且双侧显著性小于0.001，因此"公路货运量"和"水运货运量"间存在显著的正相关性；"铁路货运量"和"水运货运量"之间的相关系数为0.794，且双侧显著性小于0.001，因此"铁路货运量"和"水运货运量"间存在显著的正相关性。

相关性

控制变量			铁路货运量	公路货运量	水运货运量	民航货运量
- 无 -[a]	铁路货运量	相关性	1.000	.611	.794	.291
		显著性（双尾）	.	<.001	<.001	.085
		自由度	0	34	34	34
	公路货运量	相关性	.611	1.000	.905	.646
		显著性（双尾）	<.001	.	<.001	<.001
		自由度	34	0	34	34
	水运货运量	相关性	.794	.905	1.000	.443
		显著性（双尾）	<.001	<.001	.	.007
		自由度	34	34	0	34
	民航货运量	相关性	.291	.646	.443	1.000
		显著性（双尾）	.085	<.001	.007	.
		自由度	34	34	34	0
水运货运量 & 民航货运量	铁路货运量	相关性	1.000	-.454		
		显著性（双尾）	.	.007		
		自由度	0	32		
	公路货运量	相关性	-.454	1.000		
		显著性（双尾）	.007	.		
		自由度	32	0		

a. 单元格包含零阶（皮尔逊）相关性。

图 5-14　相关性输出表

此外，图5-14的下半部分给出了含控制变量"水运货运量"和"民航货运量"时，"铁路货运量""公路货运量"间的偏相关分析结果。可以明显看到，在剔除控制变量"水运货运量"和"民航货运量"的影响后，"铁路货运量""公路货运量"间的偏相关系数为0.454，显著性水平为0.007，因此我们可以认为"铁路货运量""公路货运量"间存在低度相关关系。

单击"对比"按钮，选中"多项式"复选框，并将"等级"设为"线性"，单击"继续"按钮。

单击"事后比较"按钮，选中"邦弗伦尼"复选框，单击"继续"按钮。

单击"选项"按钮，选中"方差齐性检验""均值图"复选框，然后单击"继续"按钮，保存设置结果。

单击"确定"按钮，输出分析结果。

（3）案例结果分析

单击"确定"按钮，SPSS Statistics查看器窗口的输出结果如图4-8～图4-11所示。

图4-8给出了方差齐性检验的结果。从该表可以得到莱文方差齐性检验，基于平均值的显著性为0.358，大于显著水平0.05，因此基本可以认为样本数据之间的方差是齐次的。

方差齐性检验

		莱文统计	自由度1	自由度2	显著性
当前薪金	基于平均值	1.033	2	249	.358
	基于中位数	1.242	2	249	.290
	基于中位数并具有调整后自由度	1.242	2	247.311	.290
	基于剪除后平均值	1.041	2	249	.355

图4-8　方差齐性检验表

图4-9给出了单因素方差分析的结果。从表中我们可以看出，组间平方和是1342538444.9、组内平方和是3029333967.0，其中组间平方和的F值为55.176，相应的概率值小于显著性水平0.001，因此我们可以认为不同职务对当前薪金有显著的影响。

另外，图4-9也给出了线性形式的趋势检验结果，组间当前薪金被职务所能解释（未加权）的部分是844308175.26，加权是1255447663.3，被其他因素解释（偏差）的有87090781.595，并且组间变异被其他因素所能解释的部分是非常显著的。

图4-10给出了多重比较的结果，*表示该组均值差是显著的。因此，从图中可以看出，电话销售和技术开发、电话销售和部门主管的当前薪金均值差是非常明显的，但是技术开发与部门主管的产量均值差却不是很明显。另外，还可以得到每组之间均值差的标准误差、置信区间等信息。

ANOVA

当前薪金

		平方和	自由度	均方	F	显著性
组间	（组合）	1342538444.9	2	671269222.44	55.176	<.001
	线性项 未加权	844308175.26	1	844308175.26	69.399	<.001
	加权	1255447663.3	1	1255447663.3	103.193	<.001
	偏差	87090781.595	1	87090781.595	7.159	.008
组内		3029333967.0	249	12165999.867		
总计		4371872411.9	251			

图 4-9　单因素方差分析表

多重比较

因变量：当前薪金
邦弗伦尼

(I) 职务	(J) 职务	平均值差值 (I-J)	标准误差	显著性	95% 置信区间 下限	95% 置信区间 上限
电话销售	技术开发	-5892.710*	834.965	<.001	-7905.20	-3880.23
	部门主管	-6955.763*	834.965	<.001	-8968.25	-4943.28
技术开发	电话销售	5892.710*	834.965	<.001	3880.23	7905.20
	部门主管	-1063.053	1131.650	1.000	-3790.63	1664.52
部门主管	电话销售	6955.763*	834.965	<.001	4943.28	8968.25
	技术开发	1063.053	1131.650	1.000	-1664.52	3790.63

*. 平均值差值的显著性水平为 0.05。

图 4-10　多重比较结果表

图 4-11 给出了各组的平均值图。从图中可以清楚地看到不同职务对应当前薪金的平均值。可见，电话销售的当前薪金最低，部门主管的当前薪金最高，且两者之间均值相差较大，技术开发与部门主管的当前薪金差异较小，这个结果和多重比较的结果非常一致。

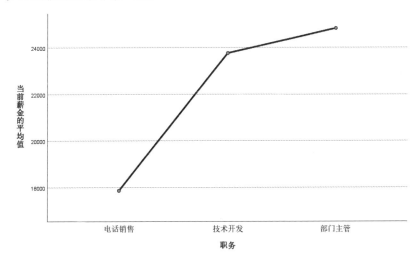

图 4-11　平均值图

二乘法是最佳（方差最小）的无偏估计。

梯度下降法的特点：

· 得到的是局部最优解，因为是一步一步迭代的，而非直接求得极值。

· 既可以用于线性模型，又可以用于非线性模型，没有特殊的限制和假设条件。

在回归分析过程中，还需要进行线性回归诊断，回归诊断是对回归分析中的假设以及数据的检验与分析，主要的衡量值是判定系数和估计标准误差。

⭕ （1）判定系数

回归直线与各观测点的接近程度称为回归直线对数据的拟合优度。而评判直线拟合优度需要一些指标，其中一个就是判定系数。

我们知道，因变量 y 值有来自两个方面的影响：

· 来自 x 值的影响，也就是我们预测的主要依据。

· 来自无法预测的干扰项的影响。

如果一个回归直线预测非常准确，它就需要让来自 x 的影响尽可能大，而让来自无法预测干扰项的影响尽可能小，也就是说，x 影响占比越高，预测效果就越好。下面我们来看如何定义这些影响，并形成指标。

$$SST = \sum(y_i - \bar{y})^2$$
$$SSR = \sum(\widehat{y_i} - \bar{y})^2$$
$$SSE = \sum(y_i - \hat{y})^2$$

SST（总平方和）：变差总平方和。

SSR（回归平方和）：由 x 与 y 之间的线性关系引起的 y 变化。

SSE（残差平方和）：除 x 影响之外的其他因素引起的 y 变化。

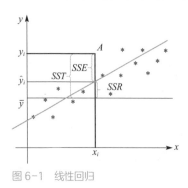

图 6-1　线性回归

总平方和、回归平方和、残差平方和三者之间的关系如图 6-1 所示。

它们之间的关系是：SSR 越高，则代表回归预测越准确，观测点越靠近直线，即越大，直线拟合越好。因此，判定系数的定义就自然地引出来了，我们一般称为 R^2。

$$R^2 = \frac{SSR}{SST} = 1 - \frac{SSE}{SST}$$

（2）估计标准误差

判定系数 R^2 的意义是由 x 引起的影响占总影响的比例来判断拟合程度的。当然，我们也可以从误差的角度去评估，也就是用残差 SSE 进行判断。估计标准误差是均方残差的平方根，可以标度实际观测点在直线周围散布的情况。

$$S_\varepsilon = \sqrt{\frac{SSE}{n-2}} = \sqrt{MSE}$$

估计标准误差与判定系数相反，S_ε 反映了预测值与真实值之间误差的大小。误差越小，就说明拟合度越高；相反，误差越大，就说明拟合度越低。

线性回归主要用来解决连续性数值预测的问题，它目前在经济、金融、社会、医疗等领域都有广泛的应用，例如我们要研究有关吸烟对死亡率和发病率的影响等。此外，还在以下诸多方面得到了很好的应用。

·客户需求预测：通过海量的买家和卖家交易数据等，对未来商品的需求进行预测。

·湖泊面积预测：通过研究湖泊面积变化的多种影响因素，构建湖泊面积预测模型。

·房地产价格预测：利用相关历史数据分析影响商品房价格的因素并进行模型预测。

6.1.2 SPSS 操作及选项设置

在SPSS Statistics数据编辑器窗口中进行线性回归分析的SPSS操作步骤如下。

（1）打开线性回归选项

在菜单栏中选择【分析】|【回归】|【线性】选项，打开如图6-2所示的"线性回归"对话框。

（2）选择分析变量

从源变量列表中选择需要进行线性回归分析的被解释变量，然后单击向右的箭头按钮将选中的变量

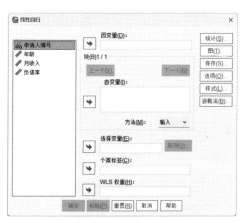

图 6-2　"线性回归"对话框

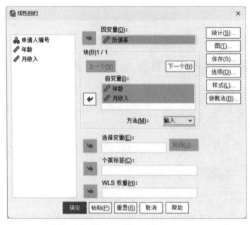

图6-3 选择分析变量

选入"因变量"列表中；从源变量列表中选择需要进行线性回归分析的解释变量，单击"自变量"列表框左侧的箭头按钮将选中的变量选入"自变量"列表中，如图6-3所示。

① 因变量

该文本框中的变量为线性回归模型中的被解释变量，数值类型为数值型。如果被解释变量为分类变量，则可以用二元或者多元Logistic模型等进行建模分析。

② 自变量

该列表框中的变量为线性回归模型的解释变量或者控制变量，数值类型一般为数值型。如果解释变量为分类变量或定性变量，可以用虚拟变量（哑变量）表示。如果选择多个自变量，则可以将自变量分组成块，通过"上一个"和"下一个"按钮对不同的变量子集指定不同的输入方法。

③ 方法

该下拉列表框用于选择线性回归中变量的输入和剔除方法，来建立多个回归模型。

· 输入：选中该方法表示所有的自变量列表中的变量都输入回归模型。

· 步进：选中该方法表示不在方程中的具有F统计量的概率最小的自变量被选入，对于已在回归方程中的变量，如果它们的F统计量的概率变得足够大，则移去这些变量，如果不再有变量符合包含或移去的条件，则该方法终止。

· 除去：选中该方法表示建立回归模型前定制一定条件，然后根据条件删除自变量。

· 后退：选中该方法表示首先将所有变量选入模型中，然后按顺序移去，最先删除与因变量之间的部分相关性最小的第一个变量，移去第一个变量之后，会考虑将下一个方程的剩余变量中具有最小的部分相关性的变量移去，直到方程中没有满足消除条件的变量，过程才结束。

· 前进：该方法与"后退"恰好相反，是将自变量按顺序选入回归模型中，首先选入方程中的变量是与因变量之间具有最大相关性的变量，同时必须满足选入条件才将它选入方程中，然后再考虑下一个变量，直到没有满足条件的变量为止。

④ 选择变量

该文本框主要用于指定分析个案的选择规则，当回归分析中包含由选择规则定义的个案时，可以将选择变量选入"选择变量"列表框中，然后单击"规则"按钮，弹出如图6-4所示的"线性回归：设置规则"对话框。

"线性回归：设置规则"对话框中的下拉列表框用于选择关系，可用的关系有"等于""不等于""小于""小于等于""大于""大于等于"，对于字符串变量，可用关系为"等于"。"值"文本框用于输入选择按个案的具体数值或字符串。如：选择"不等于"，并在"值"中输入"100"，则只有那些选定变量值不等于100的个案才会包含在回归分析中。

⑤ 个案标签

该文本框主要用于指定个案标签的变量。

⑥ WLS权重

该文本框表示加权最小二乘法，当判断回归模型的残差存在异方差时，才选用加权最小二乘法，指定加权变量。

（3）相应选项设置

①"统计"按钮

单击"统计"按钮，弹出如图6-5所示的"线性回归：统计"对话框。

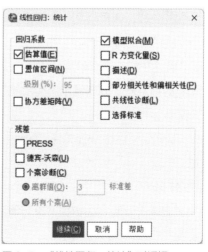

图6-4 "线性回归：设置规则"对话框　　图6-5 "线性回归：统计"对话框

"线性回归：统计"对话框主要用于指定线性回归模型输出的一些统计量。

a."回归系数"选项组。该选项组主要用于对回归系数进行定制。

·估算值：选择该复选框表示输出回归系数、标准误差、标准化系数beta、T值以及T的双尾显著性水平。

·置信区间：选中该复选框表示输出每个回归系数或协方差矩阵指定置信度的置信区间，在"级别（%）"中输入范围。

·协方差矩阵：选中该复选框表示输出回归系数的方差-协方差矩阵，其对角线以外为协方差，对角线上为方差，同时还显示相关系数矩阵。

b."残差"选项组。该选项组用于指定对回归残差进行检验的方法。

·PRESS：通过将某个数据点从模型中排除，然后用该模型对排除的数据点进行预测，并计算实际值和预测值之间的残差平方和，来评估模型的预测能力。PRESS越小，说明模型对新数据的预测能力越强。

·德宾-沃森：该复选框表示输出用于检验残差序列自相关的D-W检验统计量。

·个案诊断：该复选框表示对个案进行诊断，输出个案，其中"离群值"表示输出满足条件的个案离群值，"所有个案"指可以输出所有个案的残差。

c."模型拟合"复选框。该复选框表示显示输入模型的变量和从模型删去的变量，并显示以下拟合优度统计量：复相关系数、R^2和调整R^2、估计的标准误差，以及方差分析表等。

d."R方变化量"复选框。该复选框表示输出由于添加或删除自变量而产生的R^2统计量的更改。如果与某个变量相关联的R^2变化很大，则意味着该变量是因变量的一个良好的预测变量。

e."描述"复选框。该复选框表示输出回归分析中的有效个案数、均值以及每个变量的标准差，同时输出具有单尾显著性水平的相关矩阵，以及每个相关系数的个案数。

f."部分相关性和偏相关性"复选框。该复选框表示输出部分相关和偏相关统计量。

"部分相关"指对于因变量与某个自变量，当已移去模型中的其他自变量对该自变量的线性效应之后，因变量与该自变量之间的相关性。当变量添加到方程时，它与R^2的更改有关。

"偏相关"指的是对于两个变量，在移去由于它们与其他变量之间的相互关联引起的相关之后，这两个变量之间剩余的相关性。对于因变量与某个自变量，指当已移去模型中的其他自变量对上述两者的线性效应之后，这两者之间的相关性。

g. 共线性诊断。若选择该选项则将对模型进行共线性诊断。

h. 选择标准。输出模型的选择标准。

②"图"按钮

单击"图"按钮，弹出如图6-6所示的"线性回归：图"对话框。

"线性回归：图"对话框主要用于帮助验证正态性、线性和方差相等的假设，还可以检测离群值、异常观察值和有影响的个案。

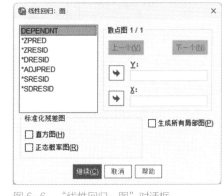

图6-6　"线性回归：图"对话框

在源变量列表中列出了因变量（DEPENDNT）及以下预测变量和残差变量：标准化预测值（*ZPRED）、标准化残差（*ZRESID）、剔除残差（*DRESID）、调整的预测值（*ADJPRED）、学生化的残差（*SRESID），以及学生化的已删除残差（*SDRESID）。

a. 散点图1/1。该选项组可以利用源变量列表中的任意两个来绘制散点图，在"Y"中选入 Y 轴的变量，"X"中选入 X 轴的变量。单击"下一个"可以再绘制下一张图，单击"上一个"可以回到刚刚定制的上一张图进行修改。另外，针对标准化预测值绘制标准化残差，可以检查线性关系和等方差性。

b. 标准化残差图。该选项组用于绘制标准化残差图，主要可以指定两种图——"直方图"和"正态概率图"，将标准化残差的分布与正态分布进行比较。

c. 生成所有局部图。该复选框表示当根据其余自变量分别对两个变量进行回归时，显示每个自变量残差和因变量残差的散点图。但是要求方程中必须至少有两个自变量。

③"保存"按钮

单击"保存"按钮，弹出如图6-7所示的"线性回归：保存"对话框。

"线性回归：保存"对话框主要用于在活动数据文件中保存预测值、残差和其他对于诊断有用的统计量。

a."预测值"选项组。该选项组用于保存回归模型对每个个案预测的值。

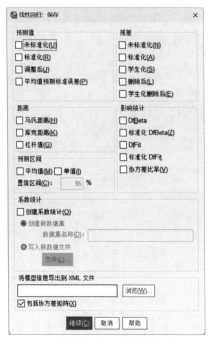

图 6-7　"线性回归：保存"对话框

· 未标准化：选中该复选框表示保存回归模型对因变量的预测值。

· 标准化：选中该复选框表示保存标准化后的预测值。

· 调整后：选中该复选框表示保存当某个案从回归系数的计算中排除时个案的预测值。

· 平均值预测标准误差：选中该复选框表示保存预测值的标准误差。

b. "残差"选项组。该选项组用于保存回归模型的残差。

· 未标准化：选中该复选框表示保存观察值与模型预测值之间的原始残差。

· 标准化：选中该复选框表示保存标准化后的残差，即皮尔逊残差。

· 学生化：选中该复选框表示保存学生化的残差，即残差除以其随个案变化的标准差的估计，这取决于每个个案的自变量值与自变量均值之间的距离。

· 删除后：选中该复选框表示保存当某个案从回归系数的计算中排除时该个案的残差，它是因变量的值和调整预测值之间的差。

· 学生化删除后：选中该复选框表示保存学生化的删除残差，即个案的剔除残差除以其标准误差。

c. "距离"选项组。选项组用于标识自变量的值具有异常组合的个案以及可能对回归模型产生很大影响的个案的测量。

· 马氏距离：表示自变量上个案的值与所有个案的平均值相异程度的测量，大的马氏距离表示个案在一个或多个自变量上具有极值。

· 库克距离：选中该复选框表示保存库克距离值，较大的库克距离表明从回归统计量的计算中排除个案之后，系数会发生很大变化。

· 杠杆值：选择该复选框即表示保存杠杆值，杠杆值是标度某个点对回归拟合的影响，范围从 $0 \sim (N-1)/N$，其中 0 表示对回归拟合无影响。

d. "影响统计"选项组。该选项组用于测度由于排除了特定个案而导致的回归系数（DfBeta）和预测值（DfFit）的变化。

122

·DfBeta：即计算Beta值的差分，表示由于排除了某个特定个案而产生的回归系数的改变。

·标准化DfBeta：表示计算Beta值的标准化差分。

·DfFit：表示计算拟合值的差分，即由于排除了某个特定个案而产生的预测变量的更改。

·标准化DfFit：表示计算拟合值的标准化差分。

·协方差比率：该复选框表示从回归系数计算中排除特定个案的协方差矩阵的行列式与包含所有个案的协方差矩阵的行列式的比率，如果比率接近 1，则说明被排除的个案不能显著改变协方差矩阵。

e."预测区间"选项组。该选项组用于设置均值和个别预测区间的上界和下界。

·平均值：该复选框表示保存平均预测响应的预测区间的下限和上限。

·单值：该复选框表示保存单个个案的因变量预测区间的下限和上限。

·置信区间：该文本框用于指定预测区间的范围，取值为 1 ~ 99.99。

④"选项"按钮

单击"选项"按钮，弹出如图6-8所示的"线性回归：选项"对话框。

"线性回归：选项"对话框主要用于对步进回归方法和缺失值进行设置，各选项含义如下。

a."步进法条件"选项组。该选项组在已指定向前、向后或逐步式变量选择法的情况下适用。变量可以输入到模型中，或者从模型中移去，这取决于F值的显著性（概率）或者F值本身。

·使用F的概率：表示如果变量的 F 值的显著性水平小于"进入"值，则将该变量选入模型中，如果该显著性水平大于"除去"值，则将该变量从模型中移去。其中，"进入"值必须小于"除去"值，且两者均必须为正数。

·使用F值：表示如果变量的F值大于"进入"值，则该变量输入模型，如果F值小于"除去"值，则该变量从模型中移去。"进

图 6-8　"线性回归：选项"对话框

入"值必须大于"除去"值，且两者均必须为正数。要将更多的变量选入模型中，应降低"进入"值。要将更多的变量从模型中移去，需要增大"除去"值。

b. "容差"输入框。该输入框用于输入容差的大小。容差是一个衡量自变量与因变量之间关系的统计量，它表示自变量对因变量的解释程度。一般来说，容差值小于0.1时，表示该自变量与其他自变量之间存在较强的多重共线性问题，需要对该变量进行剔除或进行其他处理。而容差值大于0.2时，则说明该自变量与因变量之间的相关性较弱，可以考虑将其保留在模型中。

c. "在方程中包括常量"复选框。该复选框表示回归模型中包含常数项。取消选择此选项可强制使回归模型通过原点，但是某些通过原点的回归结果无法与包含常数的回归结果相比较。如：不能以通常的方式解释R^2。

d. "缺失值"选项组。该选项组用于对回归中缺失值的定制，有3个可选项。

·成列排除个案：选中该单选按钮表示只有所有变量均取有效值的个案才包含在分析中。

·成对排除个案：选中该单选按钮表示同时剔除带缺失值的观测值及与缺失值有成对关系的观测量。

·替换为平均值：选中该单选按钮表示用变量的均值来替换缺省值。

设置完毕后，单击"继续"按钮，就可以返回到"线性回归"对话框；如果只进行系统默认设置，单击"取消"按钮，也可以返回到"线性回归"对话框，进行其他设置。

（4）分析结果输出

设置完毕后，单击"确定"按钮，就可以在SPSS Statistics查看器窗口得到线性回归分析的结果。

6.1.3　案例：贷款申请人负债率线性回归

（1）案例数据简介

本案例使用的数据是某银行客户贷款申请数据，包括申请人的编号、年龄、月收入和负债率等基本信息，银行通常会根据这些信息和其他因素来决定是否批准贷款申请。

首先在SPSS变量视图中建立"申请人编号""年龄""月收入"和"负债率"4个变量，变量视图如图6-9所示。

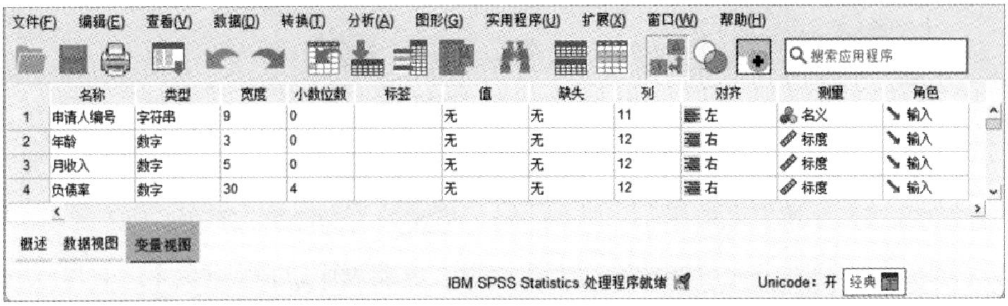

图6-9　数据文件变量视图

然后在SPSS中，把相关数据输入到各个变量中，输入完毕后数据视图如图6-10所示。

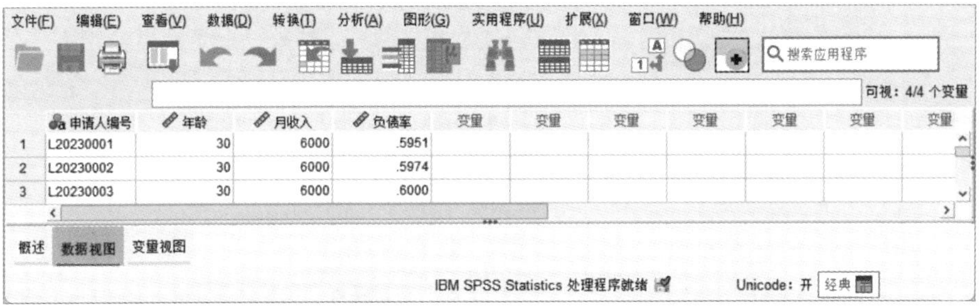

图6-10　数据文件数据视图

（2）案例操作步骤

打开数据文件，进入SPSS Statistics数据编辑器窗口，在菜单栏中选择【分析】|【回归】|【线性】选项，打开"线性回归"对话框，然后将"负债率"选入"因变量"，将"年龄"和"月收入"选入"自变量"。

单击"统计"按钮，打开"线性回归：统计"对话框。选中"估算值""模型拟合"和"德宾－沃森"，然后单击"继续"按钮，保存设置。

单击"图"按钮，打开"线性回归：图"对话框。选中"直方图"和"正态概率图"复选框，然后单击"继续"按钮，保存设置。

单击"选项"按钮，打开"线性回归：选项"对话框。选中"在方程中包含常量"，然后单击"继续"按钮，保存设置。

125

单击"确定"按钮，便可以得到线性回归结果。

（3）案例结果分析

单击"确定"按钮后，在SPSS Statistics查看器窗口的输出结果如图6-11～图6-17所示。

图6-11给出了输入/移去的变量情况。可以看出在本案例中采用"输入"方法选择变量，输入的变量是"年龄"和"月收入"，而没有变量被剔除。

图6-12给出了评价模型的检验统计量。从图表可以得到R、R方、调整后R方、标准估算的错误及德宾－沃森统计量。本案例中回归模型的调整后R方是0.975，说明回归的拟合度非常高，但是德宾－沃森却只有0.251，说明模型残差存在比较严重的正自相关。

输入/除去的变量ᵃ

模型	输入的变量	除去的变量	方法
1	月收入, 年龄ᵇ	.	输入

a. 因变量：负债率。
b. 已输入所请求的所有变量。

图6-11 已输入/移去的变量

模型摘要ᵇ

模型	R	R 方	调整后 R 方	标准估算的错误	德宾-沃森
1	.987ᵃ	.975	.975	.0563468	.251

a. 预测变量：(常量), 月收入, 年龄。
b. 因变量：负债率。

图6-12 模型摘要

图6-13给出了方差分析的结果。由图表可以得到回归部分的F值为8706.767，相应的P值小于0.001，因此可以判断由"年龄"和"月收入"对"负债率"解释的部分非常显著。

ANOVAᵃ

模型		平方和	自由度	均方	F	显著性
1	回归	55.287	2	27.644	8706.767	<.001ᵇ
	残差	1.419	447	.003		
	总计	56.706	449			

a. 因变量：负债率。
b. 预测变量：(常量), 月收入, 年龄。

图6-13 ANOVA 结果

图6-14给出了线性回归模型的回归系数及相应的一些统计量。从图表可以得到线性回归模型中的常量、年龄和月收入的系数分别为−6.087、0.192和0.000，注意这里由于受到软件数据显示精度的影响，实际月收入的系数不是0，在6位精度下是0.000173。

系数ᵃ

模型		未标准化系数		标准化系数	t	显著性
		B	标准错误	Beta		
1	(常量)	-6.087	.067		-90.426	<.001
	年龄	.192	.003	.766	55.718	<.001
	月收入	.000	.000	.253	18.408	<.001

a. 因变量：负债率。

图 6-14　模型系数

　　另外，线性回归模型中的常量、年龄和月收入的T值分别为-90.426、55.718和18.408，相应的概率值都小于0.001，说明系数非常显著，这与图6-13方差分析的结果十分一致。

　　图6-15给出了一些残差的统计量。从图表可以得到预测值、残差、标准预测值和标准残差的最小值、最大值等统计量。如残差的最大值是0.1299817，而最小值是-0.1485908，但是平均值是0.0000000。

残差统计ᵃ

	最小值	最大值	平均值	标准偏差	个案数
预测值	.695184	1.892766	1.292248	.3509047	450
残差	-.1485908	.1299817	.0000000	.0562211	450
标准预测值	-1.701	1.711	.000	1.000	450
标准残差	-2.637	2.307	.000	.998	450

a. 因变量：负债率。

图 6-15　残差统计量

　　图6-16给出了标准化残差的直方图。图表是标准化残差的频率分布直方图，从图表可以看出标准化后的残差基本满足正态分布。

　　图6-17给出了回归标准化残差的正态P-P图。该P-P图以实际观察值的累计概率为横轴，以正态分布的累计概率为纵轴，因此如果样本数据来自正态

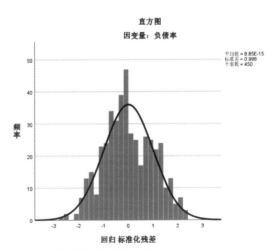

图 6-16　标准化残差的直方图

分布的话，则所有散点都应该分布在对角线附近。从图表可以看出，分布结果也正是如此，因此可以判断标准化的残差基本服从正态分布，与图6-16给出的结果一致。

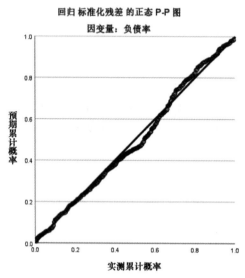

图 6-17　标准化残差的正态 P-P 图

6.2　曲线回归

6.2.1　曲线回归概述

曲线回归是一种统计分析方法，用于建立一个预测变量和一个或多个自变量之间的非线性关系模型。与线性回归不同，曲线回归可以捕捉到自变量和因变量之间的非线性关系。

曲线回归可以用于解决一些线性回归无法处理的问题，例如自变量和因变量之间存在曲线关系、因变量的变化率不是恒定的，或者因变量的变化趋势是非线性的。

曲线回归的目标是找到一个最佳拟合曲线，使得预测变量和观测数据的残差最小化。SPSS的曲线估计过程提供了线性曲线、二次项曲线、复合曲线、增长曲线、对数曲线、立方曲线、S曲线、指数曲线、逆模型、幂函数模型、Logistic模型共11种曲线回归模型。

曲线回归可以通过最小二乘法、最大似然估计、非线性最小二乘法等方法来进行参数估计。同时，可以使用各种统计指标（如R方值、均方根误差等）来评估模型的拟合优度和预测能力。

曲线回归在实际应用中非常广泛，例如在经济学、生物学、医学、市场研究等领域中，可以用于预测和分析各种复杂的非线性关系。

6.2.2 SPSS 操作及选项设置

打开相应的数据文件或者建立一个数据文件后，可以在SPSS Statistics数据编辑器窗口中进行曲线回归分析。

（1）打开曲线估算选项

在菜单栏中选择【分析】|【回归】|【曲线估算】选项，打开如图6-18所示的"曲线估算"对话框。

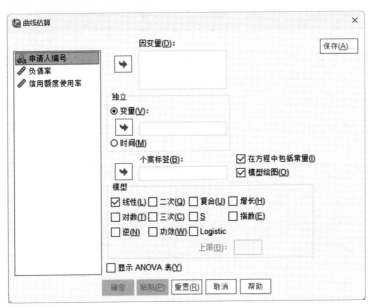

图6-18 "曲线估算"对话框

（2）选择分析变量

从源变量列表中选择需要进行曲线回归分析的被解释变量，然后单击向右的箭头按钮将选中的变量选入"因变量"列表中；从源变量列表中选择需要进行曲线回归分析的解释变量，单击向右的箭头按钮将选中的变量选入"变量"列表中。

①"因变量"列表

该列表中的变量为曲线回归模型中的被解释变量，数值类型为数值型。

②"变量"单选按钮

选中该单选按钮后，选择输入文本框的变量为线性回归模型的解释变量或者控制变量，数值类型一般为数值型。如果解释变量为分类变量或定性变量，则可以用虚拟变量（哑变量）表示。此项为系统默认选项。

③"时间"单选按钮

选中该单选按钮，则时间作为解释变量输入曲线回归模型。

④"个案标签"列表

该列表框主要用于指定个案标签的变量，作为散点图中点的标记。

⑤"模型"选项组

该选项组用于指定用于回归的曲线模型，SPSS提供了11种曲线回归模型，分别是线性曲线、二次项曲线、复合曲线、增长曲线、对数曲线、立方曲线、S曲线、指数分布、逆模型、功效、Logistic。其中，如果选择"Logistic"复选框，则在"上限"输入框中指定模型上限。

⑥"显示ANOVA表"复选框

选中该复选框表示输出方差分析的结果。

（3）相应选项设置

单击"保存"按钮，弹出如图6-19所示的"曲线估算：保存"对话框。

"曲线估算：保存"对话框主要用于设置保存变量及预测个案。

①"保存变量"选项组

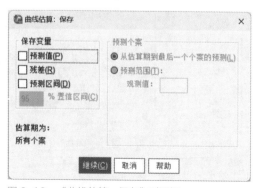

图6-19　"曲线估算：保存"对话框

该选项组用于对保存残差和预测值的设置。

· 预测值：选中该复选框表示保存曲线模型对因变量的预测值。

· 残差：选中该复选框表示保存曲线模型回归的原始残差。

· 预测区间：选中该复选框表示保存预测区间的上下界，在"置信"下拉列表框中选择置信区间的范围。

②"预测个案"选项组

该选项组只有在"曲线估算"对话框中选择了"时间"项时才会被激活，主要用于对个案进行预测，有两个单选按钮可供选择。

· 从估算期到最后一个个案的预测：选中该项表示保存所有因变量个案的预测值。

· 预测范围：选中该项表示保存用户指定的预测范围的预测值，在"观测值"输入框中输入要预测的观测值。

6.2.3 案例：信用额度使用率曲线回归

○ **（1）案例数据简介**

利用曲线回归分析方法，分析贷款客户的信用额度使用率与负债率之间的关系。

首先在SPSS变量视图中建立"申请人编号""负债率"和"信用额度使用率"3个变量，变量视图如图6-20所示。

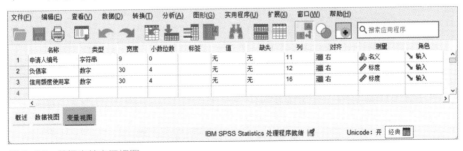

图6-20 数据文件变量视图

在SPSS数据视图中，把相关数据输入到各个变量中，输入完毕后数据视图如图6-21所示。

131

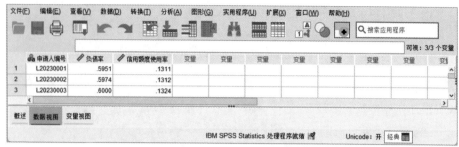

图 6-21 数据文件数据视图

（2）案例操作步骤

打开数据文件，进入SPSS Statistics数据编辑器窗口，在菜单栏中选择【分析】|【回归】|【曲线估算】选项，打开"曲线估算"对话框，然后将"信用额度使用率"选入"因变量"列表，将"负债率"选入"变量"列表。

在"曲线估算"对话框中选中"线性""对数""二次""三次""复合""S""增长"和"指数"复选框。

单击"确定"按钮，便可以得到曲线回归结果。

（3）案例结果分析

单击"确定"按钮后，在SPSS Statistics查看器窗口中的输出结果如图6-22～图6-26所示。

模型描述

模型名称		MOD_1
因变量	1	信用额度使用率
方程	1	线性
	2	对数
	3	二次
	4	三次
	5	复合ᵃ
	6	Sᵃ
	7	增长ᵃ
	8	指数ᵃ
自变量		负债率
常量		包括
值用于在图中标注观测值的变量		未指定
有关在方程中输入项的容差		.0001

a.此模型要求所有非缺失值均为正。

图 6-22 模型描述

个案处理摘要

	个案数
总个案数	450
排除个案数ᵃ	0
预测的个案	0
新创建的个案	0

a.在分析中，将排除那些在任何变量中具有缺失值的个案。

图 6-23 个案处理摘要

图6-22给出了模型基本情况的描述。从图表中可以看到模型的因变量和自变量名称、含有常数项、方程，以及8个方程的类型。

图6-23给出了个案处理的摘要。从图表可以得到参与曲线回归的个案数总共有450个，其中没有缺失值。

图6-24给出了变量处理摘要。从摘要图中可以得到因变量和自变量的正值、零、负值、缺失值的情况，本案例中因变量和自变量都含有正值450个，没有零和负值，没有缺失值。

变量处理摘要

		变量	
		因变量 信用额度使用率	自变量 负债率
正值的数目		450	450
零的数目		0	0
负值的数目		0	0
缺失值的数目	用户缺失值	0	0
	系统缺失值	0	0

图6-24 变量处理摘要

图6-25给出了模型汇总情况和参数估计值及相应的检验统计量。可以看出，8个回归曲线模型中，拟合度最好的是三次项模型（R方为0.999）。从F值来看，8个模型都比较显著。另外，还得到了每个模型中常数和系数的估计结果。

模型摘要和参数估算值

因变量：信用额度使用率

方程		模型摘要				参数估算值			
	R 方	F	自由度1	自由度2	显著性	常量	b1	b2	b3
线性	.976	18172.072	1	448	<.001	-.079	.301		
对数	.915	4834.128	1	448	<.001	.238	.336		
二次	.998	142965.950	2	447	<.001	.118	-.048	.141	
三次	.999	101779.766	3	446	<.001	.073	.079	.032	.030
复合	.998	266223.815	1	448	<.001	.074	2.888		
S	.921	5230.212	1	448	<.001	-.180	-1.245		
增长	.998	266223.815	1	448	<.001	-2.609	1.060		
指数	.998	266223.815	1	448	<.001	.074	1.060		

自变量为 负债率。

图6-25 模型汇总和参数估算值

图6-26给出了曲线模型拟合曲线及观测值的散点图。从图中可以很直观地看出，在8条曲线模型拟合的曲线中，三次项模型拟合的曲线与原始观测值拟合

得最好。因此，从拟合图来看，三次项模型最适合本案例的数据建模。

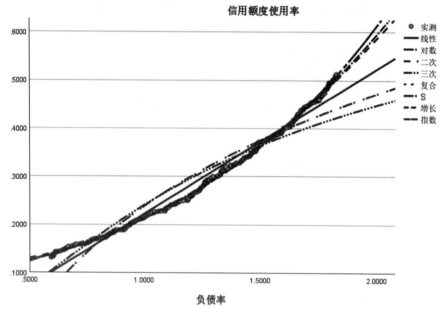

图 6-26　拟合图

所以，我们可以得出信用额度使用率（Y）与负债率（X）之间的关系为：

$$Y = 0.073 + 0.079X + 0.032X^2 + 0.030X^3$$

6.3　逻辑回归

6.3.1　逻辑回归概述

　　逻辑回归是一种用于分类问题的机器学习算法。它是一种线性模型，用于预测一个二进制变量的概率。逻辑回归的目标是通过拟合一个逻辑函数来预测一个样本属于某个类别的概率。

　　逻辑回归基于线性回归模型，但它使用了一个称为逻辑函数（或者称为sigmoid函数）的非线性函数来将线性输出转换为概率。逻辑函数的输出范围为0～1，表示样本属于某个类别的概率。

　　逻辑回归的训练过程是通过最大似然估计来确定模型的参数。最大似然估计

134

的目标是找到能最大化观测数据出现概率的模型参数。一旦模型参数确定，就可以使用逻辑函数来预测新样本的类别。

逻辑回归具有几个优点。首先，它是一个简单而高效的算法，计算成本较低。其次，它的输出可以被解释为样本属于某个类别的概率。此外，逻辑回归可以处理线性可分和线性不可分的数据。

然而，逻辑回归也有一些限制。它假设特征之间是线性相关的，这可能不适用于某些复杂的问题。此外，逻辑回归对异常值比较敏感，可能会导致模型的性能下降。

总的来说，逻辑回归是一种简单而有效的分类算法，适用于许多实际应用中的二分类问题。

6.3.2 SPSS 操作及选项设置

打开相应的数据文件或者建立一个数据文件后，可以在 SPSS Statistics 数据编辑器窗口中进行逻辑回归分析。

（1）打开逻辑回归选项

在菜单栏中选择【分析】|【回归】|【二元 Logistic】选项，打开如图 6-27 所示的"逻辑回归"对话框。

（2）选择分析变量

从源变量列表中选择需要进行逻辑回归分析的被解释变量，单击向右的箭头按钮将选中的变量选入"因变量"列表中；然后从源变量列表中选择需要进行逻辑回归分析的解释变量，单击向右的箭头按钮将选中的变量选入"协变量"列表中。

① 因变量

该列表中的变量为逻辑回归模型中的被解释变量，数值类型为数值型，且必须是二值变量。

② 协变量

该列表中的变量为线性回归模型的解释变量或者控制变量，数值类型一般为数值型。如果解释变量为分类变量或定性变量，则可以用虚拟变量（哑变量）表示。如果选择多个自变量，则可以将自变量分组成"模块"，通过"上一个"和"下一个"按钮对不同的变量子集指定不同的回归模型。

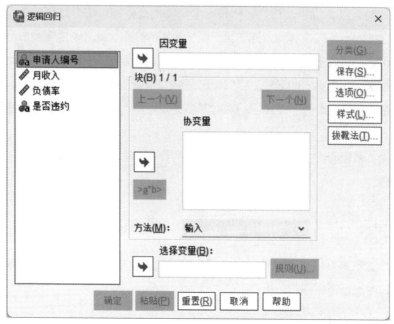

图 6-27 "逻辑回归"对话框

③ "方法"下拉列表框

它用于选择线性回归模型中变量的输入和剔除方法，具体方法如下。

· 输入：选中该方法表示所有的协变量列表中的变量都输入回归模型。

· 向前：有条件的，该方法采用步进方式选择协变量，协变量输入回归模型的标准是条件参数估计的似然比统计量概率值是否小于给定的显著水平。

· 向前：LR，该方法也是采用步进方式选择协变量，协变量输入回归模型的标准是极大偏似然估计的似然比统计量概率值是否小于给定的显著水平。

· 向前：瓦尔德，该方法也是采用步进方式选择协变量，协变量输入回归模型的标准是瓦尔德统计量概率值是否小于给定的显著水平。

· 向后：有条件的，该方法首先将所有协变量加入模型，然后根据条件参数估计的似然比统计量概率值是否大于给定的显著水平来删除变量。

· 向后：LR，该方法首先将所有协变量加入模型，然后根据极大偏似然估计的似然比统计量概率值是否大于给定的显著水平来删除变量。

· 向后：瓦尔德，该方法首先将所有协变量加入模型，然后根据瓦尔德统计

136

量概率值是否大于给定的显著水平来删除变量。

④"选择变量"列表

该列表框主要用于指定分析个案的选择规则,所有功能及用法与线性回归分析中的"选择变量"相同。

（3）相应选项设置

①"分类"设置

一旦选定"协变量",则"分类"按钮就会被激活。单击"分类"按钮,弹出如图6-28所示的"逻辑回归:定义分类变量"对话框。

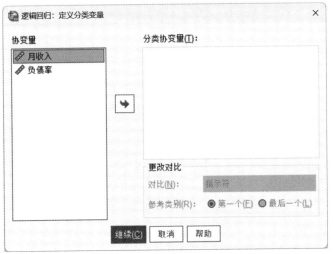

图6-28 "逻辑回归:定义分类变量"对话框

"逻辑回归:定义分类变量"对话框主要是对分类变量进行定制。在"协变量"列表中选择需要的分类变量,然后单击向右的箭头按钮将选中的变量选入"分类协变量"列表中。一旦选定"分类协变量",则"更改对比"选项组就会被激活,该选项组用于选择对比的方法。单击下拉列表框中的下拉按钮,可以选择对比的方法。

· 指示符:该选项为系统默认选项,表示与分类变量的指数符对照。在"参考类别"中选择"最后一个"或"第一个"作为对比的基准。

· 简单:该选项表示对分类变量各个水平与第一个水平或最后一个水平的均值进行对比。在"参考类别"中选择对比的基准。

· 差值:该选项表示对分类变量的各个水平都与前一个水平进行做差比较,

137

当然第一个水平除外。

·赫尔默特：该选项表示对分类变量的各个水平都与后面的水平进行做差比较，当然最后一个水平除外。

·重复：该选项表示对分类变量的各个水平进行重复对比。

·多项式：该选项表示对每个水平按分类变量顺序进行趋势分析。常用的趋势分析方法有线性、二次式等。

·偏差：该选项表示分类变量每个水平与总平均值进行对比。在"参考类别"中选择"最后一个"或"第一个"作为对比的基准。

图6-29　"逻辑回归：保存"对话框

② "保存"设置

单击"保存"按钮，弹出如图6-29所示的"逻辑回归：保存"对话框。

"逻辑回归：保存"对话框主要用于在活动数据文件中保存预测值、残差和其他对于诊断有用的统计量。

a."预测值"选项组。该选项组用于保存回归模型对每个个案预测的值。

·概率：选中该复选框表示保存每个观察值的预测概率。

·组成员：选中该复选框表示保存根据每个观察值的预测概率所确定的组群体。

b."残差"选项组。该选项组用于保存回归模型的残差。

·未标准化：选中该复选框表示保存观察值与模型预测值之间的原始残差。

·分对数：选中该复选框表示保存Logit标度的残差。

·学生化：选中该复选框表示保存学生化的残差，即残差除以其随个案变化的标准差的估计，这取决于每个个案的自变量值与自变量均值之间的距离。

·标准化：选中该复选框表示保存标准化后的残差，即皮尔逊残差。

·偏差：选中该复选框表示保存偏差值。

c."影响"选项组。该选项组用于保存可能对回归模型产生很大影响的个案标度。

·库克距离：选中该复选框表示保存库克距离值，较大的库克距离表明从回归统计量的计算中排除个案之后，系数会发生很大变化。

·杠杆值：该复选框保存杠杆值，杠杆值是标度某个点对回归拟合的影响，

138

杠杆值范围从0 ~ (N−1)/N，其中0表示对回归拟合无影响。

·DfBeta：该复选框表示计算Beta值的差分，表示由于排除了某个特定个案而导致的回归系数的改变。

③"选项"设置

单击"选项"按钮，弹出如图6-30所示的"逻辑回归：选项"对话框。

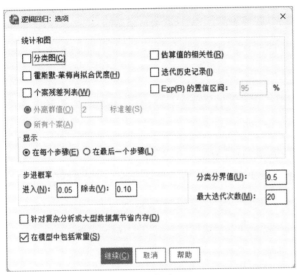

图6-30 "逻辑回归：选项"对话框

"逻辑回归：选项"对话框主要对统计量和图、输出及步进方法进行设置。

a."统计和图"选项组。该选项组可以对输出的统计量和图进行相应定制。

·分类图：选中该复选框表示输出因变量的观测值和预测值的概率直方图。

·估算值的相关性：选中该复选框表示输出回归参数估计值的相关系数矩阵。

·霍斯默−莱梅肖拟合优度：选中该复选框表示输出衡量回归模型拟合度的霍斯默−莱梅肖拟合度指标。

·迭代历史记录：选中该复选框表示输出参数估计的迭代历史记录。

·个案残差列表：选中该复选框表示输出回归后每个个案的原始残差，其中，"外离群值"，表示输出满足条件的个案离群值，"标准差"用于指定离群值满足几倍标准差的条件；"所有个案"，指可以输出所有个案的残差。

·Exp(B)的置信区间：选中该复选框表示输出指数的变动范围，输出范围是从1 ~ 99，系统默认为95。

b."显示"选项组。该选项组用于定制上述统计量和图输出的时间。

·在每个步骤：选中该单选按钮表示每一步都要输出选定的统计量和图。

·在最后一个步骤：选中该单选按钮表示最后一步要输出选定的统计量和图。

c.“步进概率”选项组。该选项组用于定制选择变量输入或移出回归模型的输入或删除标准。

·进入：该文本框中的数值表示变量输入回归模型的最低显著水平。

·除去：该文本框中的数值表示变量移出回归模型的最高显著水平。

d.“分类分界值”文本框。该输入值表示对预测概率定制分界点来产生分类表，其中系统默认为0.5。

e.“最大迭代次数”文本框。该输入值表示对回归模型系数进行的最大似然估计的迭代次数，其中系统默认为50次。

f.“针对复杂分析或大型数据集节省内存”复选框。针对复杂分析或大型数据集，通过合理选择和使用这些方法，可以有效地节省内存并提高分析的效率和稳定性，例如选择合适的数据结构、合理设置缓存等。

g.“在模型中包括常量”复选框。选中表示回归模型中包含常数项。取消选择此选项可强制使回归模型通过原点，但是某些通过原点的回归结果无法与包含常数的回归结果相比较。

（4）分析结果输出

设置完毕后，单击“确定”按钮，就可以在SPSS Statistics查看器窗口得到逻辑回归分析的结果了。

6.3.3 案例：贷款客户是否违约逻辑回归

（1）案例数据简介

本案例将利用逻辑回归分析影响贷款客户是否违约的因素。在SPSS变量视图中建立“申请人编号”“月收入”“负债率”和“是否违约”4个变量，如图6-31所示，其中，“是否违约”变量为二值变量，如果该客户贷款违约则取值为1，不违约则取值为0。

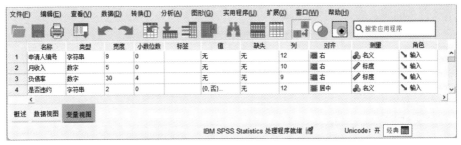

图 6-31　数据文件变量视图

在SPSS中，把相关数据输入到各个变量中，输入完毕后数据视图如图6-32所示。

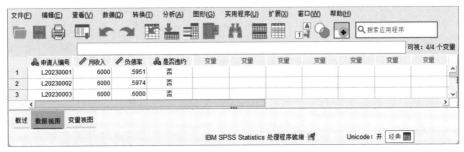

图 6-32　数据文件数据视图

（2）案例操作步骤

打开数据文件，进入SPSS Statistics数据编辑器窗口，在菜单栏中选择【分析】|【回归】|【二元Logistic】选项，打开"逻辑回归"对话框，然后将"是否违约"选入"因变量"列表，将"月收入"和"负债率"选入"协变量"列表。

单击"选项"按钮，打开"逻辑回归：选项"对话框。选中"分类图"复选框，然后单击"继续"按钮，保存设置。

单击"确定"按钮，便可以得到逻辑回归结果。

（3）案例结果分析

单击"确定"按钮后，SPSS Statistics查看器窗口的输出结果如图6-33～图6-41所示。

图6-33给出了案例处理汇总摘要。从图表可以得到参与回归分析的样本数

141

据共有450个，没有缺失案例。

图6-34给出了因变量在迭代运算中的编码表，从图表可以看出因变量的内部编码是0和1。

个案处理摘要

未加权个案数[a]		个案数	百分比
选定的个案	包括在分析中的个案数	450	100.0
	缺失个案数	0	.0
	总计	450	100.0
未选定的个案		0	.0
总计		450	100.0

a. 如果权重为生效状态，请参阅分类表以了解个案总数。

图 6-33　案例处理汇总

因变量编码

原值	内部值
否	0
是	1

图 6-34　因变量编码

图6-35 ~ 图6-37给出了"步骤0"的预测和运算结果，包括分类表、方程中的变量和未包括在方程中的变量。"步骤0"是指在对因变量回归中的协变量仅含有截距项，而不含其他解释变量，因此方程中的变量只有常量，没有"月收

分类表[a,b]

	实测		预测		
			是否违约		正确百分比
			否	是	
步骤0	是否违约	否	0	193	.0
		是	0	257	100.0
	总体百分比				57.1

a. 常量包括在模型中。

b. 分界值为 .500。

图 6-35　分类表

入"和"负债率"两个解释变量。

方程中的变量

		B	标准误差	瓦尔德	自由度	显著性	Exp(B)
步骤0	常量	.286	.095	9.040	1	.003	1.332

图 6-36　方程中的变量

从图6-36可以看出，常数的瓦尔德（Wals）值只有9.040，相应的概率值是0.003，可见非常显著。另外，从图6-35分类表的预测情况可以看出，基于"步骤0"建立的逻辑回归模型对客户违约的预测准确率是100%，而对客户不违约的准确率是0%。因此基于"步骤0"的回归模型是不可靠的。

图6-38 ~ 图6-41给出了"步骤1"的预测和运算结果，包括模型系数的综合检验、模型汇总、分类表与方程中的变量内容。"步骤1"是指在对因变量回归中的协变量含有常数

未包括在方程中的变量

			得分	自由度	显著性
步骤0	变量	月收入	260.904	1	<.001
		负债率	334.957	1	<.001
	总体统计		335.221	2	<.001

图 6-37　不在方程中的变量

项及"月收入"和"负债率"两个解释变量。

从图6-38模型系数的综合检验可以看出,"步骤1"和基于该模块建立的模型的卡方值为614.691,概率值为0.000,小于0.05的显著水平,可见步骤1和基于该模块建立的模型非常显著。从图6-39模型汇总可以得到逻辑回归模型的考克斯-斯奈尔R方和内戈尔科R方的值分别为0.745和1.000,可见模型的拟合度非常好。

模型系数的 Omnibus 检验

		卡方	自由度	显著性
步骤 1	步骤	614.691	2	<.001
	块	614.691	2	<.001
	模型	614.691	2	<.001

图 6-38　模型系数的综合检验

模型摘要

步骤	-2 对数似然	考克斯-斯奈尔R 方	内戈尔科 R 方
1	.009[a]	.745	1.000

a. 由于已达到最大迭代次数,因此估算在第 20 次迭代时终止。找不到最终解。

图 6-39　模型汇总

分类表[a]

			预测		
			是否违约		正确百分比
实测			否	是	
步骤 1	是否违约	否	193	0	100.0
		是	0	257	100.0
总体百分比					100.0

a. 分界值为 .500。

图 6-40　分类表

方程中的变量

		B	标准误差	瓦尔德	自由度	显著性	Exp(B)
步骤 1[a]	月收入	-.438	3.294	.018	1	.894	.646
	负债率	11184.748	28181.110	.158	1	.691	.
	常量	-11165.231	32999.114	.114	1	.735	.000

a. 在步骤 1 输入的变量:月收入,负债率。

图 6-41　方程中的变量

Logistic模型建立了"是否违约"与影响因素"月收入"(x_1)和"负债率"(x_2)的关系,即:

$$\ln\frac{p}{1-p} = -11165.231 - 0.438x_1 + 11184.748x_2$$

进行指数变换,得:

$$\frac{p}{1-p} = \mathrm{e}^{-11165.231 - 0.438x_1 + 11184.748x_2}$$

即可以对客户违约的概率进行预测。

7

聚类分析

▼

聚类分析是根据研究对象的特征按照一定标准对研究对象进行分类的一种分析方法，它使组内的数据对象具有最高的相似度，而组间具有较大的差异性。聚类分析在科学研究和实际的生产实践中都具有广泛的应用，SPSS的分类过程可以使用户方便地实现聚类分析，本章将对聚类分析的SPSS实现过程进行介绍。

7.1　K 均值聚类

7.1.1　K 均值聚类概述

聚类分析是一种无监督学习方法，用于将给定的样本集合划分成若干个具有相似特征的簇。聚类分析的目标是使同一簇内的样本相似度尽可能高，而不同簇之间的相似度尽可能低。相似性是定义一个类的基础，那么不同数据之间在同一个特征空间相似度的衡量对于聚类步骤是很重要的，由于特征类型和特征标度的多样性，距离标度必须谨慎，它经常依赖于应用。

K-Means 聚类是一种常用的聚类算法，它将数据集分成 K 个簇，每个簇包含最接近其质心的数据点。K-Means 聚类的基本思想是：先随机选择 K 个质心，然后将每个数据点分配到最近的质心，再重新计算每个簇的质心，重复上述过程直到簇不再发生变化或达到预定的迭代次数。K-Means 聚类的优点是简单易实现，计算速度较快，但缺点是对初始质心的选择较为敏感，可能会陷入局部最优解。

K-Means 聚类算法中的距离通常是欧几里得距离（欧氏距离）或曼哈顿距离，n 维空间点 A（$x_{11},x_{12},\cdots,x_{1n}$）与点 B（$x_{21},x_{22},\cdots,x_{2n}$）之间的距离计算公式如下。

欧氏距离公式：

$$d_{12} = \sqrt{\sum_{k=1}^{n}(x_{1k} - x_{2k})^2}$$

曼哈顿距离公式：

$$d_{12} = \sum_{k=1}^{n}\left|x_{1k} - x_{2k}\right|$$

K-Means 的优点是模型执行速度较快，因为我们真正要做的就是计算点和类别的中心之间的距离，因此，它具有线性复杂性 $o(n)$。另一方面，K-Means 有两个缺点：一个是要先确定聚类的簇数量；另一个是随机选择初始聚类中心点坐标。

7.1.2　SPSS 操作及选项设置

建立或打开相应数据文件后，可以在 SPSS Statistics 数据编辑器窗口进行快速聚类分析。

（1）打开 K- 均值聚类选项

在菜单栏中依次选择【分析】|【分类】|【K-均值聚类】选项，打开如图7-1所示的"K均值聚类分析"对话框。

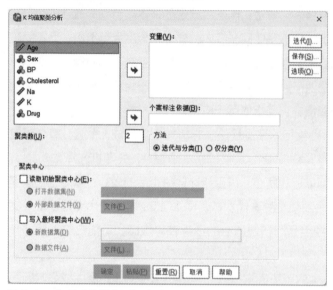

图 7-1　"K 均值聚类分析"对话框

（2）选择分析变量

从源变量列表中选择参与聚类分析的目标变量，选入"变量"列表中；从源变量列表中选择属类变量，选入"个案标注依据"列表中，如图7-2所示。

（3）设置相应选项

①"聚类数"输入框

该输入框用于设置聚类的数目，系统默认分为两类，用户可以在该输入框中输入自定义的聚类数目。

②"方法"选项组

该选项组用于设置聚类分析的方法，有两种方法可供选择："迭代与分类"，该方法在聚类过程中不断改变凝聚点；"仅分类"，该方法在聚类过程中始终使用初始凝聚点。

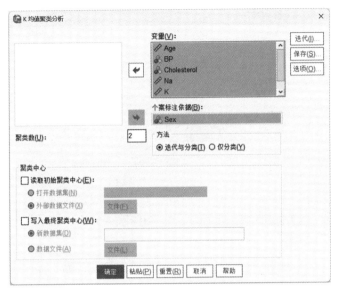

图7-2　快速聚类的变量选择

③"聚类中心"选项组

该选项组用于读取和写入初始聚类中心，用户可以从数据文件或外部数据集中读取初始聚类中心，也可以将聚类过程凝聚点的最终结果保存到数据文件中。

④"迭代"按钮

只有在"方法"选项组中选择"迭代与分类"单选按钮，该按钮才被激活。单击"迭代"按钮，弹出如图7-3所示的"K均值聚类分析：迭代"对话框。该对话框用于设置聚类分析中迭代的终止条件。

"最大迭代次数"输入框中的数据表示迭代达到或超过该数值时，停止迭代过程。

"收敛准则"输入框中的数字表示凝聚点改变的最大距离小于初始聚心距离的比例，当距离小于该数值时，停止迭代。

若选择"使用运行平均值"复选框，则表示每分配一个观测后，立刻计算新的凝聚点。

⑤"保存"按钮

单击"保存"按钮，弹出如图7-4所示的"K-均值聚类：保存新变量"对话框。

该对话框用于设置保存形式。若选择"聚类成员"复选框，系统将保存观测的分类结果；若选择"与聚类中心的距离"，系统会将各观测与所属类的聚类中

147

心的欧氏距离作为一个新变量进行保存。

图 7-3 "K 均值聚类分析: 迭代"对话框

图 7-4 "K- 均值聚类: 保存新变量"对话框

⑥"选项"按钮

单击"选项"按钮，弹出如图 7-5 所示的"K- 均值聚类分析: 选项"对话框。

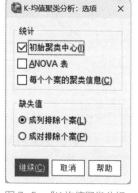

图 7-5 "K 均值聚类分析: 选项"对话框

统计: 该选项组用于设置输出的统计量，其包含"初始聚类中心""ANOVA 表"和"每个个案的聚类信息" 3 个复选框，分别用于输出初始聚类中心、方差分析表和各观测的聚类信息。

缺失值: 该选项组用于设置缺失值的处理方式，其包含两个单选项: "成列排除个案"，表示从所有分析中排除任何变量具有缺失值的个案; "成对排除个案"，表示从分析中排除变量对中有一个或两个缺失值的个案。

（4）分析结果输出

设置完毕后，单击"确定"按钮，就可以在 SPSS Statistics 结果窗口得到快速聚类分析的结果。

7.1.3 案例: 药物临床效果 K 均值聚类

（1）案例数据简介

药物投入市场前需要进行临床前的研究，该阶段的主要内容为药学、药剂学、药理、毒理学的研究。对于具有选择性药理效应的药物，在进行临床试验前还需要测定药物在动物体内的吸收、分布及消除过程，经药物管理部门的初步审批后才能进行临床试验，目的在于保证人们用药的安全。

新药研发是一个耗时、耗资的系统工程，完成前期的基础研究（药理、毒理、药效等动物研究）后开始申请进入人体临床试验阶段。进行代谢相关的药物相互作用研究的重要目的在于探索新药是否有可能对已上市的，并可能在医疗诊治中合用的药物代谢消除产生显著影响。

源数据字段及其字典包括，性别：1-F，0-M；血压：2-HIGH、1-LOW、0-NORMAL；类胆固醇含量：1-HIGH、0-NORMAL；药物类型：1-drugA、2-drugB、3-drugC、4-drugX、5-drugY。

在SPSS的变量视图中，建立"Age""Sex""BP""Cholesterol""Na""K"和"Drug"7个变量，分别表示试用患者的年龄、性别、血压、类胆固醇含量、Na含量、K含量和药物类型，如图7-6所示。

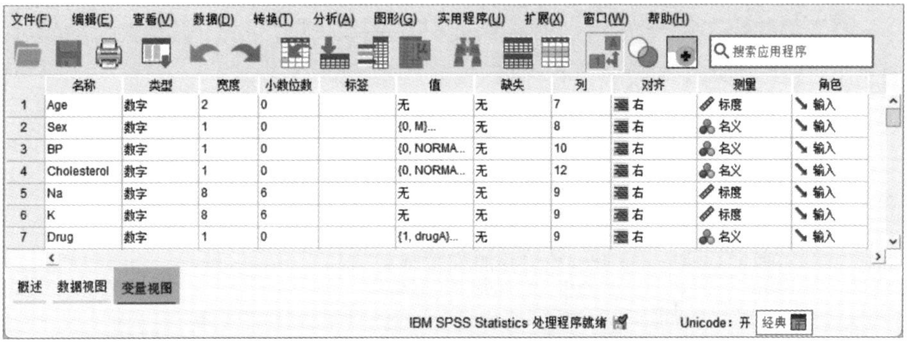

图7-6　数据文件变量视图

在SPSS中，把相关数据输入到各个变量中，输入完毕后数据视图如图7-7所示。

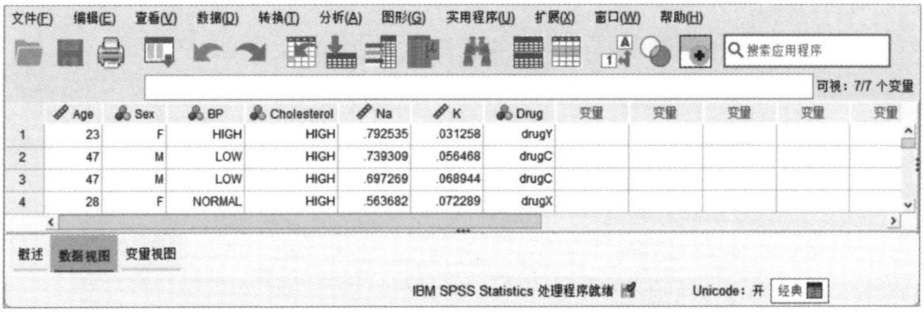

图7-7　数据文件数据视图

149

（2）案例操作步骤

在菜单栏中依次选择【分析】|【分类】|【K-均值聚类】选项，打开"K均值聚类分析"对话框。

从源变量列表中选择"Age""BP""Cholesterol""Na""K"和"Drug"变量，单击向右的箭头按钮将它们选入"变量"列表中，"Sex"选入"个案标注依据"列表中。

在"聚类数"输入框中输入聚类的数目，本案例将变量分为5类。

单击"选项"按钮，选择"每个个案的聚类信息"复选框，单击"继续"。

单击"确定"按钮，便可进行快速聚类分析。

（3）案例结果分析

单击"确定"按钮后，输出快速聚类分析的结果，如图7-8～图7-11所示。

图7-8给出了每一次迭代的聚类中心内的更改情况。我们可以看出，经过6次迭代，聚类中心达到收敛。

迭代历史记录[a]

迭代	聚类中心中的变动				
	1	2	3	4	5
1	2.978	4.267	3.948	1.258	1.143
2	.000	1.002	1.548	1.736	.959
3	.390	.487	.455	.886	.489
4	.000	.000	.298	.340	.000
5	.802	.000	.000	.797	.000
6	.000	.000	.000	.000	.000

a. 由于聚类中心中不存在变动或者仅有小幅变动，因此实现了收敛。任何中心的最大绝对坐标变动为 .000。当前迭代为6。初始中心之间的最小距离为14.461。

图7-8 迭代历史记录

图7-9和图7-10给出了最终聚类的中心和最终聚类中心间的距离。

最终聚类中心

	聚类				
	1	2	3	4	5
Age	46	69	21	34	58
BP	1	1	1	1	1
Cholesterol	0	0	0	0	1
Na	.683376	.734344	.700537	.684046	.693903
K	.051520	.054310	.047965	.049221	.048174
Drug	4	4	4	4	4

图7-9 最终聚类中心

最终聚类中心之间的距离

聚类	1	2	3	4	5
1		22.756	25.039	12.347	11.636
2	22.756		47.792	35.101	11.127
3	25.039	47.792		12.693	36.669
4	12.347	35.101	12.693		23.980
5	11.636	11.127	36.669	23.980	

图7-10 最终聚类中心间的距离

图 7-11 给出了每一个观测所属的类和每个聚类中的案例数。通过聚类分析我们可以看出，所有的观测按照与聚心的距离被分成了 5 类。

每个聚类中的个案数目

聚类	1	47.000
	2	33.000
	3	38.000
	4	46.000
	5	36.000
有效		200.000
缺失		.000

图 7-11　聚类成员

7.2　分层聚类

7.2.1　分层聚类概述

分层聚类是一种基于层次结构的聚类方法，它将数据集分解成不同的层次，每一层都包含一组相似的数据点。在分层聚类中，数据点首先被分成多个小簇，然后这些小簇再被合并成更大的簇，直到最终形成一个大簇或者达到某个停止条件。

分层聚类法就是对给定数据对象的集合进行层次分解，根据分层分解采用的分解策略，分层聚类法又可以分为凝聚式和分裂式分层聚类。

凝聚式分层聚类从每个数据点作为一个簇开始，然后逐步将最相似的簇合并，直到达到停止条件。这种方法的优点是简单易懂，但是可能会受到初始簇的选择和合并顺序的影响。

分裂式分层聚类从整个数据集作为一个簇开始，然后逐步将簇分裂成更小的簇，直到达到停止条件。这种方法的优点是不受初始簇的选择和合并顺序的影响，但是计算复杂度较高。

分层聚类可以用于不同的领域，例如生物学、社会网络分析和图像处理等。它可以帮助人们发现数据集中的层次结构和相似性，从而更好地理解和分析数据。

7.2.2　SPSS操作及选项设置

建立或打开相应数据文件后，可以在SPSS Statistics数据编辑器窗口中进行分层聚类分析。

⬤ （1）打开系统聚类选项

在菜单栏中依次选择【分析】|【分类】|【系统聚类】选项，打开如图7-12所示的"系统聚类分析"对话框。

⬤ （2）选择分析变量

从源变量列表中选择参与聚类分析的目标变量，将选中的变量选入"变量"列表中；从源变量列表中选择属类变量，将选中的变量选入"个案标注依据"列表中，如图7-13所示。

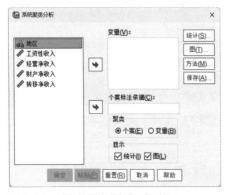

图7-12　"系统聚类分析"对话框

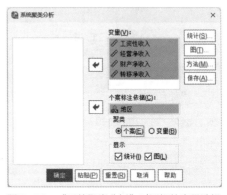

图7-13　"系统聚类分析"对话框的变量选择

⬤ （3）设置相应选项

①"聚类"选项组

该选项组用于设置分层聚类的方法。若选择"个案"，则进行Q型聚类；若选择"变量"，则进行R型聚类。

②"显示"选项组

该选项组用于设置输出的内容。如果选择"统计"复选框，系统将输出相关的统计量；如果选择"图"复选框，系统将输出聚类图形。

③"统计"按钮

单击"统计"按钮，弹出如图7-14所示的"系统聚类分析：统计"对话框。

"集中计划"复选框：选择该复选框表示输出每一步聚类过程中被合并的类及类间距离。

"近似值矩阵"复选框：选择该复选框表示输出聚类中不同观测之间的距离矩阵。

"聚类成员"选项组：该选项组用于设置聚类成员所属分类的输出。若选择"无"单选按钮，则表示不输出聚类成员所属的分类；若选择"单个解"单选按钮，则当聚类数等于用户指定的数量时系统输出聚类成员所属的分类；若选择"解的范围"单选按钮，则当聚类数位于用户指定的范围内时系统输出聚类成员所属的分类。

④ "图"按钮

单击"图"按钮，弹出如图7-15所示的"系统聚类分析：图"对话框。

图 7-14   "系统聚类分析：统计"对话框　　图 7-15   "系统聚类分析：图"对话框

该对话框用于设置输出的聚类图形。

"谱系图"复选框：选择该复选框表示输出聚类谱系图，聚类谱系图给出了类的合并与距离的相关信息。

"冰柱图"选项组：该选项组用于设置输出的冰柱图的相关参数。若选择"全部聚类"复选框，输出的冰柱图将包括聚类过程中每一步的信息；若选择"指定范围内的聚类"复选框，系统输出的冰柱图则只包括用户指定范围的聚类

153

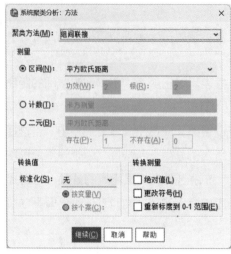

图 7-16 "系统聚类分析：方法"对话框

数，用户可以在下方的输入框中输入聚类数的范围；若选择"无"复选框，系统不输出冰柱图。

此外，用户还可以通过"方向"选项组来设置冰柱图的输出方向，是垂直还是水平。

⑤"方法"按钮

单击"方法"按钮，弹出如图 7-16 所示的"系统聚类分析：方法"对话框。

该对话框用于设置聚类分析的相关方法。

"聚类方法"下拉列表框：该下拉列表框中给出了聚类分析的不同方法，包括组间联接、组内联接、最近邻元素、最远邻元素、质心聚类、中位数聚类和瓦尔德法7种方法，用户可以根据数据的特征选择相应的方法。

"测量"选项组：该选项组用于设置聚类分析中距离的计算方法，用户可以根据数据的类型选择相应的单选按钮。

"区间"单选按钮：用于一般的等间隔测量变量，其后的下拉列表中提供了8种距离选项，欧氏距离、平方欧氏距离、余弦、皮尔逊相关性、切比雪夫、块、明可夫斯基和定制。除此之外，用户还可以利用"功效"和"根"输入框自定义距离。

"计数"单选按钮：用于计数变量，其后的下拉列表中给出了两种标度距离方法的选项，卡方测量和Phi平方测量。

"二元"单选按钮：用于二值变量，用户可以在"存在"和"不存在"输入框中输入二值变量的参数特征，并在下拉列表中选择相应的距离。

"转换值"选项组：该选项组用于设置对数据进行标准化的方法，用户可以在"标准化"下拉列表中选择相应的标准化方法。此外用户还要根据进行的聚类类型选择"按个案"和"按变量"单选按钮，"按个案"单选按钮用于R型聚类，"按变量"单选按钮用于Q型聚类。

"转换测量"选项组：该选项组用于设置将计算得到的距离进行转换的方法，若选择"绝对值"复选框则表示取距离的绝对值，若选择"更改符号"复选框则表示交换当前的距离大小排序，若选择"重新标度到0-1范围"复选框则表示将距离差按比例缩放到0～1的范围内。

⑥"保存"按钮

单击"保存"按钮，弹出如图7-17所示的"系统聚类分析：保存"对话框。

该对话框主要用于聚类信息的保存设置。选择"无"，表示不保存聚类结果信息；选择"单个解"，表示将某一步的聚类结果信息保存到新变量；选择"解的范围"则表示将一定聚类步数范围内的聚类结果信息保存到新变量。

图 7-17　"系统聚类分析：保存"对话框

（4）分析结果输出

设置完毕后，单击"确定"按钮，就可以在SPSS Statistics结果窗口得到分层聚类分析的结果了。

7.2.3　案例：居民可支配收入分层聚类

（1）案例数据简介

数据源是我国2020年各地城镇居民平均每人全年家庭收入统计表，试用聚类分析方法对全国各地区的收入来源结构进行分类。

在SPSS的变量视图中，建立"地区""工资性收入""经营净收入""财产净收入"和"转移净收入"5个变量，如图7-18所示。

	名称	类型	宽度	小数位数	标签	值	缺失	列	对齐	测量	角色
1	地区	字符串	9	0		无	无	9	居中	名义	输入
2	工资性收入	数字	28	2		无	无	11	右	标度	输入
3	经营净收入	数字	29	2		无	无	11	右	标度	输入
4	财产净收入	数字	29	2		无	无	11	右	标度	输入
5	转移净收入	数字	29	2		无	无	11	右	标度	输入

图 7-18　数据文件变量视图

在SPSS中，把相关数据输入到各个变量中，输入完毕后数据视图如图7-19所示。

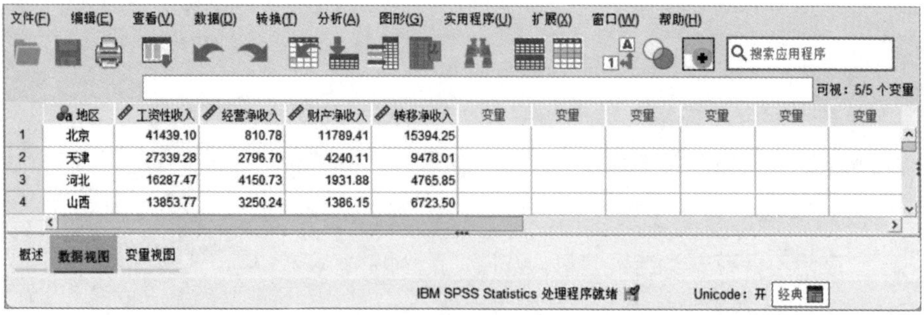

图7-19 数据文件数据视图

（2）案例操作步骤

在菜单栏中依次选择【分析】|【分类】|【系统聚类】选项，弹出"系统聚类分析"对话框。

在"聚类"选项组内选择"个案"单选按钮。

单击"图"按钮，弹出"系统聚类分析：图"对话框，选择"谱系图"复选框。

单击"方法"按钮，弹出"系统聚类分析：方法"对话框，在"聚类方法"下拉列表中选择"质心聚类"。

（3）案例结果分析

单击"确定"按钮，输出分层聚类分析的结果，如图7-20和图7-21所示。

分层聚类分析的冰柱图给出了各类之间的距离，从最后一行向前我们可以依次看出不同的聚类数量下的分类方式。

聚类分析谱系图给出了聚类每一次合并的情况。

结合聚类分析谱系图，建议分为四类：北京市、上海市2个归为一类；天津市、江苏省2个归为一类；浙江省、广东省、福建省3个归为一类；其他省市归为一类。通过聚类分析我们可以清楚地区分各个省市的居民可支配收入的差异。

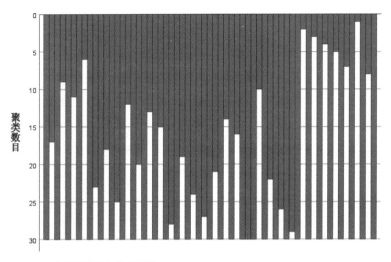

图 7-20　分层聚类分析的冰柱图

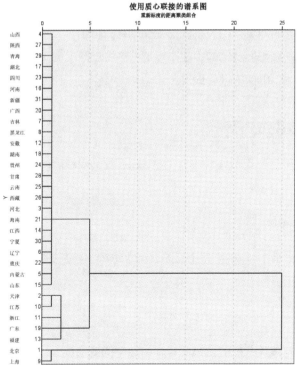

图 7-21　聚类分析谱系图

7.3 二阶聚类

7.3.1 二阶聚类概述

二阶聚类是一种聚类分析方法，它将数据分为多个不同的子集，并进一步对每个子集进行聚类。与一阶聚类不同，二阶聚类可以应用于多个层次的聚类分析。

在二阶聚类中，首先对原始数据集进行一次聚类，将数据分为若干个不同的簇。然后，对每个簇进行进一步的聚类，将每个簇内的数据再次分为更小的子集。这样，就形成了多个层次的聚类结构。

二阶聚类可以帮助我们更好地理解数据的内在结构。通过多次聚类，我们可以发现更细粒度的簇群，并了解不同簇群之间的关系。这有助于我们发现隐藏在数据中的模式和规律。

二阶聚类的应用非常广泛。例如，在生物学中，二阶聚类可以用于基因表达数据的分析，帮助发现基因间的相互作用关系。在社交网络分析中，二阶聚类可以用于发现不同社区之间的联系和层次结构。在市场细分中，二阶聚类可以用于将消费者细分为更小的子群体，以便更精确地进行定位和营销。

7.3.2 SPSS 操作及选项设置

建立或打开相应数据文件后，可以在SPSS Statistics数据编辑器窗口中进行二阶聚类分析。

（1）打开二阶聚类选项

在菜单栏中依次选择【分析】|【分类】|【二阶聚类】选项，打开如图7-22所示的"二阶聚类分析"对话框。

（2）选择分析变量

从源变量列表中选择参与聚类分析的目标变量，将选中的变量选入"连续变量"列表中；从源变量列表中选择属类变量，将选中的变量选入"分类变量"列表中，如图7-23所示。

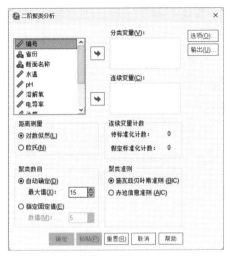

图 7-22 "二阶聚类分析"对话框

图 7-23 二阶聚类分析的变量选择

（3）设置相应选项

①"距离测量"选项组

该选项组用于设置距离的测量方法，若选择"对数似然"单选按钮，系统使用对数似然距离；若选择"欧氏"单选按钮，则使用欧氏距离，欧氏距离的选择必须以所有变量皆是连续变量为前提。

②"聚类数量"选项组

该选项组用于设置聚类的数量，若选择"自动确定"单选按钮，SPSS将自动选择最优的聚类数量，用户也可以选择"指定固定值"单选按钮自定义聚类的数量。

③"连续变量计数"栏

该栏显示对连续变量进行标准化处理的相关信息，对一个变量是否进行标准化处理的设置。

④"聚类准则"选项组

该选项组用于设置确定最优聚类数量的准则，用户可以选择施瓦兹贝叶斯准则（BIC）或赤池信息准则（AIC）。

⑤"选项"按钮

单击"选项"按钮，弹出如图7-24所示的"二阶聚类：选项"对话框。

7

聚类分析

159

图 7-24　"二阶聚类: 选项"对话框

"离群值处理"选项组: 该选项组用于设置在聚类特征(CF)树填满的情况下对离群值的处理方式。如果选择"使用噪声处理"复选框, 系统会将离群值合并为一个单独的"噪声"叶, 然后重新执行聚类特征(CF)树的生长过程。用户可以在百分比输入框中设定离群值的判定标准。

"内存分配"选项组: 该选项组用于设置聚类过程中所占用的最大内存数量, 溢出的数据将调用硬盘作为缓存来进行储存。

"连续变量标准化"选项组: 该选项组用于设置一个变量是否进行标准化处理。用户可以选择那些已经是或假定为标准化的变量, 单击向左的箭头将其选入"假定标准化计数"列表框中, 表示不再对它们进行标准化处理, 以节省处理时间。

"高级"按钮: 单击该按钮会展开高级选项, 主要用于设置聚类特征数的调整准则。

⑥ "输出"按钮

单击"输出"按钮, 打开如图7-25所示的"二阶聚类: 输出"对话框。

该对话框用于设置二阶聚类的输出选项。

透视表: 结果将显示在透视表中。

图表和表(在模型查看器中): 结果将显示在模型查看器中。

评估字段: 可为未在聚类创建中使用的变量计算聚类数据。通过在"显示"子对话框中选择评估字段, 可以在模型查看器中将其与输

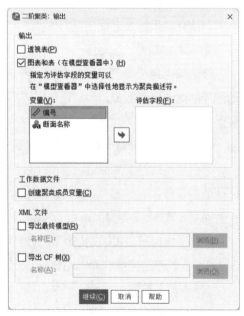

图 7-25　"二阶聚类: 输出"对话框

入特征一起显示，有缺失值的字段会被忽略。

“工作数据文件”选项组：该选项组用于结果保存的设置，若选择“创建聚类成员变量”复选框，聚类结果将作为变量保存。

“XML文件”选项组：用户可以通过设置该选项组，以XML文件的格式输出最终聚类模型和聚类特征（CF）树。

7.3.3 案例：地表水水质监测二阶聚类

（1）案例数据简介

数据文件是2023年5月30日，长江中游流域湖北省、湖南省、江西省3个省份的地表水水质监测数据，本案例采用二阶聚类方法分析长江中游水源的特征。

在SPSS的变量视图中，建立“编号”“省份”“断面名称”“水温”“pH”“溶解氧”“电导率”“浊度”“高锰酸盐指数”“氨氮”“总磷”“总氮”等12个变量，如图7-26所示。

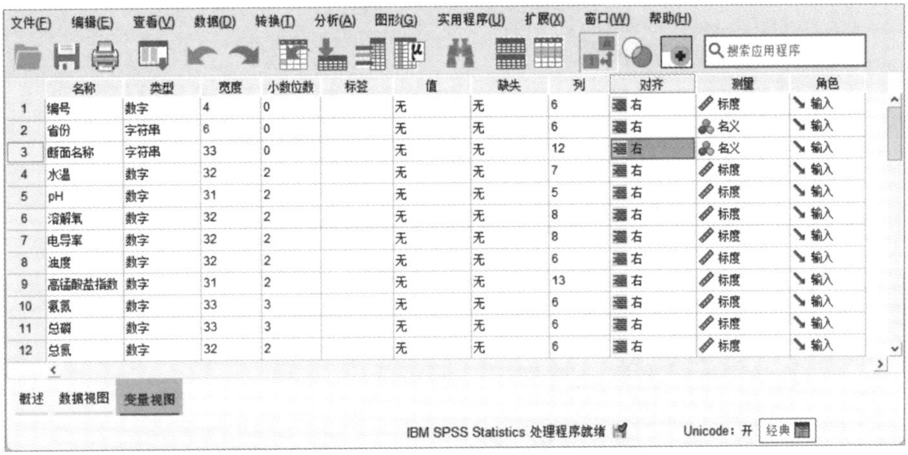

	名称	类型	宽度	小数位数	标签	值	缺失	列	对齐	测量	角色
1	编号	数字	4	0		无	无	6	右	标度	输入
2	省份	字符串	6	0		无	无	6	右	名义	输入
3	断面名称	字符串	33	0		无	无	12	右	名义	输入
4	水温	数字	32	2		无	无	7	右	标度	输入
5	pH	数字	31	2		无	无	5	右	标度	输入
6	溶解氧	数字	32	2		无	无	8	右	标度	输入
7	电导率	数字	32	2		无	无	8	右	标度	输入
8	浊度	数字	32	2		无	无	6	右	标度	输入
9	高锰酸盐指数	数字	31	2		无	无	13	右	标度	输入
10	氨氮	数字	33	3		无	无	6	右	标度	输入
11	总磷	数字	33	3		无	无	6	右	标度	输入
12	总氮	数字	32	2		无	无	6	右	标度	输入

图7-26 数据文件变量视图

在SPSS中，把相关数据输入到各个变量中，输入完毕后数据视图如图7-27所示。

（2）案例操作步骤

在菜单栏中依次选择【分析】|【分类】|【二阶聚类】选项，打开“二阶聚

类分析"对话框。

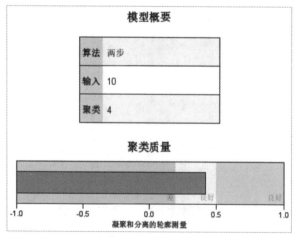

图 7-27　数据文件数据视图

从源变量列表中选择"水温""pH""溶解氧""电导率""浊度""高锰酸盐指数""氨氮""总磷""总氮"变量，单击向右的箭头按钮将它们选入"连续变量"列表中；从源变量列表中选择"省份"变量，选入"分类变量"列表中。

单击"输出"按钮，打开"二阶聚类：输出"对话框，选择"创建聚类成员变量"复选框，单击"继续"按钮。

单击"确定"按钮，输出二阶聚类分析的结果，如图7-28所示。

模型概要

算法	两步
输入	10
聚类	4

聚类质量

图 7-28　二阶聚类输出

（3）案例结果分析

图7-28给出了两步聚类的模型概要，我们发现根据BIC准则，样本被聚成了4类，与此同时，在原始数据中新建了变量TSC_2868保存具体的样本聚类结果，如图7-29所示。

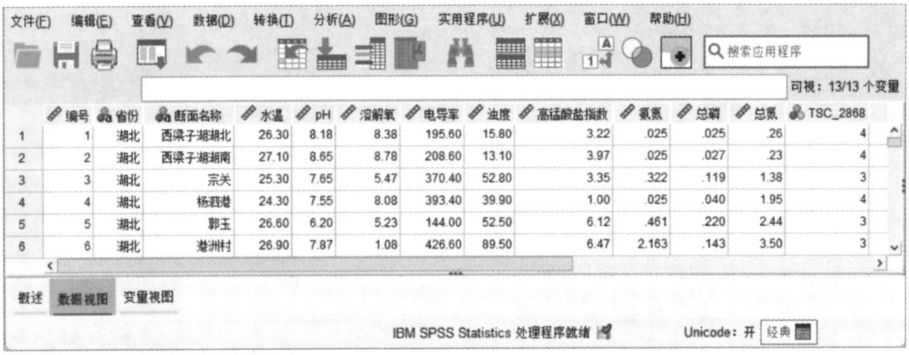

	编号	省份	断面名称	水温	pH	溶解氧	电导率	浊度	高锰酸盐指数	氨氮	总磷	总氮	TSC_2868
1	1	湖北	西梁子湖湖北	26.30	8.18	8.38	195.60	15.80	3.22	.025	.025	.26	4
2	2	湖北	西梁子湖湖南	27.10	8.65	8.78	208.60	13.10	3.97	.025	.027	.23	4
3	3	湖北	宗关	25.30	7.65	5.47	370.40	52.80	3.35	.322	.119	1.38	3
4	4	湖北	杨泗港	24.30	7.55	8.08	393.40	39.90	1.00	.025	.040	1.95	4
5	5	湖北	郭玉	26.60	6.20	5.23	144.00	52.50	6.12	.461	.220	2.44	3
6	6	湖北	巷洲村	26.90	7.87	1.08	426.60	89.50	6.47	2.163	.143	3.50	3

图 7-29 聚类分布

通过二阶聚类分析我们可以看出，地表水水质监测数据可以分为4类：第一类全是湖南省的监测数据，共计67个监测点；第二类是江西省的71个监测点数据；第三类是32个湖北省监测点数据和1个湖南省监测点数据；第四类是63个湖北省监测点数据。

8

变量降维

▼

在现实研究过程中，研究者往往会设计出多个观测变量，从多个变量收集大量数据以便进行分析寻找规律。多变量大样本虽然会为我们的科学研究提供丰富的信息，但却增加了数据采集和处理的难度。更重要的是，许多变量之间存在一定的相关关系，导致了信息的重叠现象，从而增加了问题分析的复杂性，本章将会介绍 SPSS 中的变量降维方法。

8.1 变量降维概述

在统计学和数据分析中，变量降维是一种通过减少变量数量或者将变量进行组合，以便于更好地理解和分析数据的技术。变量降维可以使数据更易于处理，减少计算复杂性，并且可以提高模型的解释性和预测准确性。

在现实世界中，我们经常会面临高维数据的处理问题，比如图像识别、语音识别、自然语言处理等。在这些问题中，每个样本都有大量的特征，如像素值、频谱分布、词频等。然而，高维数据会给我们带来许多挑战，例如计算复杂度高、过拟合问题、可解释性差等。因此，我们需要一种有效的方式来降低数据维度，并保留数据中最重要的信息。

常见的变量降维方法包括因子分析、主成分分析等。此外，还有一些非线性的降维技术，如多维尺度分析和流形学习，这些方法可以在保留原有数据特征的同时，更好地处理非线性关系，适用于一些复杂的数据结构。

总之，选择合适的降维方法需要根据具体特征来决定，同时需要考虑到降维对模型性能和解释能力的影响。

8.2 因子分析

8.2.1 因子分析概述

因子分析是一种常用的多元统计分析方法，它的主要目的是通过分析多个变量之间的关系，找出它们背后的共同因素。在实际应用中，因子分析可以帮助我们简化数据，提取主要因素，减少变量之间的相关性，从而更好地进行数据分析和解释。

具体来说，因子分析首先会对原始数据进行标准化处理，然后通过计算各个变量之间的协方差或相关系数矩阵来确定它们之间的关系。接着，通过特征值分解或最大似然估计等方法，将这些变量转化为一组新的不相关因子。这些因子可以解释原始变量中的大部分方差，同时也可以帮助我们理解变量之间的关系。

在实际应用中，因子分析可以用于许多领域，例如心理学、社会学、市场研究等。在心理学中，因子分析可以帮助我们理解个体行为背后的心理因素；在社会学中，因子分析可以帮助我们理解不同社会因素之间的关系；在市场研究中，因子分析可以帮助我们识别不同消费者群体之间的共同特征。

总之，因子分析是一种非常有用的数据分析方法，它可以帮助我们简化数据、提取主要因素、理解变量之间的关系，从而更好地进行数据分析和解释。

因子分析的主要步骤如下。

（1）对数据进行标准化处理

（2）估计因子载荷矩阵

因子分析的基本模型如下：

$$\begin{cases} Z_1 = a_{11}F_1 + a_{12}F_2 + \cdots + a_{1p}F_p + c_1U_1 \\ Z_2 = a_{22}F_1 + a_{22}F_2 + \cdots + a_{2p}F_p + c_2U_2 \\ \cdots \\ Z_m = a_{m1}F_1 + a_{m2}F_2 + \cdots + a_{mp}F_p + c_mU_m \end{cases}$$

式中，Z_1、Z_2、$\cdots$、Z_m 为原始变量，F_1、F_2、$\cdots$、F_p 为公共因子，表示为矩阵形式为：

$$\underset{(m \times 1)}{Z} = \underset{(m \times p)}{A} \cdot \underset{(p \times 1)}{F} + \underset{\substack{(m \times m) \\ (对角阵)}}{C} \underset{(m \times 1)}{U}$$

A 为因子载荷矩阵，估计因子载荷矩阵的方法有主成分法、映像因子法、加权最小二乘法、最大似然法等。

（3）因子旋转

建立因子分析数学模型的目的不仅是要找出公共因子并对变量进行分组，更重要的是要知道每个公共因子的意义，以便对实际问题作出科学分析。当因子载荷矩阵 A 的结构不便对主因子进行解释时，可用一个正交阵右乘 A（即对 A 实施一个正交变换）。由线性代数知识，对 A 施行一个正交变换，对应坐标系就有一次旋转，便于对因子的意义进行解释。

（4）估计因子得分

以公共因子表示原因变量的线性组合，而得到因子得分函数。我们可以通过因子得分函数计算观测记录在各个公共因子上的得分，从而解决公共因子不可观测的问题。

8.2.2 SPSS操作及选项设置

打开相应的数据文件或者建立一个数据文件后，在SPSS Statistics数据编辑器窗口中就可以进行因子分析。

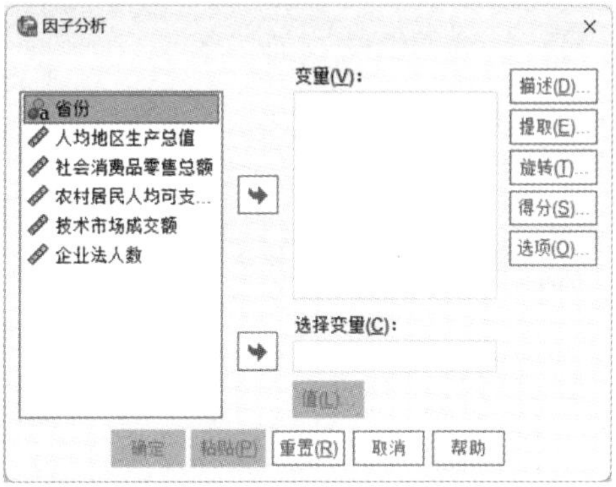

图8-1 "因子分析"对话框

（1）打开因子分析选项

在菜单栏中依次单击【分析】|【降维】|【因子】选项卡，打开如图8-1所示的"因子分析"对话框。

（2）选择分析变量

从源变量列表中选择需要进行因子分析的变量，然后单击箭头按钮将选中的变量选入"变量"列表中；如果不使用全部样本分析，可以从源变量列表中选择因子变量，然后单击箭头按钮将选中的变量选入"选择变量"列表中。

①"变量"列表

该列表框中的变量为要进行因子分析的目标变量，变量在区间或比率级别应该是定量变量。分类数据（例如：性别等）不适合因子分析。另外，可计算皮尔逊相关系数的数据应该适合因子分析。

②"选择变量"列表

该列表中的变量用来限定仅对含有指定个案的变量集进行因子分析。当用户决定对满足某个条件的变量进行分析时，可以在此指定选择变量，此时"值"按钮就会被激活。单击"值"按钮就会弹出如图8-2所示的对话框，在"选定变量值"输入框中输入指定的整数值，然后单击"继续"，则因子分析中仅使用具有该选择变量值的个案。

（3）设置相应选项

①"描述"按钮

单击"描述"按钮，弹出如图8-3所示的"因子分析：描述"对话框。

167

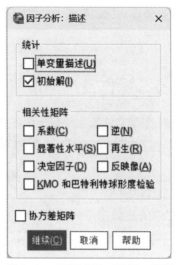

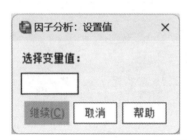

图 8-2 "因子分析：设置值"对话框　　图 8-3 "因子分析：描述"对话框

"因子分析：描述"对话框主要用于设定对原始变量的基本描述并对原始变量进行相关性分析。

a."统计"选项组。该选项组主要用于设定原始变量的基本描述和原始分析，包括：

·"单变量描述"复选框，选中表示输出每个变量的均值、标准差和有效个案数。

·"初始解"复选框，选中表示输出初始公因子方差、特征值（即协方差矩阵对角线上的元素）和已解释方差的百分比。

b."相关性矩阵"选项组。该选项组主要用于对输出的相关矩阵进行必要的设置，各复选框功能如表8-1所示。

表 8-1　相关矩阵选项组中复选框名称及功能

名称	功能
系数	选中表示输出原始变量之间的相关系数矩阵，如果相关系数矩阵中的大部分系数都小于0.3，即变量之间大多为弱相关，原则上不适合进行因子分析
显著性水平	选中表示输出相关系数矩阵中相关系数的单尾假设检验的概率值，相应的原假设是相关系数为0
决定因子	选中表示输出相关系数矩阵的行列式
逆	选中表示输出相关系数矩阵的逆矩阵
再生	选中表示输出从因子解估计的相关矩阵，还显示残差（估计相关性和观察相关性之间的差分）

168

名称	功能
反映像	选中表示输出反映像相关矩阵, 反映像相关矩阵包含偏相关系数的相反数, 而反映像协方差矩阵包含偏协方差的相反数, 在一个好的因子模型中, 对角线上的元素值比较接近1, 而大部分非对角线的元素将会很小, 其中反映像相关矩阵的对角线上的元素又称为变量的取样充分性标度 (MSA)
KMO和巴特利特球形度检验	其中KMO统计量用于比较变量间简单相关系数矩阵和偏相关系数的指标, KMO值越接近1表示越适合做因子分析, 而巴特利特球形检验的原假设为相关系数矩阵为单位阵, 如果Sig值拒绝原假设表示变量之间存在相关关系, 因此适合做因子分析

② "提取" 按钮

单击 "提取" 按钮, 弹出如图8-4所示的 "因子分析: 提取" 对话框。

"因子分析: 提取" 对话框主要用于设定提取公共因子的方法和公共因子的个数。

a. "方法" 下拉列表框。该列表框主要用于设定提取公共因子的方法, 各方法及其功能如表8-2所示。

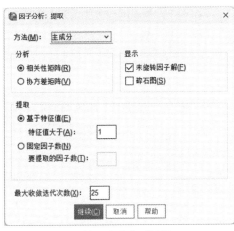

图8-4 "因子分析: 提取" 对话框

表8-2 "方法" 下拉列表框中的方法及其功能

方法名称	方法功能
主成分	该方法用于形成原始变量的不相关的线性组合, 其中第一个成分具有最大的方差, 后面的成分对方差的解释比例逐渐变小, 它们相互之间均不相关, 主成分分析用来获取最初因子解并且它可以在相关矩阵是奇异矩阵时使用
未加权最小平方	该方法可以使观察的相关系数矩阵和再生的相关系数矩阵之间的差的平方值之和最小
广义最小平方	该方法同未加权最小平方法, 但是相关系数要进行加权, 权重为它们单值的倒数, 这样单值高的变量, 其权重比单值低的变量小
极大似然	在样本来自多变量正态分布的情况下, 它生成的参数估计最有可能生成观察到的相关矩阵, 将变量单值的倒数作为权重对相关性进行加权, 并使用迭代算法
主轴因式分解	在初始相关系数矩阵中, 多元相关系数的平方放置于对角线上作为公因子方差的初始估计值, 然后这些因子载荷用来估计替换对角线中的旧公因子方差和估计值的新的公因子方差, 继续迭代, 直到某次迭代和下次迭代之间公因子方差的改变幅度能满足提取的收敛条件
Alpha因式分解	该方法将分析中的变量视为来自潜在变量全体的一个样本, 使因子的Alpha可靠性最大
映像因式分解法	该方法将变量的公共部分 (称为偏映像) 定义为其对剩余变量的线性回归, 而非假设因子的函数, 实际上是使用多元回归的方法提取因子

8

变量降维

169

b.“分析”选项组。该选项组用于指定相关性矩阵或协方差矩阵。

“相关性矩阵”单选按钮：选中表示以相关性矩阵作为提取公共因子的依据，当分析中使用不同的尺度测量变量时比较适合。

“协方差矩阵”单选按钮：选中表示以协方差矩阵作为提取公共因子的依据，当因子分析应用于每个变量具有不同方差的多个组时比较适用。

c.“显示”选项组。该选项组用于指定输出的因子解和特征值的碎石图。

“未旋转因子解”复选框：选中表示输出未旋转的因子载荷（因子模式矩阵）、公因子方差和因子解的特征值。

“碎石图”复选框：选中表示输出与每个因子相关联的特征值的图，图表用于确定应保持的因子个数，通常图表显示大因子的陡峭斜率和剩余因子平缓的尾部之间明显的中断（碎石）。

d.“提取”选项组。该选项组用于指定提取因子的数目。

基于特征值：表示提取特征值超过指定值的所有因子，在“特征值大于”输入框中指定值，一般为1。

固定因子数：表示保留特定数量的因子，在“要提取的因子”输入框中输入要保留因子的数目。

e.“最大收敛迭代次数”输入框。该输入框用于指定算法过程所采取的最大步骤数。系统默认为25次。

③“旋转”按钮

单击右侧“旋转”按钮，弹出如图8-5所示的“因子分析：旋转”对话框。

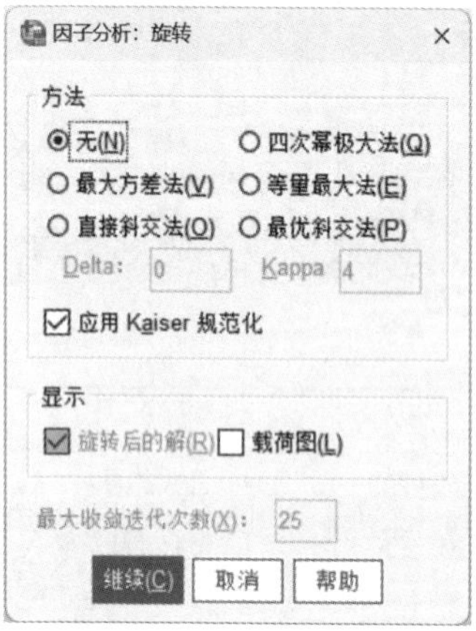

图8-5 “因子分析：旋转”对话框

“因子分析：旋转”对话框主要用于设定因子旋转的方法，进而可以命名因子。

a.“方法”选项组。该选项组主要用于设定因子旋转的方法。

·无：表示不进行任何因子旋转。

·最大方差法：是一种正交旋转方法，它使对每个因子有高负载的变量的数目达到最小，并简化了因子的解释。

·直接斜交法：是一种斜交旋转方法，当Delta等于0时，解是最斜交的，当Delta负得越厉害时，因子的斜交度越低，其中要覆盖缺省的Delta值0，可以

170

在下方"Delta"输入框中输入小于等于0.8的数。

· 四次幂极大法：又称为最大正交旋转法，该方法使得每个变量中需要解释的因子数目最少，可以简化对变量的解释。

· 等量最大法：该方法是最大方差法与最大四次方值法的结合，可以使高度依赖因子的变量的个数以及解释变量所需的因子的个数最少。

· 最优斜交法：该方法可使因子相关联，可比直接最小斜交旋转更快地计算出来，因此适用于大型数据集。

b."显示"选项组。该选项组主要用于指定是否输出旋转解和载荷图。

· 旋转后的解：该复选框只有在选择了旋转方法后才能选择，对于正交旋转会显示已旋转的模式矩阵和因子变换矩阵，对于斜交旋转会显示模式、结构和因子相关矩阵。

· 载荷图：表示输出前三个因子的三维因子载荷图，而对于双因子解，则显示二维图，如果只抽取了一个因子，则不显示图。

c."最大收敛迭代次数"输入框。该输入框用于指定算法执行旋转所采取的最大步骤数，同样系统默认为25次。

④"得分"按钮

单击"得分"按钮，弹出如图8-6所示的"因子分析：因子得分"对话框。"因子分析：因子得分"对话框主要用于计算因子得分。

a."保存为变量"复选框。该复选框用于对每个因子得分创建一个新变量，且只有选中该复选框才能进行"方法"的设定。

b."方法"选项组。该选项组主要用于计算因子得分的方法。

· 回归：该方法得到的因子得分的均值为0，方差等于估计的因子分数和真正的因子值之间的平方多相关性，其中即使因子是正交的，分数也可能相关。

· 巴特利特：尽管该方法所产生因子得分的均值为0，但使整个变量范围中所有唯一因子的平方和达到最小。

· 安德森-鲁宾：即修正的巴特利特方法，该方法确保被估计的因子的正交性所产生因子得分的均值为0，标准差为1，且不相关。

c."显示因子得分系数矩阵"复选框。该复选框主要用于输出因子得分的系数矩阵及因子得分之间的相关性矩阵。

⑤"选项"按钮

单击右侧"选项"按钮，弹出如图8-7所示的"因子分析：选项"对话框。

171

图 8-6　"因子分析：因子得分"对话框

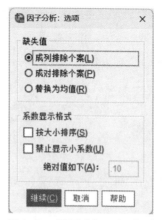

图 8-7　"因子分析：选项"对话框

"因子分析：选项"对话框主要用于设定对变量缺失值的处理和系数显示的格式。

a."缺失值"选项组。该选项组主要用于指定如何处理缺失值。

·成列排除个案：选中表示排除在任何分析中所用的任何变量有缺失值的个案。

·成对排除个案：选中表示从分析中排除变量对中有一个或两个缺失值的个案。

·替换为平均值：选中表示将缺失值用变量均值代替。

b."系数显示格式"选项组。该选项组主要用于指定系数矩阵的显示格式。

·按大小排序：选中表示按大小对系数矩阵进行排序。

·禁止显示小系数：选中表示只显示绝对值大于指定值的符合系数，可以在"绝对值如下"输入框中输入指定值，系统默认为0.10。

（4）分析结果输出

设置完毕后，单击"确定"按钮，就可以在SPSS Statistics查看器窗口得到因子分析的结果了。

8.2.3　案例：地区竞争力因子分析

（1）案例数据简介

下面收集整理一些衡量我国各省市综合发展情况的指标数据，包括：2020

年不同省份的人均地区生产总值、社会消费品零售总额、农村居民人均可支配收入、技术市场成交额、企业法人数，数据来源于《2021年中国统计年鉴》，下面将利用因子分析来提取公共因子，分析衡量发展因素的指标。

在SPSS的变量视图中，建立“省份”“人均地区生产总值”“社会消费品零售总额”“农村居民人均可支配收入”“技术市场成交额”和“企业法人数”6个变量，如图8-8所示。

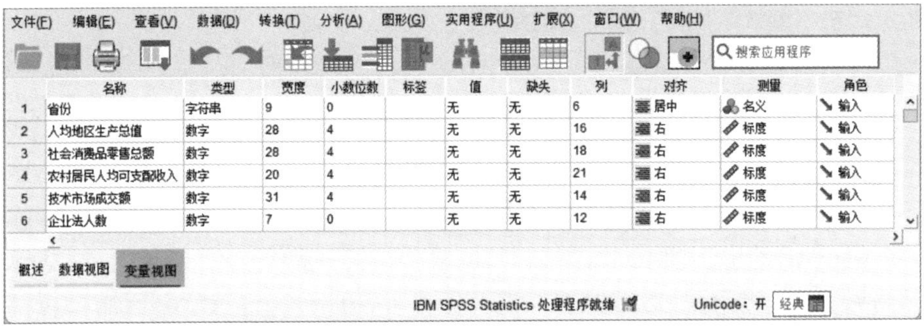

	名称	类型	宽度	小数位数	标签	值	缺失	列	对齐	测量	角色
1	省份	字符串	9	0		无	无	6	居中	名义	输入
2	人均地区生产总值	数字	28	4		无	无	16	右	标度	输入
3	社会消费品零售总额	数字	28	4		无	无	18	右	标度	输入
4	农村居民人均可支配收入	数字	20	4		无	无	21	右	标度	输入
5	技术市场成交额	数字	31	4		无	无	14	右	标度	输入
6	企业法人数	数字	7	0		无	无	12	右	标度	输入

图8-8　数据文件变量视图

在SPSS中，把相关数据输入到各个变量中，输入完毕后数据视图如图8-9所示。

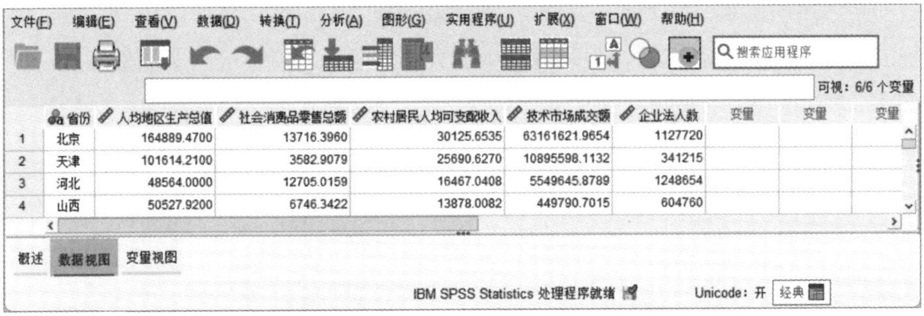

	省份	人均地区生产总值	社会消费品零售总额	农村居民人均可支配收入	技术市场成交额	企业法人数	变量	变量	变量
1	北京	164889.4700	13716.3960	30125.6535	63161621.9654	1127720			
2	天津	101614.2100	3582.9079	25690.6270	10895598.1132	341215			
3	河北	48564.0000	12705.0159	16467.0408	5549645.8789	1248654			
4	山西	50527.9200	6746.3422	13878.0082	449790.7015	604760			

图8-9　数据文件数据视图

（2）案例操作步骤

打开数据文件，进入SPSS Statistics数据编辑器窗口，在菜单栏中依次单击【分析】|【降维】|【因子】选项卡，将“人均地区生产总值”“社会消费品零售总额”“农村居民人均可支配收入”“技术市场成交额”和“企业法人数”变量选入“变量”列表。

单击“描述”按钮，选择“初始解”复选框和“KMO和巴特利特球形度检验"复选框，单击"继续"按钮，保存设置结果。

单击"提取"按钮，选择"碎石图"复选框，其他为系统默认选择，单击"继续"按钮，保存设置结果。

单击"旋转"按钮，选择"最大方差法"复选框，其他为系统默认选择，单击"继续"按钮，保存设置结果。

单击"得分"按钮，选择"保存为变量"和"显示因子得分系数矩阵"复选框，单击"继续"按钮，保存设置结果。

（3）案例结果分析

单击"确定"按钮，SPSS Statistics查看器窗口的输出结果如图8-10 ~图8-16所示。

图8-10给出了KMO和巴特利特的检验结果，其中KMO值越接近1表示越适合做因子分析，从该表可以得到KMO的值为0.586，表示比较适合做因子分析。巴特利特球形度检验的原假设为相关系数矩阵是单位阵，显著性小于0.001，因此拒绝原假设，说明变量之间存在相关关系，适合做因子分析。

图8-11给出了每个变量共同度的结果。表格数据表左侧表示每个变量可以被所有因素所能解释的方差，右侧表示变量的共同度。从该表可以得到，因子分析的变量共同度都非常高，表明变量中的大部分信息均能够被因子所提取，说明因子分析的结果是有效的。

公因子方差

	初始	提取
人均地区生产总值	1.000	.953
社会消费品零售总额	1.000	.956
农村居民人均可支配收入	1.000	.874
技术市场成交额	1.000	.709
企业法人数	1.000	.972

提取方法：主成分分析法。

KMO 和巴特利特检验

KMO 取样适切性量数。		.586
巴特利特球形度检验	近似卡方	142.306
	自由度	10
	显著性	<.001

图 8-10　KMO 和巴特利特的检验结果

图 8-11　变量共同度表

图8-12给出了因子贡献率的结果。该表中左侧部分为初始特征值，中间为提取主因子结果，右侧为旋转后的主因子结果。"总计"指因子的特征值，"方差百分比"表示该因子的特征值占总特征值的百分比，"累积%"表示累积的百分比。其中只有前两个因子的特征值大于1，并且前两个因子的特征值之和占总特征值的89.266%，因此，提取前两个因子作为主因子。

174

总方差解释

成分	初始特征值			提取载荷平方和			旋转载荷平方和		
	总计	方差百分比	累积 %	总计	方差百分比	累积 %	总计	方差百分比	累积 %
1	3.362	67.241	67.241	3.362	67.241	67.241	2.414	48.278	48.278
2	1.101	22.024	89.266	1.101	22.024	89.266	2.049	40.988	89.266
3	.404	8.079	97.344						
4	.091	1.828	99.172						
5	.041	.828	100.000						

提取方法：主成分分析法。

图 8-12　因子贡献率表

图8-13给出了未旋转的因子载荷。从中可以得到利用主成分方法提取的两个主因子的载荷值。为了方便解释因子含义，需要进行因子旋转。

图8-14给出了旋转后的因子载荷值，其中旋转方法采用的是凯撒正态化最大方差法。通过因子旋转，各个因子有了比较明确的含义。

成分矩阵[a]

	成分	
	1	2
人均地区生产总值	.849	-.482
社会消费品零售总额	.809	.549
农村居民人均可支配收入	.822	-.446
技术市场成交额	.827	-.161
企业法人数	.793	.586

提取方法：主成分分析法。

a. 提取了 2 个成分。

图 8-13　未旋转的因子载荷表

旋转后的成分矩阵[a]

	成分	
	1	2
人均地区生产总值	.959	.183
社会消费品零售总额	.261	.942
农村居民人均可支配收入	.915	.192
技术市场成交额	.734	.412
企业法人数	.225	.960

提取方法：主成分分析法。
旋转方法：凯撒正态化最大方差法。

a. 旋转在 3 次迭代后已收敛。

图 8-14　旋转的因子载荷表

图8-15给出了特征值的碎石图，通常图表显示大因子的陡峭斜率和剩余因子平缓的尾部，之间有明显的中断。一般选取主因子在非常陡峭的斜率上，而处在平缓斜率上的因子对变异的解释非常小。从图表可以看出前两个因子都处在非常陡峭的斜率上，而从第三个因子开始斜率变平缓，因此选择前两个因子作为主因子。

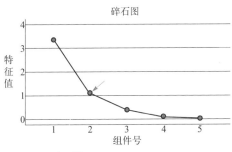

碎石图

图 8-15　碎石图

成分得分系数矩阵

	成分	
	1	2
人均地区生产总值	.476	-.170
社会消费品零售总额	-.139	.536
农村居民人均可支配收入	.448	-.150
技术市场成交额	.282	.048
企业法人数	-.165	.558

提取方法：主成分分析法。
旋转方法：凯撒正态化最大方差法。
组件得分。

图 8-16　成分得分系数矩阵

图8-16给出了成分得分系数矩阵，成分得分系数矩阵是计算因子得分的依据。另外，由因子得分可以进一步计算综合得分。

通过因子分析可以看出，每个因子只有少数几个指标的因子载荷较大，因此可将5个指标按高载荷分成两类：变量"人均地区生产总值""农村居民人均可支配收入""技术市场成交额"在第一个因子上载荷较大，可以将第一个因子命名为经济发展因子；"社会消费品零售总额""企业法人数"，在第二个因子上载荷较大，可以将其命名为社会发展因子。

8.3　主成分分析

8.3.1　主成分分析概述

主成分分析（PCA）是一种常用的数据降维技术，其主要目的是通过线性变换将高维数据映射到低维空间中，从而实现对数据的降维处理。在实际应用中，PCA可以被用来简化数据，减少冗余信息，提高数据处理的效率。此外，PCA还常被用来进行数据可视化，帮助人们更好地理解数据的内在结构。

PCA的核心思想是将原始数据转换为一组新的变量，这些新变量是原始数据中的线性组合。这些新变量被称为主成分，每个主成分都是原始数据中某些特征的线性组合。这些主成分按照其解释方差的大小排序，可以帮助我们理解数据中哪些特征对于数据的变异性贡献较大。

PCA的具体实现过程可以分为以下几个步骤：首先，对原始数据进行标准化处理，使得每个特征的均值为0，方差为1；然后，计算数据的协方差矩阵；接着，计算协方差矩阵的特征向量和特征值；最后，根据特征值的大小来选择前k个主成分，并将原始数据投影到这些主成分上。

总之，PCA是一种简单而有效的数据降维技术，可以帮助我们更好地理解数据的结构和特征，并提高数据处理的效率。在实际应用中，我们可以根据具体情况选择不同的PCA变体，并结合其他算法进行综合分析。

主成分分析的数学模型为：

$$z_1 = u_{11}X_1 + u_{12}X_2 + \cdots + u_{1p}X_p$$

$$z_2 = u_{21}X_1 + u_{22}X_2 + \cdots + u_{2p}X_p$$

$$\cdots$$

$$z_p = u_{p1}X_1 + u_{p2}X_2 + \cdots + u_{pp}X_p$$

式中，$z_1, z_2, \cdots, z_p$ 为 p 个主成分。

主成分分析的主要步骤如下。

① 对原有变量做坐标变换

$$z_1 = u_{11}x_1 + u_{21}x_2 + \cdots + u_{p1}x_p$$

$$z_2 = u_{12}x_1 + u_{22}x_2 + \cdots + u_{p2}x_p$$

$$\cdots$$

$$z_p = u_{1p}x_1 + u_{2p}x_2 + \cdots + u_{pp}x_p$$

其中：

$$u_{1k}^2 + u_{2k}^2 + \cdots + u_{pk}^2 = 1$$

$$\mathrm{var}(z_i) = U_i^2 D(x) = U_i'D(x)U_i$$

$$\mathrm{cov}(z_i, z_j) = U_i'D(x)U_j$$

② 提取主成分

z_1 称为第一主成分，其满足条件：

$$u_1'u_1 = 1$$

$$\mathrm{var}(z_1) = \mathrm{maxvar}(u'x)$$

z_2 称为第二主成分，其满足条件：

$$\mathrm{cov}(z_1, z_2) = 0$$

$$u_2'u_2 = 1$$

$$\mathrm{var}(z_2) = \mathrm{maxvar}(U'X)$$

其余主成分所满足的条件依此类推。

8.3.2 SPSS 操作及选项设置

在SPSS中，由于主成分分析模块被有机地嵌入了因子分析模块中，因此主成分分析必须利用因子分析的结果才能实现。本节对主成分分析的SPSS操作结合8.2节中的因子分析进行讲解。

（1）进行因子分析

在菜单栏中依次单击【分析】|【降维】|【因子】，打开"因子分析"对话框，

将需要进行主成分分析的变量选入"变量"列表中，所有选项卡中都执行系统默认选项，单击"确定"按钮，在SPSS Statistics查看器窗口中得到因子分析结果。

（2）计算特征向量矩阵

因子分析结果中的主因子数目决定了主成分分析中的主成分数目。

① 新建一个数据文件，确定第一步因子分析"成分矩阵"中得到的主因子的数目，在新数据文件中定义相同数量的新变量（如"V1""V2"），然后将所得"成分矩阵"中的因子载荷分别输入新数据文件定义的新变量中，如图8-17所示。

V1	V2
0.849	-0.482
0.809	0.549
0.822	-0.446
0.827	-0.161
0.793	0.586

图 8-17　按因子结果定义的新变量

F1	F2
0.463	-0.263
0.441	0.299
0.448	-0.243
0.451	-0.088
0.432	0.320

图 8-18　特征向量矩阵

② 定义特征向量的名称（如"F1"），输入"新变量名称/SQRT（第一步因子分析中相应主因子的初始特征值）"，如输入"V1/SQRT(3.362)"。最后单击"确定"按钮，就可以在新数据文件的数据编辑器窗口得到一个特征向量。一般有几个主因子就要定义几个特征变量，最终得到如图8-18所示的特征向量矩阵。

（3）计算主成分矩阵

① 对第一步中参与因子分析的原始变量进行标准化，在原数据文件数据编辑器窗口中，依次选择【分析】|【描述统计】|【描述】选项，打开如图8-19所示的"描述"对话框，然后将参与因子分析的原始变量都选入"变量"列表，并选中"将标准化值另存为变量"复选框，最后单击"确定"按钮，就可以得到如图8-20所示的标准化后的变量了。

图 8-19　"描述"对话框

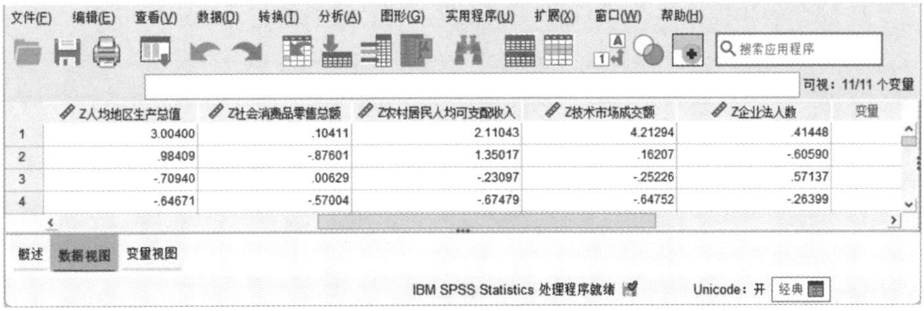

	Z人均地区生产总值	Z社会消费品零售总额	Z农村居民人均可支配收入	Z技术市场成交额	Z企业法人数	变量
1	3.00400	.10411	2.11043	4.21294	.41448	
2	.98409	-.87601	1.35017	.16207	-.60590	
3	-.70940	.00629	-.23097	-.25226	.57137	
4	-.64671	-.57004	-.67479	-.64752	-.26399	

图 8-20 标准化后的变量

② 从特征向量矩阵可以得到主成分的计算公式：

$$z_1 = 0.463x_1 + 0.441x_2 + 0.448x_3 + 0.451x_4 + 0.432x_5$$

$$z_2 = -0.263x_1 + 0.299x_2 - 0.243x_3 - 0.088x_4 + 0.320x_5$$

其中，上式中的x为因子分析中的原始变量标准化后的变量，z_i为主成分。打开数据编辑器窗口选择【转换】|【计算变量】，打开“计算变量”对话框，在“目标变量”和“数字表达式”文本框中依次输入上述公式，分别单击“确定”按钮，就可以得到主成分分析的结果了。

8.3.3 案例：地区竞争力主成分分析

（1）案例数据简介

本案例继续利用上一节中的我国各省市综合发展情况的指标数据，包括2020年不同省份的人均地区生产总值、社会消费品零售总额、农村居民人均可支配收入、技术市场成交额、企业法人数。

（2）案例操作步骤

打开数据文件，进入SPSS Statistics数据编辑器窗口，在菜单栏中依次单击【分析】|【降维】|【因子】选项，然后将“人均地区生产总值”“社会消费品零售总额”“农村居民人均可支配收入”“技术市场成交额”和“企业法人数”变量选入“变量”列表，单击“确定”按钮。

定义两个新变量“V1”和“V2”，并在数据编辑窗口将成分矩阵中的因子载荷分别输入“V1”和“V2”变量中。在“目标变量”文本框中输入“F1”，然后在数字表达式中输入"v1/SQRT(3.327)"，最后单击"确定"按钮。按此步骤，依次完成变量"F2"的计算，就会得到特征向量矩阵。

在数据编辑器窗口，对"人均地区生产总值""社会消费品零售总额""农村居民人均可支配收入""技术市场成交额"和"企业法人数"变量进行标准化。然后在数据编辑器窗口中选择【转换】|【计算变量】，打开"计算变量"对话框，在对话框中依次输入等式：

$$z_1 = 0.463Z_{\text{人均地区生产总值}} + 0.441Z_{\text{社会消费品零售总额}} + 0.448Z_{\text{农村居民人均可支配收入}} +$$
$$0.451Z_{\text{技术市场成交额}} + 0.432Z_{\text{企业法人数}}$$

$$z_2 = -0.263Z_{\text{人均地区生产总值}} + 0.299Z_{\text{社会消费品零售总额}} - 0.243Z_{\text{农村居民人均可支配收入}} -$$
$$0.088Z_{\text{技术市场成交额}} + 0.320Z_{\text{企业法人数}}$$

分别单击"确定"按钮。

（3）案例结果分析

单击"确定"按钮，在SPSS数据编辑器窗口就可以得到如图8-21所示的两个主成分变量。

z1	z2
4.46	-1.51
.49	-1.06
-.30	.45
-1.26	.14
-.98	-.33
-.55	-.05
-1.31	-.25
-1.40	-.11

图 8-21　主成分变量

图8-21给出了由因子分析结果计算出来的两个主成分变量。图中的每个主成分变量都是原始变量标准化后的线性组合，并且每个主成分变量与其他主成分变量无相关性，其中第一主成分解释的方差比率最大。但是由于主成分变量都是所有原始变量的线性组合，所以很难定义每个主成分的具体含义，只能达到降维的效果，这是其相对于因子分析的劣势。

180

9

时间序列分析

时间序列分析是一种动态数据处理的统计方法，它不同于一般的经济计量模型，其不以经济理论为依据，而是依据变量自身的变化规律，利用外推机制描述时间序列的变化。时间序列模型在处理的过程中必须明确考虑时间序列的非平稳性和季节性波动等问题，在SPSS中提供了多种进行时间序列分析的方法，本章将介绍这些方法。

9.1 时序数据的预处理

9.1.1 SPSS 定义时间变量

在SPSS中进行时间序列分析时，需要将日期和时间变量正确地定义为时间序列变量，因为时间序列分析是基于时间的数据分析方法，需要按照时间顺序对数据进行分析和建模，否则SPSS不会将数据自动识别为时间序列数据，而是作为普通数据进行处理。

定义时间变量的具体步骤如下。

（1）打开定义日期和时间选项

在菜单栏中选择【数据】|【定义日期和时间】选项，打开如图9-1所示的"定义日期"对话框。

（2）相应选项设置

在"定义日期"对话框的"个案是"列表中选择要定义的时间格式，然后在"第一个个案是"中定义数据开始的具体时间，如年、季度、周、小时等。

个案是：该列表框提供了19种不同的日期格式，包括年份、季度、月份、日、星期、工作日、小时、分钟等，可自由选择。如需要分析的时间序列为跨年度的季度时间序列，则选择"年份、季度"即可。

第一个个案是：该选项组用于定义时间变量的起始日期。一旦选中"个案是"中的选项，则会在此显示相应的时间格式。

如在"个案是"中选择"年，月"，则显示如图9-2所示的对话框。

在"年"和"月"文本框中输入数据开始的具体年份和月份，然后单击"确定"就可以完成时间变量的定义。定义完毕后，SPSS Statistics的数据视图中就会出现定义的时间变量。这里，"更高级别的周期长度"显示该时间格式下的周期。

9.1.2 SPSS 时序数据平稳化处理

打开相应的数据文件或者建立一个数据文件后，可以在SPSS Statistics数据编辑器窗口中对时间序列数据进行平稳化。

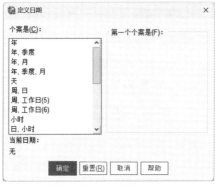

图 9-1　选择要定义的时间格式

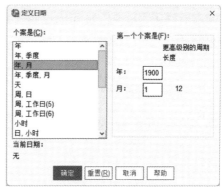

图 9-2　定义数据的起始时间

（1）打开创建时间序列选项

在菜单栏中选择【转换】|【创建时间序列】选项，打开如图9-3所示的"创建时间序列"对话框。

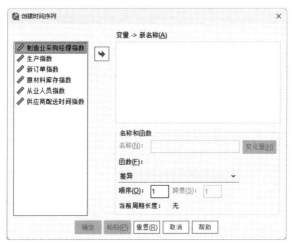

图 9-3　"创建时间序列"对话框

（2）选择分析变量

从源变量列表中选择需要进行平稳化处理的变量，然后单击向右的箭头按钮，将选中的变量选入"变量->新名称"列表中。进入"变量->新名称"列表中的变量显示为"新变量名称＝平稳函数(原变量名称 顺序)"。

183

（3）相应选项设置

在"名称和函数"中可以对平稳处理后生成的新变量重命名并选择平稳化处理的方法，设置完毕后单击"变化量"按钮就完成了新变量的命名和平稳化处理方法的选择。

SPSS提供了9种平稳处理的方法，各选项及功能如表9-1所示。

表9-1 "函数"下拉列表框中的选项及功能

方法	功能
差异	指对非季度数据进行差分处理。其中，一阶差分即数据前一项减去后一项得到的值，因此一阶差分会损失第一个数据。同理，n阶差分会损失前n个数据。在"顺序"文本框中输入差分的阶数。差分是时间序列非平稳数据平稳处理的最常用的方法，特别是在ARIMA模型中
季节性差异	指对季节数据进行差分处理。其中，一阶差分指该年份的第n季度的数据与下一年份第n季度的数据做差。由于每年有四个季节，因此m阶差分就会损失m个数据
中心移动平均值	指以当期值①为中心取指定跨度内的均值，在"跨度"文本框中指定取均值的范围。该方法比较适用于正态分布的数据
前移动平均值	指取当期值以前指定跨度内的均值，在"跨度"文本框中指定取均值的范围
运行中位数	指以当期值为中心取指定跨度内的中位数，在"跨度"文本框中指定取中位数的范围。其中，该方法与中心移动平均方法可互为替代
累计求和	表示以原数据的累计求和值代替当期值
延迟	表示以原始数据滞后值代替当期值，在"顺序"文本框中指定滞后阶数
提前	表示以原始数据提前值代替当期值，在"顺序"文本框中指定提前阶数
平滑	表示对原数据进行T4253H方法的平滑处理。该方法首先对原数据依次进行跨度为4、2、5、3的中心移动平均处理，然后以Hanning为权重再做移动平均处理，得到一个平滑时间序列

① 当期值，就是当前时期的数值。

设置完毕后，单击"确定"按钮，就可以在SPSS Statistics数据视图和查看器窗口得到平稳处理的结果了。

9.1.3 案例：制造业 PMI 数据预处理

下面将以数据文件"制造业采购经理指数.xlsx"为例，说明时间序列数据平稳处理的具体操作过程并对结果进行说明解释。

采购经理指数（PMI）是国际上通行的宏观经济监测指标体系之一，对国家经济活动的监测和预测具有重要作用。PMI涵盖着生产与流通、制造业与非制造业等领域，分为制造业 PMI、服务业 PMI 等。制造业 PMI 指数在 50% 以上，反映制造业总体扩张；低于 50%，通常反映制造业衰退。2023 年 10 月，制造业 PMI 为 49.5%，比上月下降 0.7 个百分点，降至收缩区间，制造业景气水平有所回落。

（1）案例数据简介

数据文件"制造业采购经理指数.xlsx"记录了从 2005 年 1 月～2023 年 10 月中国制造业采购经理指数及 5 个分类指数，包括生产指数、新订单指数、原材料库存指数、从业人员指数和供应商配送时间指数，数据来源于国家统计局网站。

在 SPSS 的变量视图中，建立"制造业采购经理指数""生产指数""新订单指数""原材料库存指数""从业人员指数"和"供应商配送时间指数"等 6 个变量，如图 9-4 所示。

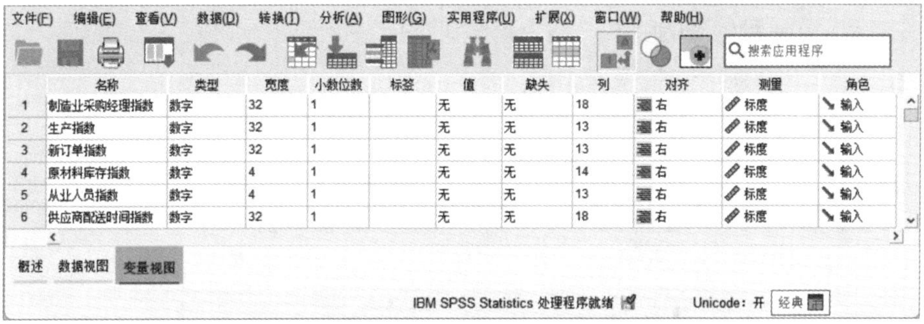

图 9-4　数据文件变量视图

在 SPSS 中，把相关数据输入到各个变量中，输入完毕后数据视图如图 9-5 所示。

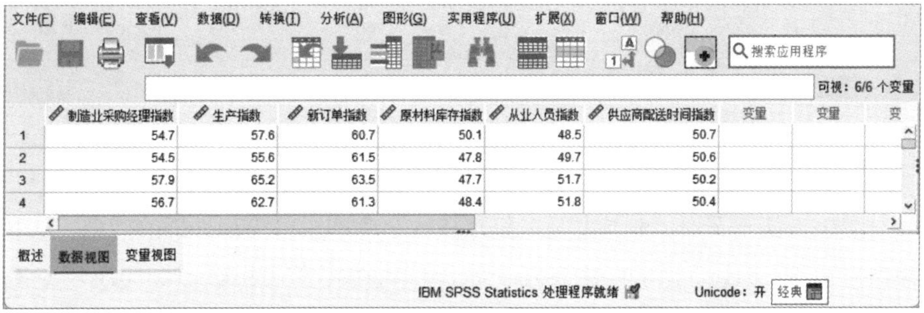

图 9-5　数据文件数据视图

185

（2）案例操作步骤

打开数据文件，进入SPSS Statistics数据编辑器窗口，在菜单栏中选择【数据】|【定义日期和时间】选项，打开"定义日期"对话框，在"个案是"列表框中选择"年，月"，然后在"第一个个案是"选项组中的"年"和"月"文本框中输入数据开始的具体年份2005和月份1，然后单击"确定"，完成时间变量的定义。

在菜单栏中选择【转换】|【创建时间序列】选项，打开"创建时间序列"对话框，将"制造业采购经理指数"变量选入"变量->新名称"列表中，在函数下拉列表框中选择"差异"，单击"确定"按钮。

（3）案例结果分析

单击"确定"按钮后，在SPSS Statistics数据视图和查看器窗口得到时间变量定义和平稳处理的结果，如图9-6和图9-7所示。

创建的序列

	序列名称	非缺失值的个案编号		有效个案数	创建函数
		第一个	最后一个		
1	制造业采购经理指数_1	2	226	225	DIFF(制造业采购经理指数,1)

图 9-6　创建的序列

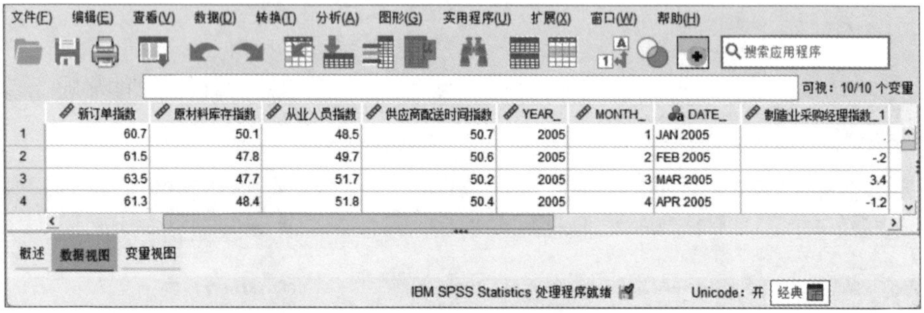

图 9-7　数据视图中的处理结果

图9-6给出了对"制造业采购经理指数"序列进行平稳处理的信息。从图表可以知道平稳处理后的新序列名称为"制造业采购经理指数_1"，该序列含有1个缺失值，有效个案为225个，平稳处理的方法是DIFF，即一阶差分方法。

图9-7给出了时间变量定义和对"制造业采购经理指数"一阶差分在SPSS

Statistics数据视图中的处理结果。从图表可以看到，"DATE_"序列即新定义的时间变量序列，"制造业采购经理指数_1"序列就是对"制造业采购经理指数"序列进行差分平稳处理后生成的新序列。由于采用的是一阶差分方法，因此"制造业采购经理指数_1"序列的第1个值是缺失的。

9.2　指数平滑法

9.2.1　指数平滑法概述

指数平滑法是一种常用的时间序列预测方法，它主要用于对未来的趋势进行预测。该方法通过对历史数据进行加权平均，来预测未来的数据走势。指数平滑法的核心在于加权平均的权重系数，权重系数越大，历史数据对未来的影响就越大。

指数平滑法的基本思想是将历史数据进行加权平均，使最近的数据对预测结果的影响更大。该方法假设未来的数据是由历史数据加上一个随机误差项组成的，随机误差项服从正态分布。

指数平滑法可以分为简单指数平滑法和双重指数平滑法两种。简单指数平滑法只考虑了一阶指数平滑，即对历史数据进行加权平均，没有考虑趋势的变化。而双重指数平滑法则考虑了趋势的变化，通过对历史数据进行加权平均和趋势的估计，来预测未来的数据走势。

按照模型参数的不同，指数平滑的形式可以分为一次指数平滑法、二次指数平滑法、三次指数平滑法。其中一次指数平滑法针对没有趋势和季节性的序列，二次指数平滑法针对有趋势但是没有季节特性的时间序列，三次指数平滑法则可以预测具有趋势和季节性的时间序列。术语"Holt-Winter"指的是三次指数平滑。

◯（1）一次指数平滑法

指数平滑法是一种结合当前信息和过去信息的方法，新旧信息的权重由一个可调整的参数控制，各种变形的区别之处在于其"混合"过去信息量的多少和参数的个数。

常见的有单指数平滑、双指数平滑。它们都只有一个加权因子，但是双指数平滑使用相同的参数将单指数平滑进行两次，适用于有线性趋势的序列。单指数平滑实质上就是自适应预期模型，适用于序列值在一个常数均值上下随机波动的情况和无趋势及季节要素的情况，单指数平滑的预测对所有未来的观测值都是常数。

一次指数平滑的递推关系公式如下：

$$s_i = \alpha x_i + (1-\alpha)s_{i-1}$$

式中，s_i是第i步经过平滑的值；x_i是这个时间的实际数据；α是加权因子，取值范围为[0,1]，它控制着新旧信息之间的权重平衡。当α接近1时，我们就只保留当前数据点(即完全没有对序列做平滑操作)，当α接近0时，我们只保留前面的平滑值，整个曲线是一条水平的直线。在该方法中，越早的平滑值作用越小，从这个角度看，指数平滑法像拥有无限记忆且权值呈指数级递减的移动平均法。

一次指数平滑法的预测公式为：

$$x_{i+k} = s_i$$

因此，一次指数平滑法得到的预测结果在任何时候都是一条直线，并不适合于具有总体趋势的时间序列，如果用来处理有总体趋势的序列，平滑值将滞后于原始数据，除非α的值非常接近1，但这样会使序列不够平滑。

◯（2）二次指数平滑法

二次指数平滑法保留了平滑信息和趋势信息，使模型可以预测具有趋势的时间序列。二次指数平滑法有两个等式和两个参数：

$$s_i = \alpha x_i + (1-\alpha)(s_{i-1} + t_{i-1})$$
$$t_i = \beta(s_i - s_{i-1}) + (1-\beta)t_{i-1}$$

t_i代表平滑后的趋势，当前趋势的未平滑值是当前平滑值s_i和上一个平滑值s_{i-1}的差，s_i为当前平滑值，是在一次指数平滑基础上加入了上一步的趋势信息t_{i-1}，利用这种方法做预测，就取最后的平滑值，然后每增加一个时间步长，就在该平滑值上增加一个t_i，公式如下：

$$x_{i+h} = s_i + ht_i$$

在计算的形式上这种方法与三次指数平滑法类似，因此，二次指数平滑法也

188

被称为无季节性的Holt-Winter平滑法。

 （3）三次指数平滑法

三次指数平滑法相比二次指数平滑法，增加了第三个量来描述季节性，累加式季节性对应的等式为：

$$s_i = \alpha(x_i - p_{i-k}) + (1-\alpha)(s_{i-1} + t_{i-1})$$
$$t_i = \beta(s_i - s_{i-1}) + (1-\beta)t_{i-1}$$
$$p_i = \gamma(x_i - s_i) + (1-\gamma)p_{i-k}$$
$$x_{i+h} = s_i + ht_i + p_{i-k+h}$$

累乘式季节性对应的等式为：

$$s_i = \alpha \times \frac{x_i}{p_{i-k}} + (1-\alpha)(s_{i-1} + t_{i-1})$$
$$t_i = \beta(s_i - s_{i-1}) + (1-\beta)t_{i-1}$$
$$p_i = \gamma \times \frac{x_i}{s_i} + (1-\gamma)p_{i-k}$$
$$x_{i+h} = s_i + ht_i + p_{i-k+h}$$

式中，p_i为周期性的分量，代表周期的长度；x_{i+h}为模型预测的等式。

截至目前，指数平滑法已经在零售、医疗、消防、房地产和民航等行业得到了广泛应用，例如对于商品零售，可以利用二次指数平滑系数法优化马尔科夫预测模型等。

下面结合案例介绍指数平滑法的原理，假设2023年7月份前10天进店消费的客户数据为：[12,15,13,16,14,17,15,18,16,19]。

我们想要使用指数平滑法对这组数据进行预测。首先，我们需要选择一个平滑系数alpha，通常在0 ~ 1之间选择一个合适的值。这里我们选择alpha为0.5。

接下来，我们需要计算出初始值S_1，这里我们可以选择取数据中的第一个值，即S_1=12。然后，我们使用以下公式计算出预测值F_2：

$$F_2 = \text{alpha} \times S_2 + (1-\text{alpha}) \times S_1$$

这里的alpha是平滑系数，S_2是第二个数据点的值15，S_1是初始值。根据上面的数据，我们可以得到：

$$F_2 = 0.5 \times 15 + 0.5 \times 12 = 13.5$$

接下来，我们可以使用同样的方法计算出预测值F_3、F_4，以此类推。具体公式如下：

$$F_t = alpha \times data[t] + (1-alpha) \times F_t - 1$$

式中，t 表示当前数据点的索引，F_t-1 表示上一个预测点的值。

9.2.2　SPSS 操作及选项设置

在SPSS Statistics数据编辑器窗口中建立指数平滑法的案例主要操作步骤如下。

（1）打开创建传统模型选项

在菜单栏中选择【分析】|【时间序列预测】|【创建传统模型】选项，打开如图9-8所示的"时间序列建模器"对话框。

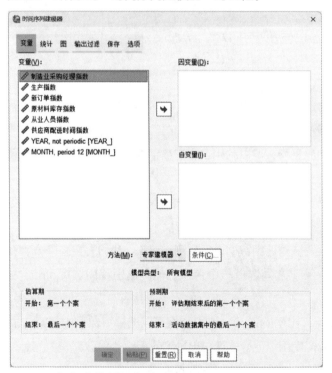

图9-8　"时间序列建模器"对话框

（2）选择分析变量

从源变量列表中选择建立指数平滑法的因变量，选入"因变量"列表中。"因变量"和"自变量"列表中的变量必须为数值型的标度变量。

在"方法"下拉列表框中选择"指数平滑"，然后单击"条件"按钮，弹出如图9-9所示的"时间序列建模器：指数平滑条件"对话框。

图9-9 "时间序列建模器：指数平滑条件"对话框

"时间序列建模器：指数平滑条件"对话框用于设定指数平滑法的类型和因变量的形式。包括两个选项组。

①"模型类型"选项组

该选项组用于设定指数平滑法的类型，包括"非季节性"和"季节性"两大类模型。

非季节性的指数平滑法有4种形式。

·简单：选中该单选按钮表示使用简单指数平滑法，该模型适用于没有趋势或季节性的序列，其唯一的平滑参数是水平，且与 ARIMA 模型极为相似。

·霍尔特线性趋势：表示使用霍尔特线性趋势模型，该模型适用于具有线性趋势且没有季节性的序列，其平滑参数是水平和趋势，不受相互之间值的约束。霍尔特模型比下面介绍的布朗模型更通用，但在计算大序列时花的时间更长。

·布朗线性趋势：表示使用布朗线性趋势模型，该模型适用于具有线性趋势且没有季节性的序列，其平滑参数是水平和趋势，并假定二者等同。

·衰减趋势：表示使用阻尼指数平滑方法，此模型适用于具有线性趋势的序列，且该线性趋势正逐渐消失并且没有季节性，其平滑参数是水平、趋势和阻尼趋势。

季节性的指数平滑法有3种形式。

·简单季节性：该模型适用于没有趋势并且季节性影响随时间变动保持恒定

191

的序列，其平滑参数是水平和季节。

·温特斯加性：该模型适用于具有线性趋势且不依赖于序列水平的季节性效应的序列，其平滑参数是水平、趋势和季节。

·温特斯乘性：该模型适用于具有线性趋势和依赖于序列水平的季节性效应的序列，其平滑参数是水平、趋势和季节。

②"因变量转换"选项组

该选项组用于对因变量进行转换设置，有3个选项。

·无：表示在指数平滑法中使用因变量的原始数据。

·平方根：表示在指数平滑法中使用因变量的平方根。

·自然对数：表示在指数平滑法中使用因变量的自然对数。

其中，"平方根"和"自然对数"要求原始数据必须为正数。

（3）相应选项设置

①"统计"设置

单击"统计"标签，打开如图9-10所示的"时间序列建模器"对话框的"统计"选项卡部分。

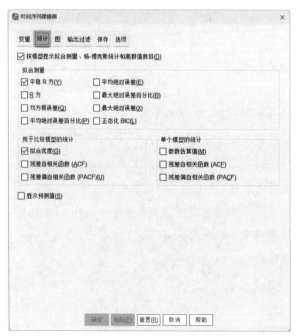

图9-10 "统计"选项卡

"统计"选项卡部分主要用于设定输出的统计量。

a."按模型显示拟合测量、杨-博克斯统计和离群值数目"复选框。该复选框表示输出模型的拟合标度、杨-博克斯统计量和离群值的数量，且只有选中该复选框，"拟合测量"选项组才会激活。

b."拟合测量"选项组。该选项组用于指定输出拟合测量的统计量表，具体包括8种统计量。

·平稳R方：表示输出平稳R方统计量，该统计量用于比较模型中的固定成分和简单均值模型的差别，取正值时表示模型要优于简单均值模型。

·R方：表示输出模型的R方统计量，该统计量表示模型所能解释的数据变异占总变异的比例。其中，当时间序列含有趋势或季节成分时，平稳R方统计量要优于R方统计量。

·均方根误差：表示输出模型的均方误差统计量，该统计量衡量模型预测值与原始值的差异大小，即残差的标准差，标度单位与原数据一致。

·平均绝对误差百分比：表示输出平均绝对误差百分比统计量，该统计量类似于均方误差统计量，但该统计量无标度单位，可用于比较不同模型的拟合情况。

·平均绝对误差：表示输出模型的平均绝对误差统计量。

·最大绝对误差百分比：表示输出模型的最大绝对误差百分比统计量，即以比例形式显示最大的预测误差。

·最大绝对误差：表示输出模型的最大绝对误差统计量。"最大绝对误差百分比"和"最大绝对误差"主要用于关注模型单个记录预测误差的情况。

·正态化BIC：表示输出标准的BIC统计量，该统计量基于均方误差统计量，并考虑了模型的参数个数和序列数据个数。

c."用于比较模型的统计"选项组。该选项组用于设定输出比较模型的统计量，有3个选项。

·拟合优度：表示将每个模型拟合优度的统计量显示到一张表格中进行比较。

·残差自相关函数（ACF）：表示输出模型的残差序列的自相关函数及百分位点。

·残差偏自相关函数（PACF）：表示输出模型的残差序列的偏相关函数及百分位点。

193

d."单个模型的统计"选项组。该选项组用于对个别模型设定输出统计量。

·参数估算值：表示输出模型的参数估计值表。

·残差自相关函数（ACF）：表示输出模型的残差序列的自相关函数及置信区间。

·残差偏自相关函数（PACF）：表示输出模型的残差序列的偏相关函数及置信区间。

e."显示预测值"复选框。选择该复选框表示显示模型的预测值及其置信区间。

② "图"设置

单击"图"标签，打开如图9-11所示的"时间序列建模器"对话框的"图"选项卡部分。

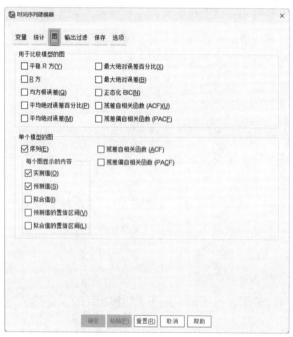

图9-11　"图"选项卡

"图"选项卡部分主要用于设定输出模型拟合统计量、自相关函数，以及序列值（包括预测值）的图。包括两个选项组。

a."用于比较模型的图"选项组。该选项组用于设定输出所有模型的拟合统计量和自相关函数的图，每个选项分别生成单独的图。可输出图表的统计量有：

平稳R方、R方、均方根误差、平均绝对误差百分比、平均绝对误差、最大绝对误差百分比、最大绝对误差、正态化BIC、残差自相关函数（ACF）以及残差偏自相关函数（PACF）。

b. "单个模型的图"选项组。该选项组用于设定输出单个模型的拟合统计量和自相关函数的图。只有选择"序列"复选框方可获取每个模型的预测值的图，图中所显示的内容包括实测值、预测值、拟合值、预测值的置信区间、拟合值的置信区间、残差自相关函数（ACF）以及残差偏自相关函数（PACF）。

③ "输出过滤"设置

单击"输出过滤"标签，打开如图9-12所示的"时间序列建模器"对话框的"输出过滤"选项卡部分。

图9-12　"输出过滤"选项卡

"输出过滤"选项卡部分主要用于设定输出的模型。

a. "在输出中包括所有模型"单选按钮：表示输出结果中包含所有设定的模型。

b. "根据拟合优度过滤模型"单选按钮：表示仅输出满足设定的拟合优度条件的模型。只有在选中该单选按钮的情况下，"显示"选项组才会被激活。

"显示"选项组用于设定输出模型所满足的拟合优度条件。其中选项含义如下。

·最佳拟合模型：选择该复选框表示输出拟合优度最好的模型，可以设定满足条件的模型的数量或百分比。

选择"模型的固定数目"表示输出固定数量的拟合优度最好的模型，在"数量"文本框中指定模型的数目。

选择"占模型总数的百分比"表示输出一定比例于总数的拟合优度最好的模型，在"百分比"文本框中指定输出的百分比。

·最差拟合模型：选择该复选框表示输出拟合优度最差的模型，可以设定满足条件的模型的数量或百分比。

选择"模型的固定数目"表示输出固定数量的拟合优度最差的模型，同样在"数量"文本框中指定模型的数目。

选择"占模型总数的百分比"表示输出一定比例于总数的拟合优度最差的模型，并在"百分比"文本框中指定输出的百分比。

·拟合优度测量：该下拉列表框用于指定衡量拟合优度的具体统计量，含有平稳R方、R方、均方根误差、平均绝对误差百分比、平均绝对误差、最大绝对误差百分比、最大绝对误差以及正态化BIC统计量。

④"保存"设置

单击"保存"标签，打开如图9-13所示的"时间序列建模器"对话框的"保存"选项卡部分。

"保存"选项卡部分主要用于将模型预测值另存为活动数据文件中的新变量，也可以将模型规格以XML格式保存到外部文件中。包括两个选项组。

a."保存变量"选项组。该选项组用于将模型预测值、置信区间上下限和残差另存为活动数据集中的新变量。

在"描述"列表中有四类保存对象：预测值、置信区间下限、置信区间上限和噪声残值。选中每一类保存对象后面的"保存"复选框就可以保存新变量。只有选择"保存"复选框后，"变量名前缀"方可被激活并可更改。另外，如果预测期超出了该因变量序列的长度，则增加新个案。

b."导出模型文件"选项组。该设置用于将所有估计模型的模型规格都以XML格式或者是PMML文件导出到指定的文件中，可以在输入框中指定文件路径，或者单击"浏览"按钮打开指定文件路径保存文件。

图 9-13　"保存"选项卡内容

⑤"选项"设置

单击"选项"标签，打开如图9-14所示的"时间序列建模器"对话框的"选项"选项卡部分。

"选项"选项卡部分主要用于设置预测期、用户缺失值的处理方法，设置置信区间宽度、输出中的模型标识前缀，以及设置为自相关和偏自相关的延迟最大阶数。

a."预测期"选项组。该选项组主要用于设定预测期间，预测范围共有两种。

·评估期结束后的第一个个案到活动数据集中的最后一个个案：选择该单选按钮，表示预测范围从模型估计期所用的最后一个数据开始到活动数据集中的最后一个个案为止。一般当估计模型所用的数据并非全部数据时选择此项，以便将模型预测值与实际值进行比较，进而评估模型的拟合情况。

·评估期结束后的第一个个案到指定日期之间的个案：选择该单选按钮，表示预测范围从模型估计期所用的最后一个数据开始到用户指定的预测期为止，常用来预测超过当前数据集的时间范围的个案。在"日期"列表中指定预测范围

197

的最终日期。如果已经定义了时间变量，"日期"列表中就会显示定义的日期格式；如果没有定义时间变量，"日期"列表中仅会显示"实测"输入框，只需要在"观测值"中输入相应的记录号。

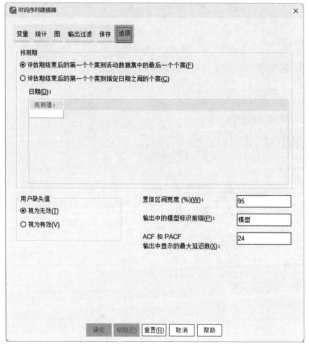

图 9-14　"选项"选项卡

　　b."用户缺失值"选项组。该选项组用于指定缺失值的处理方法。

　　·视为无效：选中该单选按钮表示把缺失值当作系统缺失值处理，视为无效数据。

　　·视为有效：选中该单选按钮表示把缺失值视为有效数据。

　　c."置信区间宽度"输入框。该输入框用于指定模型预测值和残差自相关的置信区间，输入范围为0～99的任何整数，系统默认95%的置信区间。

　　d."输出中的模型标识前缀"输入框。该输入框用于指定模型标识前缀。"变量"选项卡上指定的每个因变量都可带来一个单独的估计模型，且模型都用唯一名称区别，名称由可定制的前缀和整数后缀组成。

　　e."ACF和PACF输出中显示的最大延迟数"输入框。该输入框用于指定自相关函数和偏相关函数的最大阶数。

　　设置完毕后，单击"确定"按钮，就可以在SPSS Statistics数据视图和查看器窗口得到指数平滑法建模的结果了。

9.2.3 案例：利用指数平滑法预测制造业PMI

○ （1）案例数据简介

本节利用指数平滑法对"制造业采购经理指数.xlsx"进行拟合，以消除非正常波动，得到制造业采购经理指数在未来月份的稳定长期走势。

○ （2）案例操作步骤

打开数据文件，进入SPSS Statistics数据编辑器窗口，在菜单栏中选择【数据】|【定义日期和时间】选项，打开"定义日期"对话框，在"个案是"列表框中选择"年，月"，然后在"第一个个案是"选项组中的"年"和"月"文本框中输入数据开始的具体年份2005和月份1，然后单击"确定"，完成时间变量的定义。

在菜单栏中选择【分析】|【时间序列预测】|【创建传统模型】选项，打开"时间序列建模器"对话框，将"制造业采购经理指数"变量选入"因变量"列表中，在"方法"下拉列表框中选择"指数平滑法"。

单击"条件"按钮，打开"时间序列建模器：指数平滑条件"对话框，选中"简单季节性"和"自然对数"选项，然后单击"继续"按钮，保存设置。

单击"统计"标签，选择"参数估算值"和"显示预测值"复选框。

单击"保存"标签，选择"预测值""置信区间下限"和"置信区间上限"的保存复选框。

单击"选项"标签，选择"评估期结束后的第一个个案到指定日期之间的个案"复选框，然后在"年"和"月"文本框中输入数据结束的具体年份2024和月份6。

单击"确定"按钮，便可以得到指数平滑法建模的结果。

○ （3）案例结果分析

单击"确定"按钮后，在SPSS Statistics数据视图和查看器窗口得到指数平滑法建模的结果，如图9-15～图9-20所示。

模型描述

			模型类型
模型 ID	制造业采购经理指数	模型_1	简单季节性

图 9-15　模型描述

图9-15给出了模型的基本描述。从图表可以看出，所建立的指数平滑法的因变量标签是"制造业采购经理指数"，模型名称为"模型_1"，模型的类型为简单季节性。

图9-16给出了模型的八个拟合度指标，以及这些指标的均值、最小值、最大值及百分位数。其中，平稳R方值为0.535，而R方值为0.548，这是由于因变量数据为季节性数据，因此平稳R方更具有代表性。从两个R方值来看，该指数平滑法的拟合情况比较良好。

模型拟合度

拟合统计	均值	标准误差	最小值	最大值	百分位数						
					5	10	25	50	75	90	95
平稳 R 方	.535	.	.535	.535	.535	.535	.535	.535	.535	.535	.535
R 方	.548	.	.548	.548	.548	.548	.548	.548	.548	.548	.548
RMSE	1.835	.	1.835	1.835	1.835	1.835	1.835	1.835	1.835	1.835	1.835
MAPE	2.226	.	2.226	2.226	2.226	2.226	2.226	2.226	2.226	2.226	2.226
MaxAPE	37.758	.	37.758	37.758	37.758	37.758	37.758	37.758	37.758	37.758	37.758
MAE	1.108	.	1.108	1.108	1.108	1.108	1.108	1.108	1.108	1.108	1.108
MaxAE	13.480	.	13.480	13.480	13.480	13.480	13.480	13.480	13.480	13.480	13.480
正态化 BIC	1.262	.	1.262	1.262	1.262	1.262	1.262	1.262	1.262	1.262	1.262

图 9-16　模型拟合度

图9-17给出了模型的拟合统计量和杨－博克斯Q统计量。平稳R方为0.535，与模型拟合图中的平稳R方一致。杨－博克斯Q统计量值为13.657，显著水平为0.624，因此接受残差序列为独立序列的原假设，说明模型拟合后的残差序列是不存在自相关的。

模型统计

模型	预测变量数	模型拟合度统计	杨-博克斯 Q(18)			离群值数
		平稳 R 方	统计	DF	显著性	
制造业采购经理指数-模型_1	0	.535	13.657	16	.624	<.001

图 9-17　模型统计量

图9-18给出了指数平滑法模型参数估计值列表。从图表可以看到本案例拟合的指数平滑法的水平Alpha值为0.600，P值小于0.001，不仅作用很大，而且非常显著。而季节Delta值为2.854E-5，该值很小而且没有显著性，因此可以判断制造业采购经理指数尽管为季节性数据，但该序列几乎没有任何季节性特征。

图9-19给出了制造业采购经理指数的指数平滑法的预测值，包括2023年

11月～2024年6月，共计8个月的指数预测值。

指数平滑法模型参数

模型			估算	标准误差	t	显著性
制造业采购经理指数-模型_1	自然对数	Alpha（水平）	.600	.061	9.783	<.001
		Delta（季节）	2.854E-5	.060	.000	1.000

图 9-18　指数平滑法模型参数

预测

模型		十一月 2023	十二月 2023	一月 2024	二月 2024	三月 2024	四月 2024	五月 2024	六月 2024
制造业采购经理指数-模型_1	预测	49.4	49.5	49.7	48.8	51.2	51.1	50.1	49.8
	UCL	53.3	54.1	54.9	54.4	57.6	57.6	57.3	57.4
	LCL	45.7	45.2	44.9	43.6	45.3	44.8	43.6	43.0

对于每个模型，预测从所请求估算期范围内的最后一个非缺失值之后开始，并结束于最后一个所有预测变量都有可用的非缺失值的周期，或者在所请求预测期的结束日期结束，以较早者为准。

图 9-19　指数平滑法的预测值

　　图9-20给出了制造业采购经理指数的指数平滑法的拟合图。数据整体上呈波动状态，拟合值和观测值曲线在整个区间中几乎重合，因此可以说明指数平滑法对制造业采购经理指数的拟合情况非常良好。

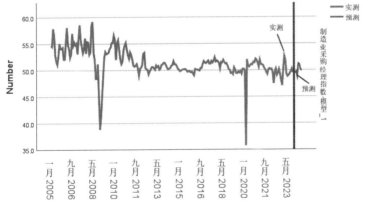

图 9-20　指数平滑法的拟合图

9.3　ARIMA 模型

9.3.1　ARIMA 模型概述

　　ARIMA模型是时间序列分析中最常用的模型，ARIMA模型提供了一套有效的预测技术，在时间序列预测中具有广泛的应用。

ARIMA（自回归综合移动平均模型）是一种时间序列预测算法，是由博克思（Box）和詹金斯（Jenkins）于20世纪70年代初提出的一种时间序列预测方法。ARIMA模型是指在将非平稳时间序列转化为平稳时间序列过程中，将因变量仅对它的滞后值以及随机误差项的现值和滞后值进行回归所建立的模型。

ARIMA基本思想是：将预测对象随时间推移而形成的数据序列视为一个随机序列，用一定的数学模型来近似描述这个序列。这个模型一旦被识别后，就可以从时间序列的过去值及现在值来预测未来值。现代统计方法、计量经济模型在某种程度上已经能够帮助企业对未来进行预测。

ARIMA（p,d,q）根据原序列是否平稳以及回归中所含部分的不同，包括移动平均过程（MA）、自回归过程（AR）、自回归移动平均过程（ARMA）和自回归滑动平均混合过程（ARIMA）。其中AR是自回归，p为自回归项；MA为移动平均，q为移动平均项数，d为时间序列变为平稳时间序列时所做的差分次数。

理解ARIMA模型需要重点关注以下几点。

（1）平稳性要求

ARIMA模型最重要的地方在于时序数据的平稳性。平稳性是要求经由样本时间序列得到的拟合曲线在未来的短时间内能够顺着现有的形态惯性地延续下去，即数据的均值、方差理论上不应有过大的变化。平稳性可以分为严平稳与弱平稳两类。严平稳指的是数据的分布不随着时间的改变而改变；而弱平稳指的是数据的期望与相关系数（即依赖性）不发生改变。在实际应用的过程中，严平稳过于理想化与理论化，绝大多数的情况应该属于弱平稳。对于不平稳的数据，我们应当对数据进行平滑处理。最常用的手段便是差分法，计算时间序列中t时刻与$t-1$时刻的差值，从而得到一个新的、更平稳的时间序列。

（2）自回归模型

自回归模型是描述当前值与历史值之间关系的模型，是一种用变量自身的历史事件数据对自身进行预测的方法。其公式如下：

$$y_t = \mu + \sum_{i=1}^{p} \gamma_i y_{t-i} + \varepsilon_t$$

式中，y_t是当前值；μ是常数项；p是阶数；γ_i是自相关系数，ε_t是误差值。

自回归模型的使用有以下四项限制：该模型用自身的数据进行预测，即建模使用的数据与预测使用的数据是同一组数据；使用的数据必须具有平稳性；使用的数据必须有自相关性，如果自相关系数小于0.5，则不宜采用自回归模型；自回归模型只适用于预测与自身前期相关的现象。

（3）移动平均模型

移动平均模型关注的是自回归模型中的误差项的累加。它能够有效地消除预测中的随机波动。其公式如下：

$$y_t = \mu + \varepsilon_t + \sum_{i=1}^{q} \theta_i \varepsilon_{t-i}$$

其中各个字母的意义与AR公式相同，θ_i 为MA公式的相关系数。

（4）自回归移动平均模型

将自回归模型与移动平均模型相结合，便可以得到移动平均模型。其公式如下：

$$y_t = \mu + \sum_{i=1}^{p} \gamma_i y_{t-i} + \varepsilon_t + \sum_{i=1}^{q} \theta_i \varepsilon_{t-i}$$

在这个公式中，p 与 q 分别为自回归模型与移动平均模型的阶数，是需要人为定义的。γ_i 与 θ_i 分别是两个模型的相关系数，是需要求解的。如果原始数据不满足平稳性要求而进行了差分，则为差分自相关移动平均模型（ARIMA），将差分后所得的新数据代入ARMA公式中即可。

（5）自相关函数与偏自相关函数

自相关函数（ACF）将有序的随机变量序列与其自身相比较，反映了同一序列在不同时序的取值之间的相关性。

偏自相关函数（PACF）计算的是严格的两个变量之间的相关性，是剔除了中间变量的干扰之后所得到的两个变量之间的相关程度。对于一个平稳的AR(p)模型，求出滞后为 k 的自相关系数 $p(k)$ 时，实际所得并不是 $x(t)$ 与 $x(t-k)$ 之间的相关关系。这是因为在这两个变量之间还存在 $k-1$ 个变量，它们会对这个自相关系数产生一系列的影响，而这个 $k-1$ 个变量本身又是与 $x(t-k)$ 相关的。这对自相关系数 $p(k)$ 的计算是一个不小的干扰。而偏自相关函数可以剔除这些干扰。

9.3.2 SPSS 操作及选项设置

打开相应的数据文件或者建立一个数据文件后，可以在SPSS Statistics数据编辑器窗口中建立ARIMA模型。

（1）打开创建模型选项

在菜单栏中选择【分析】|【时间序列预测】|【创建传统模型】选项，打开如图9-21所示的"时间序列建模器"对话框。

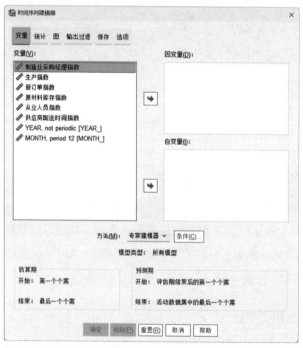

图9-21 "时间序列建模器"对话框

（2）选择分析变量

从源变量列表中选择建立ARIMA模型的因变量，选入"因变量"列表中。在"方法"下拉列表框中选择"ARIMA"，然后单击"条件"按钮，打开"时间序列建模器：ARIMA条件"对话框，如图9-22所示。

①"模型"选项卡

"时间序列建模器：ARIMA条件"对话框的"模型"选项卡用于指定ARIMA模型的结构和因变量的转换，包括以下几个部分。

204

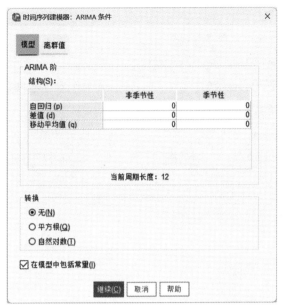

图 9-22 "时间序列建模器：ARIMA 条件"对话框

a."结构"设置。该网络列表用于指定 ARIMA 模型的结构，在相应的单元格中输入 ARIMA 模型的各个成分值，所有值都必须为非负整数。"自回归"和"移动平均值"的数值表示最大阶数，同时模型中将包含所有正的较低阶。

·"非季节性"列

"自回归"输入框：用于输入 ARIMA 中的自回归 AR 阶数，即在 ARIMA 使用序列中的哪部分值来预测当前值。

"差值"输入框：用于输入因变量序列差分的阶数，主要目的是使非平稳序列平稳化，以满足 ARIMA 模型平稳的需要。

"移动平均值"输入框：用于输入 ARIMA 中的移动平均 MA 阶数，即在 ARIMA 中使用哪些先前值的序列平均数的偏差来预测当前值。

·"季节性"列

只有在为活动数据集定义了周期时，才会启用"季节性"列中的各个单元格。对于季节性的阶，由于当前序列值受以前的序列值的影响，序列值之间间隔一个或多个季节性周期。如对于季度数据（季节性周期为 4），季节性 1 阶表示当前序列值受自当前周期起 4 个周期之前的序列值的影响。因此，对于季度数据，指定季节性 1 阶等同于指定非季节性 4 阶。

b."转换"选项组。该选项组用于对因变量进行转换。

205

·无：表示不对因变量序列进行任何转换。

·平方根：表示对因变量序列取平方根参与建模。

·自然对数：表示对因变量序列取自然对数参与建模。

c."在模型中包括常量"复选框。该复选框表示在ARIMA中包含常数项。但是当应用差分时，建议不包含常数。

②"离群值"选项卡

单击"时间序列建模器：ARIMA条件"对话框的"离群值"标签，打开如图9-23所示的"离群值"选项卡。

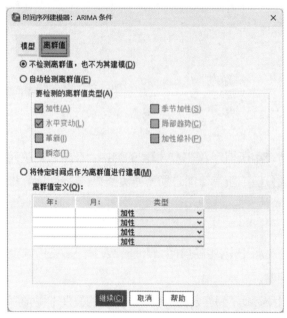

图9-23 "离群值"选项卡

"时间序列建模器：ARIMA条件"对话框的"离群值"选项卡主要用于对离群值进行设定，有3种方式。

a. 不检测离群值，也不为其建模。表示不检测离群值或为其建模，该选项为默认选项。

b. 自动检测离群值。表示要自动检测离群值，并选择检测离群值类型。在"要检测的离群值类型"中选择检测类型，有以下7种可选择的项。

·加性：表示自动检测单个观测记录的异常值。

·水平变动：表示自动检测数据水平移动引起的异常值。

·革新：表示自动检测由噪声冲击引起的异常值。

·瞬态：表示自动检测对其后观测值影响按指数衰减至0的异常值。

·季节加性：表示自动检测周期性地影响某固定时刻的异常值，如月度数据的一月效应。

·局部趋势：表示自动检测导致局部线性趋势的异常值，往往该异常值以后的数据呈线性趋势。

·加性修补：表示自动检测两个以上连续出现的"加法"异常值。

c. 将特定时间点作为离群值进行建模。表示指定特定的时间点作为离群值。其中，每个离群值在"离群值定义"网格中占单独的一行。在指定的日期格式中输入特定时间点，如在"年"和"月"中输入特定时间点的具体年份和月份；在"类型"下拉列表框中选择离群值的具体类型。其中，离群值的类型与"要检测的离群值类型"中提供的类型一致。

（3）相应选项设置

建立ARIMA模型所用的"时间序列建模器"对话框与建立指数平滑法相同。

设置完毕后，单击"确定"按钮，就可以在SPSS Statistics数据视图和查看器窗口得到ARIMA模型建模的结果了。

9.3.3 案例：利用 ARIMA 模型预测制造业 PMI

（1）案例数据简介

数据文件还是"制造业采购经理指数.xlsx"，下面利用ARMA模型分析对月度制造业采购经理指数的走势进行分析与预测。

（2）案例操作步骤

打开数据文件，进入SPSS Statistics数据编辑器窗口，在菜单栏中选择【数据】|【定义日期和时间】选项，打开"定义日期"对话框，在"个案是"列表框中选择"年，月"，然后在"第一个个案是"选项组中的"年"和"月"文本框中输入数据开始的具体年份2005和月份1，然后单击"确定"，完成时间变量的定义。

在菜单栏中选择【分析】|【时间序列预测】|【创建传统模型】选项，打开"时间序列建模器"对话框，将"制造业采购经理指数"变量选入"因变量"列表中，在"方法"下拉列表框中选择"ARIMA"。

单击"条件"按钮，打开"时间序列建模器：ARIMA条件"对话框，单击"模型"选项卡，在"自回归"的"非季节性"列中输入"1"、"自回归"的"季节性"列中输入"1"、"移动平均值"的"季节性"列中输入"1"，单击"继续"按钮，保存设置。单击"离群值"选项卡，选择"自动检测离群值"复选框。

单击"统计"标签，选择"参数估算值"和"显示预测值"复选框。

单击"保存"标签，选择"预测值""置信区间下限"和"置信区间上限"的保存复选框。

单击"选项"标签，选择"评估期结束后的第一个个案到指定日期之间的个案"单选框，然后在"年"和"月"文本框中输入数据结束的具体年份2024和月份6。

单击"确定"按钮，便可以得到ARIMA模型建模的结果。

⭕ （3）案例结果分析

单击"确定"按钮后，在SPSS Statistics查看器窗口得到ARIMA模型建模的结果，如图9-24～图9-29所示。

模型描述

			模型类型
模型 ID	制造业采购经理指数	模型_1	ARIMA(1,0,0)(1,0,1)

图9-24　模型描述

图9-24给出了模型的基本描述。从图表可以看出，所建立的ARIMA模型的因变量标签是"制造业采购经理指数"，模型名称为"模型_1"，模型的类型为ARIMA(1,0,0)(1,0,1)。

图9-25给出了模型的八个拟合度指标的均值、最小值、最大值和百分位数。从两个R方值来看，ARIMA（1,0,0）（1,0,1）的拟合情况良好。其中，平稳R方为0.873，而R方为0.873，这是由于因变量数据为季节性数据，因此平稳R方更具有代表性。

图9-26给出了ARIMA（1,0,0）（1,0,1）模型参数估计值，模型中有两部分：AR和MA。其中AR自回归部分的两项显著性水平都小于0.001。

图9-27给出了由制造业采购经理指数数据建立的ARIMA（1,0,0）（1,0,1）

模型中检测出的6个离群值。

模型拟合度

| 拟合统计 | 均值 | 标准误差 | 最小值 | 最大值 | 百分位数 | | | | | | |
					5	10	25	50	75	90	95
平稳 R 方	.873	.	.873	.873	.873	.873	.873	.873	.873	.873	.873
R 方	.873	.	.873	.873	.873	.873	.873	.873	.873	.873	.873
RMSE	.991	.	.991	.991	.991	.991	.991	.991	.991	.991	.991
MAPE	1.321	.	1.321	1.321	1.321	1.321	1.321	1.321	1.321	1.321	1.321
MaxAPE	6.092	.	6.092	6.092	6.092	6.092	6.092	6.092	6.092	6.092	6.092
MAE	.684	.	.684	.684	.684	.684	.684	.684	.684	.684	.684
MaxAE	3.479	.	3.479	3.479	3.479	3.479	3.479	3.479	3.479	3.479	3.479
正态化 BIC	.221	.	.221	.221	.221	.221	.221	.221	.221	.221	.221

图 9-25　模型拟合度

ARIMA 模型参数

					估算	标准误差	t	显著性
制造业采购经理指数-模型_1	制造业采购经理指数	不转换	常量		54.104	1.163	46.503	<.001
			AR	延迟 1	.772	.044	17.663	<.001
			AR，季节性	延迟 1	.896	.039	23.069	<.001
			MA，季节性	延迟 1	.498	.090	5.516	<.001

图 9-26　ARIMA 模型参数

离群值

			估算	标准误差	t	显著性
制造业采购经理指数-模型_1	五月 2008	水平变动	-3.693	.787	-4.690	<.001
	十月 2008	水平变动	-5.278	.819	-6.445	<.001
	十一月 2008	加性	-6.816	.788	-8.646	<.001
	十二月 2008	加性	-4.903	.785	-6.249	<.001
	二月 2009	水平变动	5.736	.799	7.181	<.001
	二月 2020	加性	-14.868	.683	-21.783	<.001

图 9-27　ARIMA 模型离群值

图9-28给出了制造业采购经理指数的ARIMA（1,0,0）(1,0,1）模型的预测值。

预测

模型		十一月 2023	十二月 2023	一月 2024	二月 2024	三月 2024	四月 2024	五月 2024	六月 2024
制造业采购经理指数-模型_1	预测	49.4	49.1	50.2	51.2	51.1	49.5	49.7	49.9
	UCL	51.3	51.4	52.8	54.0	53.9	52.3	52.6	52.8
	LCL	47.5	46.7	47.6	48.5	48.2	46.6	46.8	47.0

对于每个模型，预测从所请求估算期范围内的最后一个非缺失值之后开始，并结束于最后一个所有预测变量都有可用的非缺失值的周期，或者在所请求预测期的结束日期结束，以较早者为准。

图 9-28　ARIMA 模型预测值

图9-29给出了制造业采购经理指数的ARIMA模型的拟合图。数据整体上呈波动状态，拟合值和观测值曲线在整个区间整体上拟合情况良好，但是明显可以看出拟合值的波动性要小于实际观察值。因此可以说明模型对制造业采购经理指数的拟合情况一般，需要进一步探索其他的ARIMA模型。

209

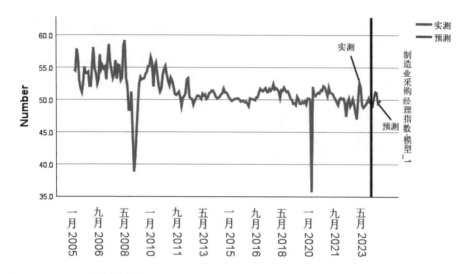

图 9-29 ARIMA 模型拟合图

10

调查问卷及其分析

▼

调查问卷是社会科学研究中常用的数据收集工具之一。它通过向受访者提出一系列问题，了解他们的态度、看法、行为等信息，从而获取有关特定问题的数据。在分析问卷数据时，可以使用统计学方法，如信度分析、多维刻度分析、多重响应分析等，来揭示数据背后的规律和趋势。本章将通过案例对调查问卷及其分析方法进行详细的介绍。

10.1 调查问卷及其处理

10.1.1 调查问卷概述

调查问卷是一种常见的数据收集工具，用于获取人们的意见、态度和行为等信息。在现代社会，调查问卷已经成为了社会科学研究和商业市场调研的重要手段之一。

（1）调查问卷的类型

结构式问卷：结构式问卷是指在问卷设计阶段就已经确定了问题的选项和回答方式，被调查者只需在选项中选择或填写回答。这种问卷适用于大规模的调查研究，能够快速地获取大量数据。但是，结构式问卷的缺点是可能会忽略被调查者的个体差异和细节。

非结构式问卷：非结构式问卷是指在设计阶段并没有确定问题的选项和回答方式，被调查者需要自行回答问题。这种问卷适用于深入探讨某个问题或主题，能够获取被调查者更为详细的信息。但是，非结构式问卷的缺点是需要消耗更多的时间和精力，不适用于大规模的调查研究。

半结构式问卷：半结构式问卷是结构式问卷和非结构式问卷的结合体，既有固定选项，又有自由回答的空间。这种问卷适用于既要获取大量数据，又要深入探讨某些问题或主题的情况。

交互式问卷：交互式问卷是指在问卷设计阶段就已经确定了问题的选项和回答方式，但是在被调查者回答问题时，系统会根据被调查者的回答，自动跳转到下一个相关问题。这种问卷适用于需要根据被调查者的回答进行个性化提问的情况。

（2）调查问卷的特点

标准化：调查问卷是一种标准化的数据收集工具，能够确保每个被调查者都接收到相同的问题和选项。这种标准化能够使得数据更加可靠和可比较。

匿名性：调查问卷通常是匿名的，被调查者不需要透露个人信息。这种匿名性能够使得被调查者更加自由地回答问题，避免了因为个人信息泄露而引起的不必要麻烦。

多样性：调查问卷可以涵盖多种类型的问题，包括选择题、填空题、矩阵题等。这种多样性能够满足不同类型调查研究的需求。

灵活性：调查问卷具有一定的灵活性，可以根据实际情况进行修改和调整。这种灵活性能够使调查问卷更加贴近实际情况，提高数据收集效率和准确性。

总之，调查问卷作为一种重要的数据收集工具，具有多种类型和特点。在实际应用中，我们需要根据具体情况选择合适的类型，并注意问卷设计、发放和数据分析等环节。只有在全面考虑各个因素的基础上，才能够获得准确可靠的数据。

10.1.2 调查问卷数据录入

SPSS中的一份问卷就是一个个案，首先要根据问卷中的问题定义变量。定义变量需要注意两点：一是区分变量的标度，有标度、有序和名义三类；二是定义变量的数据类型。

问卷可以分为单选、多选、排序和开放题等四种类型，它们的定义和处理方法不同。

（1）单选题：答案只能有一个选项

例一：您的性别？

A. 男　　　　　　B. 女

编码：只定义一个变量，值1、0分别代表男、女两个选项。

录入：录入选项对应值，如选1则录入男，选0则录入女。

（2）多选题：答案可以有多个选项，其中又有项数不定多选和项数定多选

① 方法一

例二：您是通过什么渠道进行电商购物的？

A. 网上广告　　B. 网上论坛　　C. 电视广告　　D. 户外广告　　E. 亲朋推荐

编码：把每一个选项定义为一个变量，每一个变量的值如下，"0"未选，"1"选。

录入：被调查者选了的选项录入1、没选录入0，若选择被调查者选A、C，则五个变量分别录入为1、0、1、0、0。

② 方法二

例三：你认为激发企业活力的最重要目标是哪三项？

1（　　）2（　　）　　3（　　）

A. 共同发展愿景　　B. 工作责任细化　　C. 权力合理分配　　D. 利益最优分配

E. 找合适的人　　　F. 组织氛围融洽　　G. 流程制度建设

编码：定义三个变量分别代表题目中的1、2、3三个括号，三个变量的值均同样地以对应的选项定义，即："1"A、"2"B、"3"C、"4"D、"5"E、"6"F、"7"G。

录入：录入的数值1、2、3、4、5、6、7分别代表选项A、B、C、D、E、F、G，相应录入到每个括号对应的变量下。如被调查者三个括号分别选A、C、F，则在三个变量下分别录入1、3、6。

注：能用方法二编码的多选题也能用方法一编码，但是项数不定的多选只能用方法一，即方法一是多选题一般处理方法。

（3）排序题：对选项重要性进行排序

例四：购买商品时在①品牌、②流行、③质量、④实用、⑤价格中对它们的关注程度先后顺序是什么？（请填代号重新排列。）

第一位（　　）　第二位（　　）　第三位（　　）　第四位（　　）　第五位（　　）

编码：定义五个变量，分别可以代表第一位至第五位，每个变量都做如下定义，"1"品牌，"2"流行，"3"质量，"4"实用，"5"价格。

录入：录入的数字1、2、3、4、5分别代表五个选项，如被调查者把质量排在第一位则在代表第一位的变量下输入"3"。

（4）选择排序题

例五：把例三中的问题改为"你认为激发企业活力的最重要目标是哪三项，并按重要性从高到低排序"，选项不变。

编码：以A、B、C、D、E、F、G 7个选项分别对应定义7个变量，每个变量都做同样的如下定义，"0"未选，"1"排第一，"2"排第二，"3"排第三。

录入：以变量的值录入。比如三个括号里分别选的是E、C、F，则该题的7个变量的值应该分别录入：0（代表A选项未选）、0（代表B选项未选）、2（代表 C 选项排在第二位）、0（代表 D 选项未选）、1（代表 E 选项排在第一位）、3（代表 F 选项排在第三位）、0（代表 G 选项未选）。

（5）开放性数值题和量表题：这类题目要求被调查者自己填入数值，或者打分

例六：你的考核得分为 _____

编码：一个变量，不定义变量的值。

录入：被调查者实际填入的数值。

（6）开放性文字题

如果可能的话可以按照含义相似的答案进行编码，转换成为封闭式选项进行分析。如果答案内容较为丰富、不容易归类的，应对这类问题直接做定性分析。

10.2　信度分析

10.2.1　信度分析概述

信度分析即可靠性分析，调查问卷是社会科学研究中常用的一种数据收集方式，其信度是评价问卷质量的重要指标之一。所谓信度，即问卷测量结果的稳定性和一致性。也就是说，如果同一份问卷在不同时间、不同环境下得到的结果相似，则说明该问卷具有较高的信度。反之，如果同一份问卷在不同时间、不同环境下得到的结果差异较大，则说明该问卷信度较低。

为了评价调查问卷的信度，需要进行信度分析，常用的方法包括重测法、切分半法、平行测试法和内部一致性检验法等。

重测法是指将同一份问卷在不同时间、不同环境下进行两次或多次测量，并将结果进行比较。如果两次或多次测量结果相似，则说明该问卷具有较高的信度。但是，该方法需要耗费大量的时间和人力资源，并且可能会受到测试效应的影响。

切分半法是指将同一份问卷分成两个部分，分别进行测量，并将结果进行比较。如果两个部分的测量结果相似，则说明该问卷具有较高的信度。但是，该方法需要保证两个部分的题目难度和题目类型相似，并且需要考虑到问卷中存在的随机误差。

平行测试法是指将同一份问卷分成两个版本，分别进行测量，并将结果进行比较。如果两个版本的测量结果相似，则说明该问卷具有较高的信度。但是，该方法需要保证两个版本的题目难度和题目类型相似，并且需要考虑到问卷中存在的随机误差。

内部一致性检验法是指通过统计学方法检验问卷中各题目之间的相关性，从而评价问卷的信度。常用的内部一致性检验方法包括Cronbach's Alpha系数等。其中，Cronbach's Alpha系数是最常用的一种方法，其值介于0～1之间，值越接近1则说明问卷信度越高。

需要注意的是，以上方法并不是互相独立的，可以根据实际情况选择合适的方法进行信度分析。此外，在进行信度分析时还需要考虑到样本大小、样本特征、数据分布等因素对信度评价的影响。

目前最常用的是Alpha信度系数法，一般情况下我们主要考虑量表的内在信度——项目之间是否具有较高的内在一致性。通常认为，信度系数应该在0～1之间。如果量表的信度系数在0.9以上，表示量表的信度很好；如果量表的信度系数在0.8～0.9之间，表示量表的信度可以接受；如果量表的信度系数在0.7～0.8之间，表示量表有些项目需要修订；如果量表的信度系数在0.7以下，表示量表有些项目需要抛弃。

10.2.2 SPSS 操作及选项设置

打开相应的数据文件或者建立一个数据文件后，在SPSS Statistics数据编辑器窗口中就可以进行信度分析。

◉（1）打开可靠性分析选项

在菜单栏中依次选择【分析】|【刻度】|【可靠性分析】，打开如图10-1所示的"可靠性分析"对话框。

图 10-1   "可靠性分析"对话框

（2）选择分析变量

从源变量列表中选择需要分析的变量，单击向右的箭头按钮将选中的变量选入"项"列表框。"项"列表框中的变量数据可以是二分数据、有序数据或区间数据，但数据应是用数值编码的，且信度分析需要选择两个或两个以上的变量进入"项"列表框。选择完需要分析的变量后的对话框如图10-2所示。

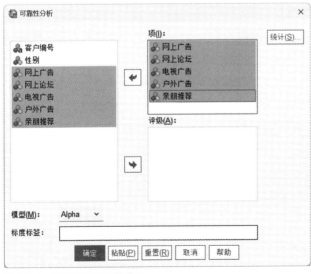

图 10-2   选择需要分析的变量

217

（3）相应选项设置

①"统计"设置

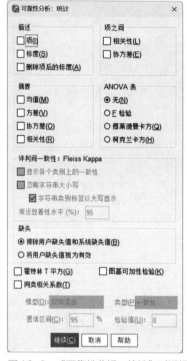

图10-3 "可靠性分析：统计"对话框

单击"统计"按钮，弹出"可靠性分析：统计"对话框，如图10-3所示。

"可靠性分析：统计"对话框主要用于对标度和项的一些统计量的设定。

a."描述"选项组。该选项组主要用于为个案的标度或项生成描述统计，包括以下几个复选项。

·项：选择此复选框表示为个案的每个项生成描述统计量，如均值、标准差等。

·标度：选择此复选框表示为标度产生描述统计量，即各个项之和的描述统计量。

·删除项后的标度：选择此复选框表示输出将每一项与由其他项组成的标度进行比较时的摘要统计量，即该项从标度中删除时的标度均值和方差、该项与由其他项组成的标度之间的相关性，以及该项从标度中删除后的Cronbach's Alpha值。

b."项之间"选项组。该选项组主要用于对输出项之间的相关矩阵进行设定。

·"相关性"复选框：选择此复选框表示输出项与项之间的相关性矩阵。

·"协方差"复选框：选择此复选框表示输出项与项之间的协方差矩阵。

c."摘要"选项组。该选项组主要用于设置标度中所有项的统计量，包括以下几个量。

·均值：选择此复选框表示输出所有项均值的最小、最大、平均值、项均值的范围、方差，以及最大项均值与最小项均值的比。

·方差：选择此复选框表示输出所有项方差的最小、最大、平均值、项方差的范围、方差，以及最大项方差与最小项方差的比。

·协方差：选择此复选框表示输出项之间的协方差的最小、最大、平均值、项之间的协方差的范围、方差，以及最大项之间协方差与最小项之间协方差的比。

·相关性：选择此复选框表示输出所有项之间的相关性的最小、最大、平均值项、范围、方差，以及最大项之间的相关性与最小项之间的相关性的比。

d.“ANOVA表”选项组。该选项组主要用于选择方差分析与均值是否相等的检验，可选的项如下。

·无：表示不进行任何检验。

·F检验：表示进行重复标度方差分析。

·傅莱德曼卡方：表示进行非参数检验中的多配对样本傅莱德曼检验，并输出傅莱德曼的卡方肯德尔的协同系数，此选项适用于以秩为形式的数据且卡方检验在ANOVA表中替换通常的F检验。

·柯克兰卡方：表示进行非参数检验中的多配对样本柯克兰s检验，并输出柯克兰s Q，此选项适用于双分支数据且Q统计在ANOVA表中替换通常的F统计。

e. 评判间一致性：Fleiss Kappa。评估评判间一致性，以确定各种评分者之间的可靠性。该一致性越高，评分反映真实情况的置信度也越高。广义化的未加权Kappa统计测量任意常量数目评分者之间的一致性，同时假定：要运行任何可靠性统计，必须至少指定两个项变量；必须至少指定两个评分变量；选作项的变量也可选作评分；两个评分者之间没有关联；评分者的数目固定不变；每个主体由仅包含单个评分者的同一个组进行评分；不能对各种不一致性分配权重。

显示各个类别的一致性：指定是否输出各个类别的一致性，缺省情况下，输出会抑制任意单个类别的估计值，启用后，输出会显示多个表。

忽略字符串大小写：控制是否区分字符串变量的大小写，缺省情况下，字符串评分值区分大小写。

字符串类别标签以大写显示：控制输出表中的类别标签是以大写还是小写显示，此设置在缺省情况下启用，即以大写显示字符串类别标签。

渐近显著性水平：指定渐近置信区间的显著性水平，缺省设置为95%。

f.“缺失”选项组。

排除用户缺失值和系统缺失值：控制用户缺失值和系统缺失值的排除。缺省情况下，将排除用户缺失值和系统缺失值。

将用户缺失值作为有效值处理：启用后，将用户缺失值和系统缺失值视为有效数据，缺省情况下，此设置已禁用。

g."霍特林T平方"复选框。选择此复选框表示输出多变量霍特林T平方检验统计量，该检验的原假设是标度上的所有项具有相同的均值，如果该统计量的概率值在5%的显著水平上拒绝原假设，则表示标度上至少有一个项的均值与其他项不同。

h."图基可加性检验"复选框。选择此复选框表示进行图基的可加性检验，该检验的原假设是项中不存在可乘交互作用，如果该统计量的概率值在5%的显著水平上拒绝原假设，则表示项中存在可乘的交互作用。

i."同类相关系数"复选框。该复选框表示计算组内同类相关系数，对个案内值的一致性或符合度的检验。选择此复选框后，相应的选项都被激活。

"模型"下拉列表框，该列表框给出了用于计算同类相关系数的模型："双向混合"模型，当人为影响是随机的而项的作用固定时，选择该模型；"双向随机"模型，当人为影响和项的作用均为随机时选择该模型；"单向随机"模型，当人为影响随机时选择该模型。

"类型"下拉列表框，可以选择"一致性"或"绝对一致"。

"置信区间"文本框，用于指定置信区间的范围，系统默认为95%。

"检验值"文本框，用于指定假设检验系数的假设值，该值是用来与观察值进行比较的值，系统默认为0。

②"模型"设置选项

"模型"下拉列表框主要用于选择进行信度（可靠性）分析的模型，有以下几个选项。

·Alpha：即Cronbach模型，该模型是内部一致性模型，用于输出Cronbach's Alpha值。

·Omega：该模型假设模型是一维的，其中包括单个因子，它没有误差协方差形式的局部项依赖关系。该模型意味着两个不同项的协方差是其载荷的乘积。

·折半：即半分信度模型，该模型将标度分割成两个部分，并检查两部分之间的相关性。

·格特曼：即格特曼模型，该模型计算格特曼的下界以获取真实可靠性。

·平行：即平行模型，该模型假设所有项具有相等的方差，并且重复项之间具有相等的误差方差，进行模型的拟合度检验。

·严格平行：即严格平行模型，该模型不仅有平行模型的假设，还假设所有

220

项具有相等的均值，输出公共均值、公共方差、真实方差、误差方差等统计量。

（4）分析结果输出

设置完毕后，单击"确定"按钮，就可以在SPSS Statistics查看器窗口得到信度分析的结果了。

10.2.3　案例：电商网站渠道问卷信度分析

（1）案例数据简介

数据文件涉及某家电公司对"您是通过什么渠道进行电商购物的？"调查结果，在数据文件中，每行代表一位单独的调查对象，每列代表一种单独的情况。该调查问卷共设置了5种情况，分别为："网上广告""网上论坛""电视广告""户外广告"和"亲朋推荐"。被调查者对每种情况做出"是"或"否"的选择，共有200行数据。我们将利用信度分析过程，得出调查结果是否可信的结论。

首先在SPSS变量视图中建立"客户编号""性别""网上广告""网上论坛""电视广告""户外广告"和"亲朋推荐"7个变量，问卷变量中用0和1分别代表"否"和"是"，所有变量的标度标准均为"名义"，数据文件变量视图如图10-4所示。

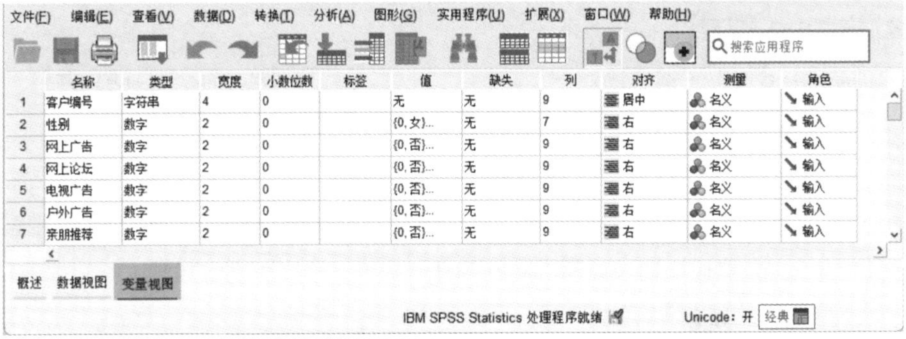

图10-4　数据文件变量视图

在SPSS数据视图中输入相应变量数据，输入完毕后数据视图如图10-5所示。

221

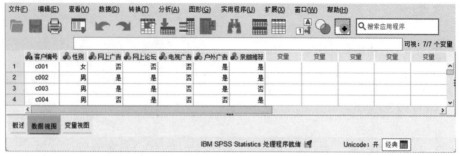

图 10-5　数据文件数据视图

⊙ （2）案例操作步骤

打开数据文件，进入 SPSS Statistics 数据编辑器窗口，在菜单栏中依次选择【分析】【刻度】【可靠性分析】选项卡，然后将"网上广告""网上论坛""电视广告""户外广告"和"亲朋推荐"选入"项"列表。

单击"统计"按钮，选择"项"复选框、"相关性"复选框及"均值"复选框，单击"继续"按钮，保存设置结果。

在"模型"下拉列表框中选择"Alpha"模型，也可以选择其他模型形式。

⊙ （3）案例结果分析

单击"确定"按钮，SPSS Statistics 查看器窗口的输出结果如图 10-6 ~ 图 10-10 所示。

图 10-6 给出了本案例处理汇总结果。从图表可以得到，整个数据文件共有 200 个个案参与信度分析，且无缺失值。

图 10-7 给出了信度分析的可靠性统计量结果。从图表可以得到克隆巴赫 Alpha 值为 0.802，基于标准化项的克隆巴赫 Alpha 值为 0.802，两个系数值都在 80% 以上，可见该量表具有很高的内在一致性，所以可靠性较强。

个案处理摘要

		个案数	%
个案	有效	200	100.0
	排除 a	0	.0
	总计	200	100.0

a. 基于过程中所有变量的成列删除。

可靠性统计

克隆巴赫 Alpha	基于标准化的的克隆巴赫 Alpha	项数
.802	.802	5

图 10-6　案例处理汇总图　　　图 10-7　可靠性统计量图

图10-8给出了各个项的基本统计量。从图表可以得到量表中每个项的均值、标准差和个案数目。如前四个项的均值都在0.5以上，表明大约50%的人出于前四个项的原因选择了解电商的渠道。

图10-9给出了项间的相关性矩阵。从图表可以得到每个项之间的相关系数，如第一项与第四项间的相关性比较高，而第二项与第三项间的相关性较高。

项统计

	平均值	标准差	个案数
网上广告	.55	.499	200
网上论坛	.58	.495	200
电视广告	.52	.501	200
户外广告	.51	.501	200
亲朋推荐	.59	.494	200

图 10-8　项统计量图

项间相关性矩阵

	网上广告	网上论坛	电视广告	户外广告	亲朋推荐
网上广告	1.000	.493	.429	.541	.299
网上论坛	.493	1.000	.512	.483	.455
电视广告	.429	.512	1.000	.450	.381
户外广告	.541	.483	.450	1.000	.433
亲朋推荐	.299	.455	.381	.433	1.000

图 10-9　项间相关性矩阵

图10-10给出了摘要项统计量图。图表中显示了所有项均值的最小值、最大值、平均值、项均值的范围、方差、最大项均值与最小项均值的比。所有项均值的平均值是0.548。不严格地说，在各种情况下，大约有54.8%的人会选择这些渠道了解电商。

摘要项统计

	平均值	最小值	最大值	范围	最大值/最小值	方差	项数
项平均值	.548	.510	.585	.075	1.147	.001	5

图 10-10　摘要项统计量图

10.3　多重响应分析

10.3.1　多重响应分析概述

调查问卷是社会科学研究中常用的数据收集工具之一，通过问卷调查可以获取受访者的各种信息。在问卷设计中，多重响应题型是一种常见的题型，它允许受访者选择多个答案，以反映其复杂的态度和行为。然而，多重响应数据的分析相对复杂，需要采用专门的方法进行处理和分析。本文将阐述调查问卷多重响应分析的相关概念和方法。

（1）多重响应题型的特点

多重响应题型是指在一个问题中，受访者可以选择多个答案。例如，"您喜欢哪些颜色？（可多选）"，然后列出了红、黄、蓝、绿、紫等选项。这种题型相对于单选题和填空题来说，更能反映受访者的复杂态度和行为。

多重响应数据的特点在于，每个受访者可以选择多个答案，因此每个答案都有可能被多个受访者选择。这就导致了数据的重复性和冗余性，需要采用特殊的方法进行处理和分析。

（2）多重响应数据的分析方法

① 频数分析

频数分析是最基本的多重响应数据分析方法，它可以计算每个答案被选择的次数和比例。例如，在上述问题中，可以计算出每种颜色被选择的次数和比例，以及所有颜色被选择的总次数和比例。这些数据可以用来描述受访者对不同颜色的偏好程度和分布情况。

② 交叉分析

交叉分析是多重响应数据分析中常用的方法之一，它可以计算不同选项之间的关联程度和差异程度。例如，在上述问题中，可以将"喜欢红色"和"喜欢黄色""喜欢蓝色"等选项进行交叉分析，计算它们之间的相关系数和差异程度。这些数据可以用来描述不同颜色之间的关联程度和差异程度，以及它们与其他变量之间的关系。

（3）多重响应数据分析的应用

多重响应数据分析在社会科学研究中有着广泛的应用，例如市场调研、消费者行为研究、政治态度研究等。通过对多重响应数据的分析，可以了解受访者的复杂态度和行为，揭示不同变量之间的关系和影响程度，为决策者提供科学依据和参考意见。

总之，调查问卷多重响应分析是一项复杂而重要的工作，在实际应用中需要结合具体问题和数据特点，采用合适的方法进行处理和分析。

10.3.2　SPSS 变量定义数据集

（1）定义变量集

从菜单中选择【分析】|【多重响应】|【定义变量集】选项，变量集是把一道多选问题中定义了的所有变量集合在一起。

（2）设置变量集

选择两个或多个变量进入"集合中的变量"框，由于我们采用二分法进行编码，因此在"二分法计数值"中输入1。如果变量编码为分类变量，还需要定义类别的范围。为每个多响应集输入名称"Q2"。输入多响应集的标签"您是通过什么渠道进行电商购物的？"，如图10-11所示。

图10-11　定义多重响应集

（3）添加变量集

点击"添加"按钮，将多响应集添加到定义的集列表中，此过程在指定的名称前加上美元符号（$），"多重响应集"栏会出现"$Q2"，如图10-12所示。

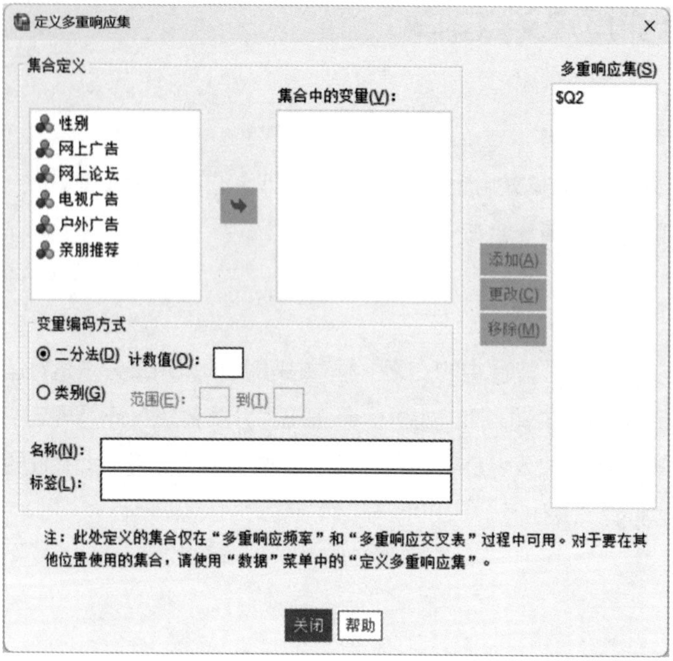

图 10-12 添加变量集

10.3.3 SPSS 多重响应频率分析

对于多重响应频率过程生成多响应集的频率表，必须先定义一个或多个响应集，实现步骤如下。在定义数据集的基础上，在分析——多重响应——频率中做频数分析。从菜单中选择【分析】|【多重响应】|【频率】选项。

选择"您是通过什么渠道进行电商购物的？[$Q2]"多重响应集进入"表"中，选择"在二分集内成列排除个案"和"在类别内成列排除个案"，如图 10-13 所示。

在二分集内成列排除个案：从多二分集的制表中排除具有任何变量的缺失值的个案。该项仅应用于定义为二分变量的多响应集。缺省的情况下，如果多二分集中的某个个案的成分变量没有一个包含计数的值，就认为该个案缺失。只要至少一个变量包含计数值，那么即使个案中有一些（但不是全部）变量的值缺失，这些个案也包括在组的制表中。

在类别内成列排除个案：从多类别集的制表中排除具有任何变量的缺失值的个案。这仅应用于定义为类别集的多响应集。缺省的情况下，对于多类别集，仅

226

当某个个案的成分没有一个包含定义范围内的有效值时，才认为该个案缺失。

图10-13　多重响应的频率分析

单击"确定"按钮，SPSS Statistics查看器窗口的输出结果如图10-14和图10-15所示。

个案摘要

	个案					
	有效		缺失		总计	
	个案数	百分比	个案数	百分比	个案数	百分比
$Q2^a$	165	82.5%	35	17.5%	200	100.0%

a. 使用了值 1 对二分组进行制表。

图10-14　多重响应的个案摘要

$Q2 频率

		响应		
		个案数	百分比	个案百分比
您是通过什么渠道进行电商购物的： [a]	网上广告	110	20.1%	66.7%
	网上论坛	116	21.2%	70.3%
	电视广告	103	18.8%	62.4%
	户外广告	102	18.6%	61.8%
	亲朋推荐	117	21.4%	70.9%
总计		548	100.0%	332.1%

a. 使用了值 1 对二分组进行制表。

图10-15　多重响应的频率分析

227

10.3.4　SPSS 多重响应交叉分析

"多重响应交叉表"过程对定义的多响应集进行交叉制表，必须先定义一个或多个响应集，实现步骤如下：在定义数据集的基础上，在菜单中选择【分析】|【多重响应】|【交叉表】选项。

（1）多重响应交叉表设置

为每个交叉制表的维度选择一个或多个数值变量或多响应集，选择"您是通过什么渠道进行电商购物的？[$Q2]"多重响应集进入"行"中，选择"性别"进入"列"中，如图10-16所示。

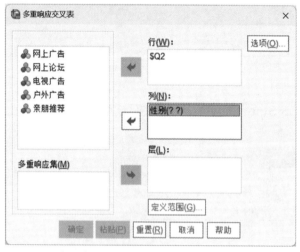

图10-16　多重响应的交叉分析

（2）多重响应交叉表：定义范围

点击"定义范围"按钮，输入与变量的最低和最高类别相对应的最小和最大整数值。对每个变量重复这一过程，必须定义交叉制表中的任何基本变量的值范围。输入要制表的最小和最大类别整数值，该范围外的类别将不包括在分析中，如图10-17所示。

（3）多重响应交叉表：选项

在"多重响应交叉表"对话框中，单击"选项"按钮，如图10-18所示。

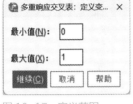

图 10-17　定义范围

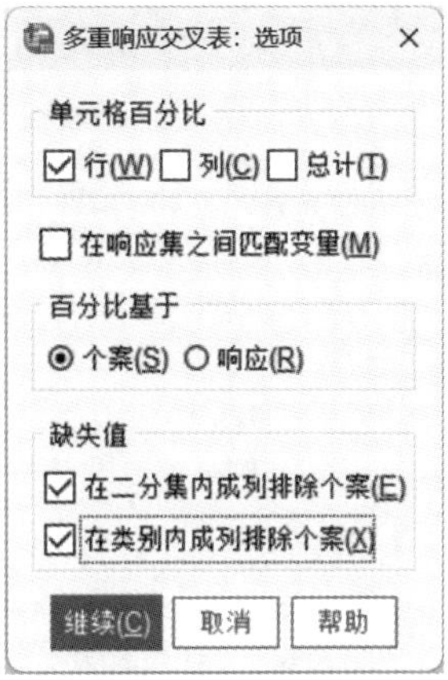

图 10-18　交叉表"选项"

① 单元格百分比

始终显示单元格计数，可以选择显示行百分比、列百分比和总计百分比。

② 在响应集之间匹配变量

将第一组中的第一个变量与第二组中的第一个变量配对，依此类推。如果选择该选项，过程将单元格百分比基于响应，而不是响应者。对于多二分集或基本变量，配对操作不可以用。

③ 百分比基于

单元格百分比可基于个案或响应。如果选择跨响应集匹配变量，那么该选项不可以用。单元格百分比也可以基于响应。对于多二分集，响应的数量等于个案中已计算的值。对于多类别集，响应的数量等于位于所定义范围内的值的数量。

④ "缺失值"选项组

"缺失值"选项分为"在二分集内成列排除个案"和"在类别内成列排除个案"。缺省的情况下，在将两个多类别集进行交叉制表时，此过程对第一组中的每个变量与第二组中的每个变量进行制表，并计算每个单元格的计数的总和。因此，有些响应在表中可能会多次出现。

（4）案例结果分析

单击"确定"按钮，SPSS Statistics 查看器窗口的输出结果如图 10-19 和图 10-20 所示。

个案摘要

	个案					
	有效		缺失		总计	
	个案数	百分比	个案数	百分比	个案数	百分比
$Q2*性别	165	82.5%	35	17.5%	200	100.0%

图 10-19　交叉分析个案摘要

$Q2*性别 交叉表

			性别		总计
			女	男	
您是通过什么渠道进行电商购物的？[a]	网上广告	计数	53	57	110
		占 $Q2 的百分比	48.2%	51.8%	
	网上论坛	计数	58	58	116
		占 $Q2 的百分比	50.0%	50.0%	
	电视广告	计数	53	50	103
		占 $Q2 的百分比	51.5%	48.5%	
	户外广告	计数	52	50	102
		占 $Q2 的百分比	51.0%	49.0%	
	亲朋推荐	计数	58	59	117
		占 $Q2 的百分比	49.6%	50.4%	
总计		计数	80	85	165

百分比和总计基于响应者。

a. 使用了值 1 对二分组进行制表。

图 10-20　Q2 与性别交叉表

11

SPSS缺失值分析

▼

在数据分析中，带有缺失值的个案是一种常见的问题，这些缺失值可能会导致分析的偏差和不准确。此外，缺失的数据还可能降低所计算的统计量的精度，因为计算时的信息比原计划的信息要少。另一个问题是，很多统计过程背后的假设都基于完整的个案，而缺失值可能使所需的理论复杂化。本章将对缺失值分析过程进行详细介绍。

11.1　缺失值分析概述

11.1.1　缺失值概述

数据分析中存在着缺失值，是指数据集中某些变量的取值缺失或者未记录。缺失值可能会影响到数据分析的结果，因此需要对其进行分析。

首先，我们需要了解缺失值的类型。缺失值可以分为完全随机缺失、随机缺失和非随机缺失。完全随机缺失是指数据缺失是完全随机的，不受任何因素影响。随机缺失是指数据缺失是有规律的，但是不受其他变量影响。非随机缺失是指数据缺失是有规律的，并且受其他变量影响。

在进行数据分析时，我们需要根据不同类型的缺失值采取不同的处理方法。对于完全随机缺失，我们可以直接删除这些缺失值；对于随机缺失，我们可以使用插补法进行填充；对于非随机缺失，我们需要深入分析数据背后的原因，并采取相应的措施进行处理。

需要注意的是，在进行数据分析时，我们不能简单地忽略掉缺失值，否则可能会导致数据分析结果的偏差。因此，在进行数据分析时，我们需要充分考虑缺失值的影响，并采取合适的处理方法来保证数据分析结果的准确性。

11.1.2　缺失值的表现形式

缺失值的主要表现有以下3种。

① 完全随机缺失：表示缺失和变量的取值无关。例如，假设在研究年龄和收入的关系时，如果缺失的数据和年龄或收入数值无关，则缺失值方式为完全随机缺失。

② 随机缺失：缺失分布中调查变量只依赖于数据组中有记录的变量。继续上面的例子，考虑年龄全部被观察，而收入有时有缺失，如果收入缺失值仅依赖于年龄，缺失值就为随机缺失。

③ 非随机缺失：这是研究者最不愿意看到的情形，数据的缺失不仅和其他变量的取值有关，也和自身有关。如果收入缺失值依赖于收入值，则既不是完全随机缺失，也不是随机缺失。

11.1.3　SPSS 缺失值数据处理

SPSS主要对完全随机缺失和随机缺失两种缺失值情况进行分析。区别完全随机缺失和随机缺失的含义在于：由于完全随机缺失实际上很难遇到，应该在进行调查之前就考虑哪些重要变量可能会有非无效的未回答，还要尽量在调查中包括共变量，以便用这些变量来估算缺失值。

针对不同情况的缺失值，SPSS操作给出了三种处理方法。

① 删除缺失值：这种方法适用于缺失值非常少的时候，它不需要专门的步骤，通常在相应的分析对话框的"选项"子对话框中进行设置。

② 替换缺失值：利用【转换】菜单中的【替换缺失值】选项将所有的记录看成一个序列，然后采用某种指标对缺失值进行填充。

③ 缺失值分析过程：缺失值分析过程是SPSS专门针对缺失值分析而提供的模块。

11.2　SPSS 的缺失值分析过程

11.2.1　SPSS 缺失值分析

缺失值分析过程有三个主要功能。

① 描述缺失值的模式。通过缺失值分析的诊断报告，用户可以明确地知道缺失值所在位置及其出现的比例是多少，还可以推断缺失值是否为随机缺失等。

② 利用列表法、成对法、回归法或EM（期望最大化）法等为含缺失值的数据估计均值、标准差、协方差和相关性，成对法还可显示成对完整个案的计数。

③ 使用回归法或EM法用估计值填充（插补）缺失值，以此提高统计结果的可信度。

缺失数据可以是分类数据或定量数据（刻度或连续），尽管如此，SPSS只能为定量变量估计统计数据并插补缺失数据。对于每个变量，必须将未编码为系统缺失值的缺失值定义为用户缺失值。

下面就对如何利用SPSS系统实现缺失值分析的操作过程进行详细说明，步骤如下。

（1）打开缺失值分析选项

在菜单栏中依次选择【分析】|【缺失值分析】选项，打开如图11-1所示的"缺失值分析"对话框。

（2）进行相应设置

以下为"缺失值分析"对话框主界面及其相关设置的详细介绍。

①"定量变量"列表框

其用于选入进行缺失值分析的定量变量。

②"分类变量"列表框

其用于选入进行缺失值分析的分类变量，选入分类变量后，还可以在"最大类别数"文本框中设定分类变量允许的最大分类数，超过此临界值的分类变量将不进行分析，默认值为25。

③"个案标签"文本框

其用于选入标签变量以便对结果进行标识。

④"使用所有变量"按钮

单击此按钮可以自动将左侧源变量列表中的所有变量选入特定的分析列表框，数值型变量全部选入"定量变量"列表框，字符型等分类变量全部选入"分类变量"列表框。

⑤"模式"按钮

单击"缺失值分析"对话框中的"模式"按钮，弹出如图11-2所示"缺失值分析：模式"对话框。该对话框用于设置显示输出表格中的缺失数据模式和范围。

"模式"选项组用于选择缺失值样式表的类型，包括3个复选项，各选项含义如表11-1所示。

"变量"选项组用于设置显示分析中所含变量的附加信息。其中，缺失模式列表框用于显示所有选入的分析变量；附加信息列表框，用于从左侧列表框中选入要输出附加信息的变量，在样式表中，对于定量变量，将输出其均值，对于分类变量，将显示在每个类别中具有模式的个案数量。

只有当选中"显示"选项组的"所有个案（可以选择按选定变量排序）"复选框时"排序依据"才可使用，其用于设定输出观测列表的排序变量，在"排序顺序"选项组中通过选择"升序"或"降序"单选按钮可使得个案按照指定变量的值的升序或降序列出。

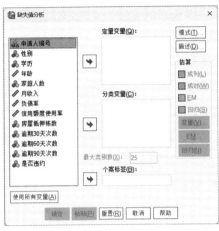

图 11-1　"缺失值分析"对话框

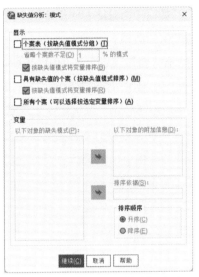

图 11-2　"缺失值分析：模式"对话框

表11-1　"显示"选项组内容介绍

内容	含义
个案表（按缺失值模式分组）	选择此项，则表示为每个分析变量都输出缺失值样式表，以每种模式中显示的频率制成表格。若选择"按缺失值模式将变量排序"复选框，则表示对变量按模式相似性排序
具有缺失值的个案（按缺失值模式排序）	选择此项，则表示针对每个分析变量将每一个带有缺失值或极值的个案制表。若选择"按缺失值模式将变量排序"复选框，则表示对变量按模式相似性排序
所有个案（可以选择按选定变量排序）	选择此项，则表示对每个个案进行制表且每个变量都被表示为缺失值和极值。如果没指定变量排序依据，个案将按其在数据文件中出现的顺序列出

在显示个别个案的表格中，极大值和极小值用"+"和"-"符号标识，系统缺失值用S表示，用户缺失值的第一、第二、第三种类型分别用A、B和C字母表示。

⑥"描述"按钮

单击"缺失值分析"对话框中的"描述"按钮，将弹出如图11-3所示的"缺失值分析：描述"对话框，在此设置要显示的缺失值描述统计变量。

"单变量统计"复选框：若选择此复选框，则将输出每个变量的非缺失值的数量及

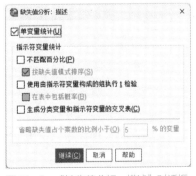

图 11-3　"缺失值分析：描述"对话框

235

缺失值的数量和百分比，对于定量（尺度）变量，还将显示均值、标准差、极高值和极低值的数量。

"指示符变量统计"选项组：对于每个进入分析的变量，SPSS自动创建一个指示变量，用于指示单个个案的变量存在或缺失，包括3个选项。

·不匹配百分比：若选中此复选框，则表示对于每对变量，显示其中一个变量具有缺失值，另一个变量具有非缺失值的个案数百分比。表中的每个对角元素都包含单个变量具有缺失值的百分比。若选中"按缺失值模式排序"复选框，则表示按缺失值模式进行排序。

·使用由指示符变量构成的组执行t检验：若选中此复选框，则表示使用学生t统计量，比较每个定量变量的两个组的均值。该组指定一个变量存在或缺失，显示两个组的t统计量、自由度、缺失和非缺失值计数以及均值。通过选中"在表中包括概率"复选框，还可以在输出结果中显示任何与t统计量相关的双尾概率。如果分析所产生的检验超过一个，则不得将这些概率用于显著性检验；只有当计算单个检验时，此概率才适合。

·生成分类变量和指示符变量的交叉表：若选中此项，则表示为每个分类变量显示一个表，对于每个类别，该表显示其他变量具有非缺失值的频率和百分比，同时显示每种类型缺失值的百分比。通过输入不同的值，可以使用"忽略缺失值占总个案数的比例小于$n\%$的变量"选项以删除缺失值出现次数较小的变量的统计量。

设置完毕后，单击"继续"按钮，返回到"缺失值分析"主对话框。

⑦"估算"选项组

该选项组用于选择处理缺失值的方法，以估计均值、标准差、协方差和相关性等统计量，主要类型如下。

·成列：表示仅使用完整个案，若选中此项，一旦任何分析变量具有缺失值，则在计算中将忽略该个案。

·成对：若选择此项，表示只有当分析变量对两者都具有非缺失值时才使用个案。频率、均值以及标准差是针对每对分别计算的。由于忽略个案中的其他缺失值，两个变量的相关性与协方差不取决于任何其他变量的缺失值。

·EM：若选择此项，则表示用EM迭代方法估计缺失值，每个迭代都包括一个E步骤和一个M步骤。在给定观察值和当前参数估计值的前提下，E步骤查找"缺失"数据的条件期望值，这些期望值将替换"缺失"数据。在M步骤中，即使填写了缺失数据，也将计算参数的最大似然估计值。

·回归：若选择此项，则表示使用多元线性回归算法估计缺失值。此方法计算多个线性回归估计值并具有用于通过随机元素增加估计值的选项。对于每个预测值，其过程可以从一个随机选择的完整个案中添加一个残差，或者从 t 分布中添加一个随机正态偏差、一个随机偏差（通过残差均值方的平方根测量）来完成。

单击"估算"中的"EM"按钮，弹出如图 11-4 所示的"缺失值分析：EM"对话框。在该对话框中可以设置 EM 算法的相关参数，各选项含义如下。

·"分布"选项组：用于设置总体的分布形式，缺省情况下，选中"正态"单选按钮，即默认总体服从正态分布。若选中"学生 t"单选按钮，并在"自由度"文本框中输入响应自由度，则表示假设总体服从自由度为 n 的 t 分布；若选中"混合正态"单选按钮，需在"混合比例"及"标准差比率"框中输入相应数值，指定两个分布的混合正态分布与混合比例的标准差比率。

·"最大迭代次数"文本框：用以指定 EM 法的最大迭代次数，默认值为 25。

·"保存完成的数据"复选框：用于保存将缺失值用 EM 算法替换后的数据，若选择"创建新数据集"单选按钮，则可以新建一个数据集，在"数据集名称"文本框中输入数据集名称；若选择"写入新数据文件"单选按钮，则可以新建一个数据文件，单击"文件"按钮指定文件路径和文件名称。

单击"回归"按钮，弹出如图 11-5 所示的"缺失值分析：回归"对话框，在此设置回归算法的参数。

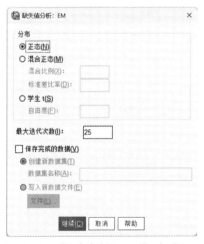

图 11-4 "缺失值分析：EM"对话框

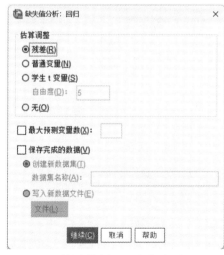

图 11-5 "缺失值分析：回归"对话框

237

"估算调整"选项组：回归方法可为回归估计添加随机分量。可以选择的随机分量有残差、普通变量、学生t变量或无，如表11-2所示。

表11-2 "估算调整"选项组内容介绍

估算调整选项	含义
残差	选择此项，则表示从要添加到回归估计的完整个案观察到的残差中，随机选择误差项
普通变量	选择此项，则表示从期望值为0且标准差等于回归的均方误差项平方根的分布中，随机抽取误差项
学生t变量	选择此项，则表示从$t(n)$分布中随机抽取误差项，并按根均方误差标度误差项
无	选择此项，则表示不添加随机误差项

"最大预测变量数"输入框：该输入框用于指定能进入回归方程的自变量的最大个数。

"保存完成的数据"复选框：与EM对话框中类似。

在"缺失值分析"对话框中选中"EM"或"回归"后，单击"变量"按钮，弹出如图11-6所示的"缺失值分析：EM的变量以及回归"对话框。

在此对话框中选择指定变量的方式："使用所有定量变量"，表示使用所有定量变量；"选择变量"，表示由用户自行设置分析变量。

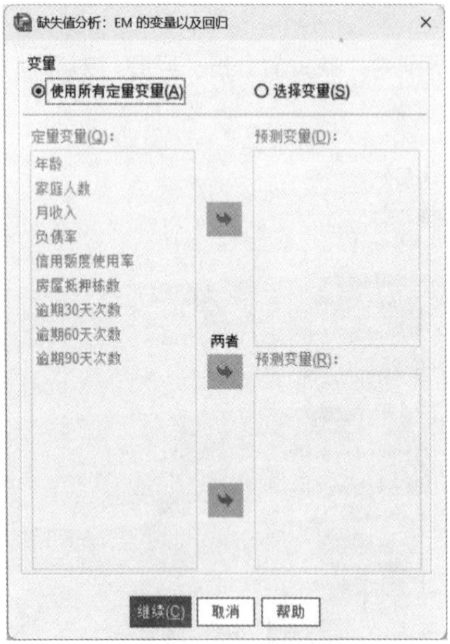

图11-6 "缺失值分析：EM的变量以及回归"对话框

"定量变量"列表框：该列表框用于显示所有可用于缺失值分析的定量变量。

"预测变量"列表框：包括两个列表框，上半部分的"预测变量"列表框中用于选入需要估计缺失值的因变量，下半部分的"预测变量"列表框中用于选入需要估计缺失值的自变量。

"两者"按钮：单击此按钮，可以把"定量变量"列表框中选中的变量，同时选入两个"预测变量"列表框中。

单击"继续"按钮返回到"缺失值分析"对话框。

（3）输出分析结果

设置完毕后，单击“缺失值分析”对话框中的“确定”按钮，就可以在SPSS Statistics查看器窗口得到缺失值分析的结果了。

11.2.2　案例：客户贷款申请数据缺失值分析

（1）案例数据简介

客户贷款申请数据中，每个个案对应一个单独的客户，并记录各类人口统计和服务用途信息。下面结合本数据文件详细说明如何得到数据文件的缺失值，深入认识SPSS的缺失值分析过程。

打开数据文件，在SPSS Statistics数据编辑器窗口中可以看到数据文件的变量描述，变量视图如图11-7所示，数据视图如图11-8所示。

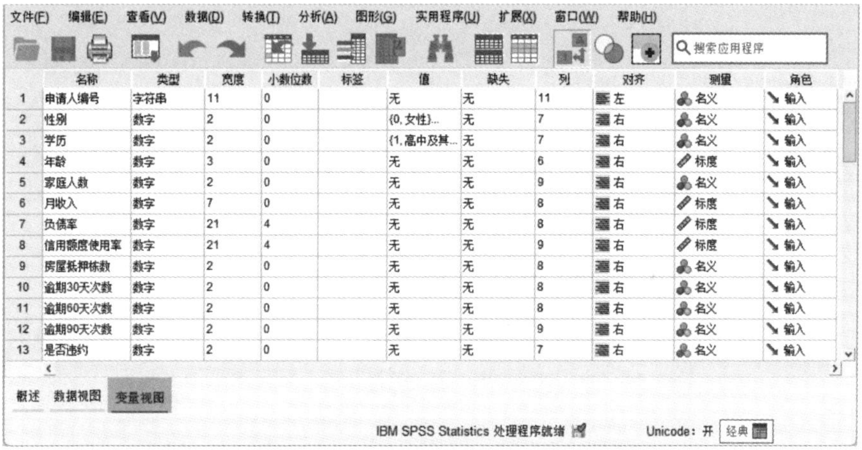

	名称	类型	宽度	小数位数	标签	值	缺失	列	对齐	测量	角色
1	申请人编号	字符串	11	0		无	无	11	左	名义	输入
2	性别	数字	2	0		{0, 女性}...	无	7	右	名义	输入
3	学历	数字	2	0		{1, 高中及其...	无	7	右	名义	输入
4	年龄	数字	3	0		无	无	6	右	标度	输入
5	家庭人数	数字	2	0		无	无	9	右	名义	输入
6	月收入	数字	7	0		无	无	8	右	标度	输入
7	负债率	数字	21	4		无	无	8	右	标度	输入
8	信用额度使用率	数字	21	4		无	无	9	右	标度	输入
9	房屋抵押栋数	数字	2	0		无	无	8	右	名义	输入
10	逾期30天次数	数字	2	0		无	无	8	右	名义	输入
11	逾期60天次数	数字	2	0		无	无	8	右	名义	输入
12	逾期90天次数	数字	2	0		无	无	9	右	名义	输入
13	是否违约	数字	2	0		无	无	7	右	名义	输入

图11-7　数据文件变量视图

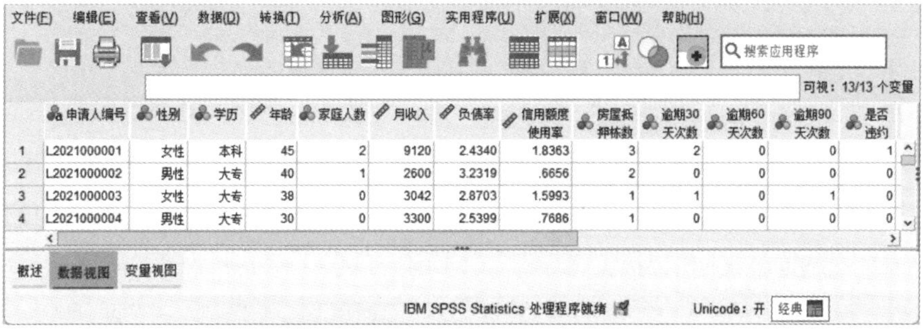

	申请人编号	性别	学历	年龄	家庭人数	月收入	负债率	信用额度使用率	房屋抵押栋数	逾期30天次数	逾期60天次数	逾期90天次数	是否违约
1	L2021000001	女性	本科	45	2	9120	2.4340	1.8363	3	2	0	0	1
2	L2021000002	男性	大专	40	1	2600	3.2319	.6656	2	0	0	0	0
3	L2021000003	女性	大专	38	0	3042	2.8703	1.5993	1	1	0	1	0
4	L2021000004	男性	大专	30	0	3300	2.5399	.7686	1	0	0	0	0

图11-8　数据文件数据视图

（2）案例操作步骤

① 打开数据文件，进入SPSS Statistics数据编辑器窗口，在菜单栏中依次选择【分析】|【缺失值分析】选项，打开"缺失值分析"对话框。

② 选择"性别""学历"2个变量进入"分类变量"列表框；选择"年龄""家庭人数""月收入""负债率""信用额度使用率""房屋抵押栋数""逾期30天次数""逾期60天次数""逾期90天次数"9个变量进入"定量变量"列表框，如图11-9所示。

③ 在"缺失值分析"对话框中单击"模式"按钮，弹出"缺失值分析：模式"对话框。选中"显示"选项组中的"个案表（按缺失值模式分组）"复选框，从缺失模式列表框中选中"学历"变量进入附加信息列表框。其他采用默认设置，设置结果如图11-10所示。设置完毕，单击"继续"按钮，回到"缺失值分析"对话框。

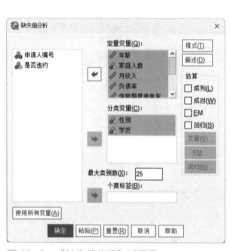

图 11-9 "缺失值分析"对话框

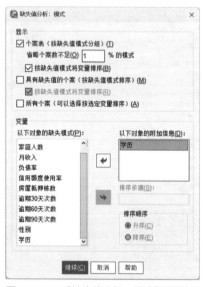

图 11-10 "缺失值分析：模式"对话框

④ 单击"缺失值分析"对话框中的"描述"按钮，弹出"缺失值分析：描述"对话框。选中"单变量统计"复选框及"指示符变量统计"选项组中的"使用由指示符变量构成的组执行t检验"复选框和"生成分类变量和指示符变量的交叉表"复选框，其他采用默认设置，设置结果如图11-11所示。

⑤ "缺失值分析：EM"中的参数选用默认设置即可，如图11-12所示。

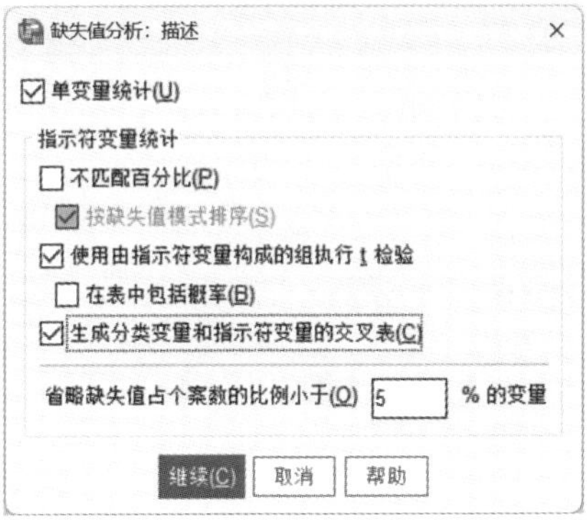

图 11-11 "缺失值分析：描述"对话框

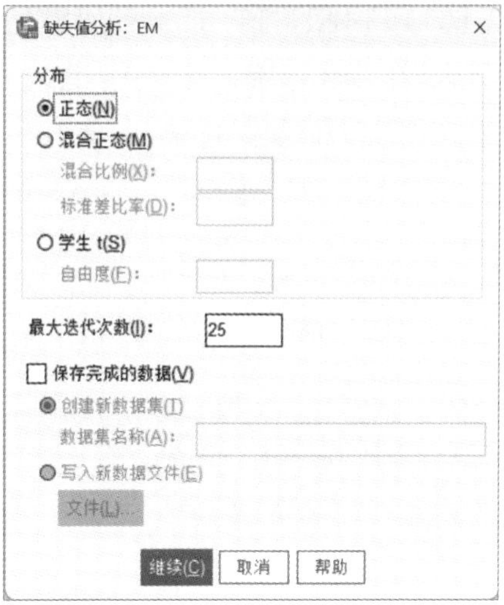

图 11-12 "缺失值分析：EM"对话框

（3）案例结果分析

设置完毕后，单击"缺失值分析"对话框中的"确定"按钮，就可以在SPSS Statistics查看器窗口得到缺失值分析的结果，如图11-13 ~ 图11-21所示。

图11-13所示的"单变量统计"表给出了所有分析变量未缺失数据的频数、平均值和标准差，同时给出了缺失值的个数和百分比以及极值的统计信息。通过这些信息，我们可以初步了解数据的概貌特征，以月收入一栏为例，月收入变量的有效数据有816个，它们的均值为6652.55，标准差（标准偏差）为8810.506，缺失数据有184个，占数据总数的比例为18.4%，有35个极大值。

单变量统计

	个案数	平均值	标准 偏差	缺失 计数	缺失 百分比	极值数[a] 低	极值数[a] 高
年龄	995	38.53	7.526	5	.5	0	0
家庭人数	960	.71	1.052	40	4.0	0	75
月收入	816	6652.55	8810.506	184	18.4	0	35
负债率	987	2.583964	1.3918787	13	1.3	0	0
信用额度使用率	989	1.164172	1.0804240	11	1.1	0	40
房屋抵押栋数	986	2.08	2.383	14	1.4	0	0
逾期30天次数	981	.26	.716	19	1.9	0	.
逾期60天次数	979	.06	.296	21	2.1	0	.
逾期90天次数	982	.08	.365	18	1.8	0	.
性别	1000			0	.0		
学历	1000			0	.0		

a. 超出范围 (Q1 - 1.5*IQR, Q3 + 1.5*IQR) 的个案数。

图 11-13 单变量统计表

241

图11-14和图11-15为使用EM法进行缺失值的估计后，总体数据的均值和标准差的变化情况，其中"所有值"行为原始数据的统计特征，"EM"行为使用EM法后总体数据的统计特征。

估算平均值摘要

	年龄	家庭人数	月收入	负债率	信用额度使用率	房屋抵押栋数	逾期30天次数	逾期60天次数	逾期90天次数
所有值	38.53	.71	6652.55	2.583964	1.164172	2.08	.26	.06	.08
EM	38.54	.71	6590.92	2.583591	1.164990	2.08	.26	.06	.08

图 11-14　估算平均值摘要

估算标准差摘要

	年龄	家庭人数	月收入	负债率	信用额度使用率	房屋抵押栋数	逾期30天次数	逾期60天次数	逾期90天次数
所有值	7.526	1.052	8810.506	1.3918787	1.0804240	2.383	.716	.296	.365
EM	7.528	1.052	8800.634	1.3917987	1.0808237	2.383	.716	.296	.366

图 11-15　估算标准差摘要

图11-16给出了独立方差t检验结果，通过此表，用户可以找出影响其他定量变量的缺失值模式，即通过单个方差t统计量结果检验缺失值是否为完全随机缺失。

独立方差 t 检验[a]

		年龄	家庭人数	月收入	负债率	信用额度使用率	房屋抵押栋数	逾期30天次数	逾期60天次数	逾期90天次数
月收入	t	-.1	6.9		.1	-1.2	-.5	1.6	1.1	.3
	自由度	274.3	273.4		270.0	257.6	267.0	317.6	367.5	280.6
	存在数	811	809	816	803	806	804	802	797	800
	缺失数	184	151	0	184	183	182	179	182	182
	平均值（存在）	38.52	.79	6652.55	2.586354	1.144025	2.06	.27	.06	.08
	平均值（缺失）	38.57	.28		2.573533	1.252905	2.15	.19	.04	.07

对于每个定量变量，由指示符变量构成组对（存在与缺失）。

a. 不会显示缺失百分比低于 5% 的指示符变量。

图 11-16　独立方差 t 检验结果

图11-17以学历为例给出了分类变量与其他定量变量间的交叉表。该表给

242

出了在不同学历情况下，各分类变量非缺失的个数和百分比，以及各种缺失值的个数和百分比，图中标识了系统缺失值的取值，以及各变量在不同学历情况中的分布情况。

学历

			总计	高中及其以下	大专	本科	硕士及其以上
月收入	存在	计数	816	222	336	225	33
		百分比	81.6	77.1	80.2	88.9	82.5
	缺失	系统缺失值百分比	18.4	22.9	19.8	11.1	17.5

不会显示缺失百分比低于 5% 的指示符变量。

图 11-17　分类变量和定量变量交叉表

图11-18给出了制表模式输出结果，就是缺失值样式表，它给出了缺失值分布的详细信息，表中用X标识使用该模式下缺失的变量。由图可以看出，所有显示的1000个个案中，11个变量值都完整的个案数有727个，缺失月收入值的个案有145个，同时缺失家庭人数和月收入值的个案有29个，表格其他数据的解释类似。

图 11-18　制表模式输出结果

图11-19 ~ 图11-21给出了EM算法的相关统计量，包括EM平均值、协方差和相关性。从三个表格下方的利特尔MCAR检验可知，卡方检验的显著性（即重要性）都明显小于0.05，因此，我们拒绝了缺失值为完全随机缺失的假设。

EM 平均值[a]

年龄	家庭人数	月收入	负债率	信用额度使用率	房屋抵押栋数	逾期30天次数	逾期60天次数	逾期90天次数
38.54	.71	6590.92	2.583591	1.164990	2.08	.26	.06	.08

a. 利特尔 MCAR 检验：卡方 = 218.523，自由度 = 170，重要性 = .007。

图 11-19　EM 平均值输出结果

EM 协方差[a]

	年龄	家庭人数	月收入	负债率	信用额度使用率	房屋抵押栋数	逾期30天次数	逾期60天次数	逾期90天次数
年龄	56.671								
家庭人数	1.511	1.106							
月收入	7901.542	1035.195	77451152.779						
负债率	.010	.019	362.915	1.9371035					
信用额度使用率	-.440	-.004	-150.189	-.0876906	1.1681799				
房屋抵押栋数	-1.250	.017	1309.936	-.1353517	.0870569	5.679			
逾期30天次数	.177	.058	364.753	.0531759	-.0325159	-.076	.513		
逾期60天次数	-.028	.008	-75.562	.0233553	.0152896	.007	.071	.088	
逾期90天次数	-.110	-.004	-78.811	.0396427	.0059594	-.036	.053	.044	.134

a. 利特尔 MCAR 检验：卡方 = 218.523，自由度 = 170，重要性 = .007。

图 11-20　EM 协方差输出结果

EM 相关性[a]

	年龄	家庭人数	月收入	负债率	信用额度使用率	房屋抵押栋数	逾期30天次数	逾期60天次数	逾期90天次数
年龄	1								
家庭人数	.191	1							
月收入	.119	.112	1						
负债率	.001	.013	.030	1					
信用额度使用率	-.054	-.003	-.016	-.058	1				
房屋抵押栋数	-.070	.007	.062	-.041	.034	1			
逾期30天次数	.033	.077	.058	.053	-.042	-.045	1		
逾期60天次数	-.013	.026	-.029	.057	.048	.010	.337	1	
逾期90天次数	-.040	-.009	-.024	.078	.015	-.041	.200	.407	1

a. 利特尔 MCAR 检验：卡方 = 218.523，自由度 = 170，重要性 = .007。

图 11-21　EM 相关性输出结果

12

SPSS 数据可视化

▼

统计图是用于表示数据的一种可视化工具，它可以帮助人们
快速地理解和分析数据。SPSS可以绘制的图形包括条形图、折线
图、面积图、箱图等各种常用图形，几乎满足了用户的所有需求。
本章将结合实例详细介绍如何利用SPSS绘制统计图形。

12.1 SPSS 绘图功能概述

12.1.1 图表构建器概述

使用SPSS的图形构建程序，可以通过鼠标拖拉过程完成图形的绘图工作。首先选择图形的类型，然后从类型库中选择自己想要输出的图形描述，通过将不同的变量名拖入对应的坐标轴，用户即可以绘制各种常用图形。在菜单选项组中依次选择【图形】|【图表构建器】选项，打开如图12-1所示的"图表构建器"对话框。

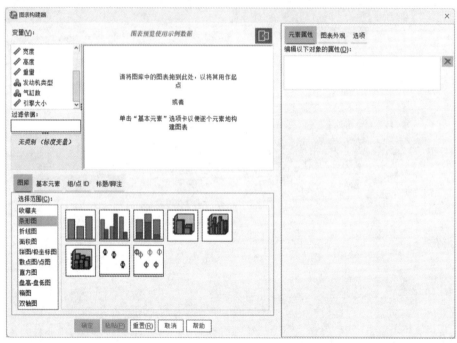

图 12-1 "图表构建器"对话框

用户通过图表构建器可以根据预定义的图库图表或图表的单独部分生成图表，"图表构建器"对话框界面主要包括以下几部分。

◯（1）"变量"列表

该列表显示了"图表构建器"所打开的数据文件中的所有可用变量。如果在此列表中所选的变量为分类变量，则"类别"列表会显示该变量的已定义类别。

（2）画布

画布位于"图表构建器"对话框的中间位置，是生成图表的区域。在绘图过程中，用户可以通过使用鼠标将图库图表或基本元素拖放到画布上生成图表，画布会显示图表的预览。

（3）"图库"选项卡

"图表构建器"对话框默认打开"图库"选项卡，如图12-2所示。

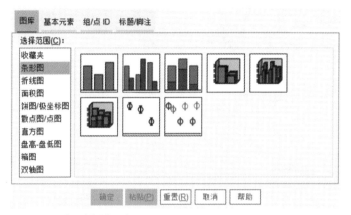

图 12-2　"图库"选项卡

"选择范围"列表框包括"图表构建器"可以绘制的各种常用图形及收藏夹，单击其中的某一图表类型，右侧即显示图表类型可用的图库。用户可以单击选中所需图表的图片，然后将其拖到画布上，也可以双击图表图片，同样使其反映在画布上。

（4）"基本元素"选项卡

在"图表构建器"对话框中单击"基本元素"选项卡，打开如图12-3所示的"基本元素"选项卡界面。

基本元素包括轴和图形元素。这些元素之所以为"基本元素"，是因为缺少它们就无法创建图表。如果用户是第一次使用"图表构建器"，建议改用图库图表，由于图库图表能够自动设置属性并添加功能，因此可以简化图形的创建过程。"选择轴"中列出了用户可选的5种坐标轴形式，"选择元素"中则给出了10种用户可选的图形元素。

247

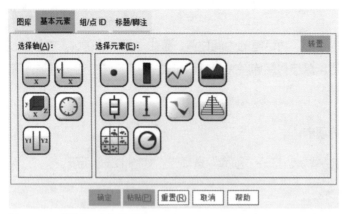

图12-3　"基本元素"选项卡

在实际操作过程中，如果画布是空白的，通常先将一个轴系拖到画布上，然后拖动图形元素，添加图形元素类型。值得注意的是，并不是所有图形元素都可以用于特定轴系。

（5）"组／点 ID"选项卡

在"图表构建器"对话框中单击"组／点 ID"选项卡，打开如图12-4所示的"组／点 ID"选项卡界面。

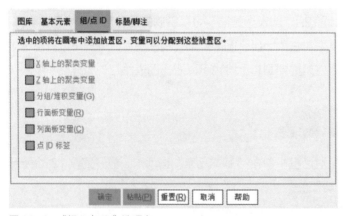

图12-4　"组／点 ID"选项卡

选择"组／点 ID"选项卡界面中的某一复选框，将会在画布中增加相应的一个放置区；同理，也可以通过单击已选择的复选框取消在画布中添加的放置区。

248

（6）"标题/脚注"选项卡

在"图表构建器"对话框中单击"标题/脚注"选项卡，打开如图12-5所示的"标题/脚注"选项卡界面。

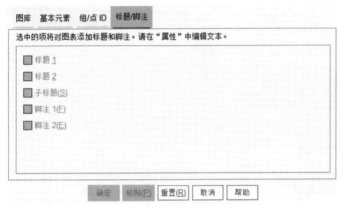

图12-5 "标题/脚注"选项卡

用户通过选择"标题/脚注"选项卡界面中的相应复选框，并在"元素属性"对话框中的"内容"文本框中输入相应标题名或脚注名，然后单击"应用"按钮使设置内容生效，这样便可以为输出的图形添加标题或脚注说明。

（7）"元素属性"按钮

在"图表构建器"对话框中单击"元素属性"按钮，则弹出如图12-6所示的"元素属性"设置界面。

"编辑以下对象的属性"列表框用于显示可以进行属性设置的图形元素，图中显示的图形元素包括条形图1、X-Axis1、Y-Axis1等。每一种图形元素可以设置的属性往往是不同的，用户应按照预定目标对相应元素属性进行设置。元素属性设置完毕后，单击"应用"按钮使设置生效。

（8）"图表外观"按钮

在"图表构建器"对话框中单击"图表外观"按钮，弹出如图12-7所示的"图表外观"设置界面，用户可以在此设置编辑图形的颜色、内外框和网格线等。

（9）"选项"按钮

在"图表构建器"对话框中单击"选项"按钮，弹出如图12-8所示的"选

项"设置界面，用户可以在此设置绘图时如何处理缺失值及选用哪些图形面板等
内容。

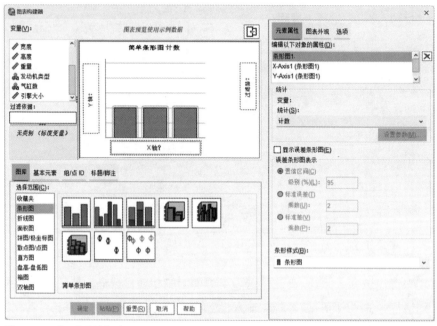

图 12-6 "元素属性"选项

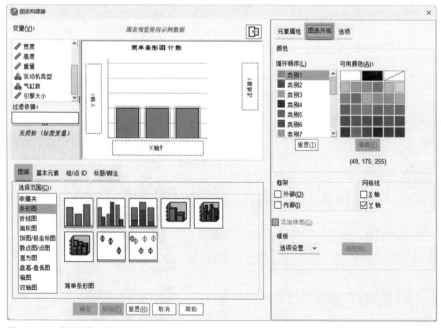

图 12-7 "图表外观"选项

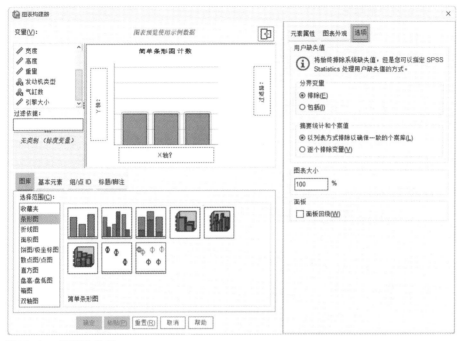

图 12-8 "选项"选项

①"用户缺失值"选项组

该选项组用于设置缺失值的处理方式。对于系统缺失值，SPSS 在绘图时将不加以统计；对于分界变量（分组变量）的缺失值有两种处理方式。

·"排除"选项：表示绘图时忽略这些用户定义缺失值。

·"包括"选项：表示绘图时把它们作为一个单独的类别加以统计。

②"摘要统计和个案值"选项组

该选项组用于设置当观测变量出现用户定义缺失值时的处理方法。

·"以列表方式排除以确保一致的个案库"选项：表示绘图时直接忽略这个观测。

·"逐个排除变量"选项：表示只有包含缺失值的变量用于当前计算和分析时才忽略这个观测。

③"图表大小"文本框

该文本框用于设置图形显示的大小，默认值为100%。

④"面板"选项

该选项用于图形列过多时的显示设置。若选择"面板回绕"复选框，则表示

251

图形列过多时允许换行显示；否则，图形列过多时，每行上的图形会自动缩小以显示在同一行中。

设置完毕后，单击"确定"按钮回到主对话框。

12.1.2 图形画板模板选择器概述

图形画板模板选择器为用户提供了一个绘制图形的简易可视化界面，用户通过该程序即使在不清楚自己所要输出图形类型的情况下也能顺利完成绘制工作，经过简单的设置便能输出令自己满意的图形。

打开要分析的数据文件后，在菜单选项组中依次选择【图形】|【图形画板模板选择器】选项，打开如图12-9所示的"图形画板模板选择器"对话框。

图12-9 "图形画板模板选择器"对话框

"图形画板模板选择器"对话框包括四个选项卡：基本、详细、标题及选项。下面分别进行介绍。

（1）"基本"选项卡

当用户不确定哪种直观表示类型最能代表要分析的数据时，可以使用"基本"选项卡，用户选择数据时，对话框会自动显示适合数据的直观表示类型子集。

① 变量列表

变量列表将显示所打开数据文件中的所有变量。用户可以通过单击选择变量列表上方的"自然""名称"和"类型"单选按钮对列表中的变量进行排序。选择一个或多个变量后，对话框右侧会显示对应可用的直观表示图类型。

② "摘要"下拉列表

对于某些直观表示，可以选择一个摘要统计。常用的摘要统计量包括计数、和、平均值、极小值和极大值等。

③ 管理模板和样式表

单击"基本"选项卡中的"管理"按钮，将弹出如图12-10所示的"管理本地模板、样式表和地图"对话框。

图12-10　"管理本地模板、样式表和地图"对话框

"模板"选项卡列出所有本地模板；"样式表"选项卡列出所有本地样式表并显示带有样本数据的示例直观表示，用户可以选择一个样式表将其样式应用到示例直观表示。

用户可以在当前激活的所有选项卡上进行以下操作。

·导入：用于从文件系统中导入直观表示模板或样式表。导入模板或样式表使其可以用于SPSS应用程序。用户只有在导入模板或样式表后才能在应用程序中使用另一个用户发送的模板或样式表。

·导出：用于将直观表示模板或样式表导出到文件系统中。当用户想将模板或样式表发送给另一个用户时，可以将其导出。

·重命名：用于重命名所选的直观表示模板或样式表，但用户无法将模板名称更改为已使用的名称。

·导出地图键：用于将直观表示地图键导出到文件系统中。适用于用户将地图键发送给另一个用户的情况。

·删除：用于删除所选的直观表示模板或样式表。

（2）"详细"选项卡

当用户知道自己想创建什么类型的直观表示或想将可选外观、面板或动画添加到直观表示中时，可以使用"详细"选项卡。

在"图形画板模板选择器"对话框中单击"详细"标签，显示如图12-11所示的界面。

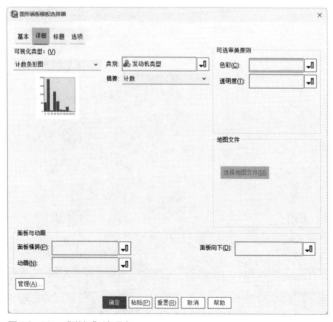

图 12-11　"详细"选项卡

① 可视化类型

"计数条形图"所在位置即为图表类型下拉列表，用户选择好图表类型后，界面将自动显示图形的直观表示类型。如果用户在"基本"选项卡上选择了一个直观表示类型，"详细"选项卡将显示该类型。

图表元素简单设置包括图表轴系和摘要统计量的设置，这些选项的功能如下。

·"类别"下拉列表：用于选择饼图扇形所代表的内容。

·"摘要"下拉列表：对于某些直观表示，用户可以选择一个摘要统计。

②"可选审美原则"选项组

通过"可选审美原则"选项组，用户可以对图形进行外观显示设置，设置不同的图形有不同的选项。将"可视化类型"选择为"聚类箱图"，"详细"选项卡将如图12-12所示。

图12-12   "聚类箱图"类型时的"详细"选项卡

a."色彩"下拉列表。当用户使用分类变量定义颜色时，系统将根据单个类别拆分直观表示图形，一个类别一种颜色。当颜色是连续数值范围时，颜色根据变量的值而不同。如果图形元素代表多个个案，且一个范围变量用于颜色，则颜

255

色根据范围变量的均值而不同。

b.“大小”下拉列表。当用户使用分类变量定义大小时，系统则根据单个类别拆分直观显示图形，一个类别一个大小。当大小是连续数值范围时，大小根据变量的值而不同。同样，如果图形元素代表多个个案，且一个范围变量用于定义大小，则大小根据范围变量的均值而不同。

c.“透明度”下拉列表。当用户使用分类变量定义透明度时，系统将根据单个类别拆分直观表示，一个类别一个透明度级别。当透明度是连续数值范围时，根据范围字段/变量的值透明度各不相同。如果图形元素代表多个个案，且一个范围变量用于透明度，则透明度根据范围变量的均值各不相同。在最大值处，图形元素完全透明；在最小值处，则完全不透明。

d.“数据标签”下拉列表。任何类型的数据都可以用来定义数据标签，数据标签与图形元素相关联。

③“面板与动画”选项组

该选项组用于选择面板变量和动画变量，经此，用户可以得到个性化的图形。

a.“面板横跨”下拉列表。该下拉列表用于从中选择面板变量，且只能选择分类变量。输出图形中将为每个类别生成一个图形，但是所有面板同时从左至右依次显示。面板对于检查直观表示是否取决于面板变量的条件非常有用。

b.“面板向下”下拉列表。该下拉列表用于从中选择面板变量，且只能选择分类变量。输出图形中将按每个类别从上至下依次生成一个图形，但是所有面板同时显示。

c.“动画”下拉列表。该下拉列表用于从中选择动画变量，用户可以指定分类变量或连续变量作为动画变量，若选用连续变量，则变量值将自动被拆分到范围中。动画与面板类似，输出结果从动画变量的值中创建了多个图形，但是这些图形不一起显示。

○ （3）“标题”选项卡

在“图形画板模板选择器”对话框中单击“标题”标签，进入“标题”选项卡界面。选择“使用定制标题”单选按钮便可以在对应文本框中设置输出图形的标题、副标题和脚注；若采用默认的“使用缺省标题”单选按钮，则不会在输出图形中添加任何标题和脚注。

（4）"选项"选项卡

用户可以使用此选项卡指定在"输出查看器"中出现的输出标签、可视化样式表和缺失值处理方法。选项卡界面如图12-13所示。

图 12-13 "选项"选项卡

①"输出标签"选项

该选项用于设置在"输出查看器"的概要窗格中出现的文本，用户可以在"标签"文本框中输入想要输出的内容。缺省标签是根据变量和模板选择而产生的，如果更改了标签，后来又希望恢复缺省标签，单击"缺省"按钮即可。

②"样式表"选项

用户可以单击"选择"按钮选择可视化样式表用于指定可视化的样式属性。

③"用户缺失值"选项组

该选项组用于设置所分析数据缺失值的处理方式。

257

12.1.3　直接创建可视化图形

在SPSS 29中，"图形"菜单中的"旧对话框"子菜单已经删除，但是可以直接创建可视化图形，主要类型有：关系图、条形图、三维条形图、折线图、面积图、饼图、盘高－盘低图、箱图、误差条形图、人口金字塔图、散点图/点图和直方图等。

下面以创建条形图为例进行介绍。

① 打开要分析的数据文件后，在菜单选项组中依次选择【图形】|【条形图】选项，打开如图12-14所示的"条形图"对话框。

"条形图"对话框主要包括两部分。对话框上半部分显示出要创建的图形类型的各种直观表示，如对于条形图，用户可以选择的图形类型有"简单""簇状"和"堆积"三种，用户应结合各种图形类的特征和自己的分析目的选择一种直观表示。

"图表中的数据为"选项组用于选择要在图形中分析和显示的数据。为方便下文描述，假设用户选择"个案组摘要"单选按钮。

② 当用户设置好图形直观表示及显示数据后，单击"条形图"对话框中的"定义"按钮，将弹出如图12-15所示的"定义简单条形图：个案组摘要"对话框，可在此进行图形详细设置。

图12-14　"条形图"对话框　　　图12-15　"定义简单条形图：个案组摘要"对话框

a."条形表示"选项组。该选项组用于选择输出图形要显示的摘要统计量。除对话框中显示的摘要统计量外，用户还可以更改输出的统计量，具体步骤为：选择"其他统计（例如平均值）"单选按钮，然后从变量列表中选择相应变量进入"变量"列表框，单击"更改统计"按钮，从打开的对话框中选择想要输出的统计量，最后单击"继续"按钮即可完成设置。

b."类别轴"列表框。该列表框用于从变量列表中选入 X 轴要表示的变量。

c."面板划分依据"选项组。该选项组用于对要输出的面板图形进行设置，"行"和"列"输入框用于选入行或列面板变量。对于某些图表，仅可按行或按列生成面板，而对于其他图表，则同时按行和列生成面板。

如果行或列中的变量嵌套，则可选择"嵌套变量（无空行）"复选框，表示仅针对每个嵌套而不是每个类别组合创建面板。如果变量的含义依赖于其他变量的值，则该变量是嵌套的。

如果未选择"嵌套变量（无空列）"复选框，则变量会存在交叉，这意味着将为每个变量中的每个类别组合创建一个面板。如果变量嵌套，则会导致出现空列或空行。

d."要使用的图表指定项的来源"复选框。用于打开图形显示模板，选择此复选框后，可单击"文件"按钮选择相应模板。

e."标题"设置。单击"标题"按钮，打开"标题"对话框，用户可以在此设置输出图形的标题和脚注等。设置完毕后单击"继续"按钮，即可回到主对话框进行其他设置。

f."选项"设置。在"选项"对话框中用户可以对缺失值的处理及误差条形图等进行设置。

③ 输出图形所有设置完毕后，单击主对话框中的"确定"按钮，即可从SPSS Statistics查看器中输出设置好的图形。

12.2 条形图

12.2.1 条形图及其类型

条形图是一种使用条形的长度或高度来表示数值的图表类型。它通常由一组

259

平行的条形组成，每个条形代表一个分类或类别，而条形的高度或长度则表示该分类的数值大小。

条形图可以非常直观地比较不同分类之间的数值大小，并且可以清晰地显示出数据的分布和趋势。由于其简单易懂的特点，条形图在商业、教育、科研等领域得到了广泛应用。

条形图的优点如下。

① 直观易懂：条形图使用简单的元素（即条形）来表示数据，使图表易于理解和解释。

② 可比性强：条形图可以方便地比较不同分类之间的数据大小和比例关系。

③ 灵活性高：条形图可以适用于各种不同的数据类型和场景，可以根据需要选择不同的类型和格式。

SPSS提供了9种组合绘制不同数据类型的条形图，9种组合可以由3种常用图形和3种描述模式组合而成，下面将对其分别进行说明。

（1）条形图常用的图形类型

条形图常用的图形类型有3种，分别是简单条形图、分类条形图和堆积条形图。

① 简单条形图

简单条形图又称单式条形图，该条形图用单个条形对每一个类别、观测或变量做对比，用间隔的等宽条表示各类统计数据的大小，主要由两个统计量决定。通过简单条形图可以清楚地看到各类数据间的对比情况。

② 分类条形图

分类条形图又称集群条形图，适用于对两个变量交叉分类的描述。该条形图使用一组条形对指标进行对比，每个组的位置是一个变量的取值，与其紧密排列的条带是以不同颜色标记的另一个变量的取值，因此图形主要由3个变量决定。分类图形可以看作是简单条形图中的每一条带对应数据根据其他变量所做的进一步分类。

③ 堆积条形图

堆积条形图适用于对两个变量交叉分类的描述。图表中每个条的位置是其中一个变量取值，条的长度是要描述的统计量的值，但是条带按照另一个变量各类别所占的比例被划分为多个段，并用不同的颜色或阴影来表示各个分段。

（2）条形图的描述方法

每种条形图的图形类型分别对应3种描述方法：个案分组模式、变量分组模式和个案模式。

① 个案分组模式

此模式将根据分组变量对所有个案进行分组，根据分组后的个案数据创建条形图。

② 变量分组模式

此模式可以描述多个变量，简单类型的条形图能描述文件的每一个变量；复杂类型的条形图能使用另一个分类变量描述一个变量。

③ 个案模式

此模式将为分组变量中的每个观测值生成一个条形图，因此个案模式适用于对原始数据进行一定整理后形成的概括性的数据文件。

12.2.2　案例：绘制简单条形图

下面将以数据文件说明简单条形图的SPSS操作过程，并对输出图形进行解释说明。

（1）案例数据简介

打开"汽车基本信息.xlsx"数据文件，在SPSS Statistics数据编辑器窗口中可以看到数据文件中的变量描述，如图12-16所示。

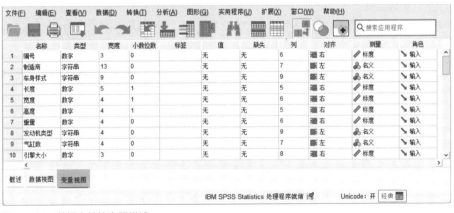

图12-16　数据文件的变量描述

261

接下来，我们将通过简单条形图案例介绍SPSS常用的2种绘图方法：图表构建器、图形画板模板选择器。

⃝ （2）用图表构建器绘制简单条形图

① 打开数据文件，进入SPSS Statistics数据编辑器窗口，在菜单选项组中依次选择【图形】|【图表构建器】选项，打开"图表构建器"对话框。

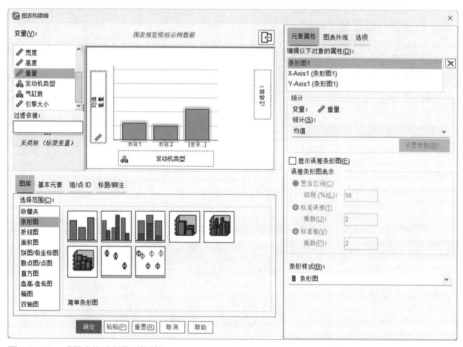

图 12-17　"图表构建器"对话框

② 在"选择范围"列表框中选择"条形图"，然后从右侧显示的直观表示中双击"简单条形图"的图标或将其选中拖入画布中。从变量列表中选中"发动机类型"变量并拖至X轴变量放置区，选择"重量"拖至Y轴变量放置区，"统计"类型选择"均值"。设置结果如图12-17所示。

③ 设置图形元素的属性。

在元素属性设置界面中，选择"均值"作为输出统计量，并选择"显示误差条形图"复选框，单击"应用"按钮使设置生效。

在"元素属性"对话框中单击X-Axis1进入X轴元素属性设置对话框，根据需要进行相应的设置，然后单击"应用"按钮使设置生效。

262

在"元素属性"对话框中单击Y-Axis1进入Y轴元素属性设置界面，在"轴标签"文本框中输入"均值重量"作为Y轴标签，其他采用默认设置，然后单击"应用"按钮使设置生效。

④ 在主对话框中单击"标题/脚注"标签，进入"标题/脚注"设置界面，选择"标题1"复选框，在"内容"文本框中输入"不同发动机类型车辆的平均重量"字样，最后单击"应用"按钮保存设置。

⑤ 输出图形。

所有设置完毕后，单击"图表构建器"对话框中的"确定"按钮，即可在SPSS Statistics查看器中输出图形，如图12-18所示。

上例简要说明了简单条形图下个案分组模式的SPSS操作过程，简单条形图的变量分组模式和个案模式做法与此类似。

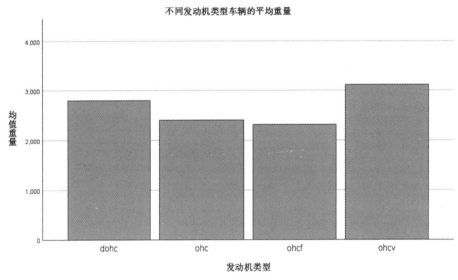

图12-18　简单条形图输出结果

（3）用图形画板模板选择器绘制简单条形图

数据文件依然是上述的"汽车基本信息"数据文件，我们将使用图形画板模板选择器得到与图12-18相似的输出结果。

① 打开数据文件，进入SPSS Statistics数据编辑器窗口，在菜单选项组中依次选择【图形】|【图形画板模板选择器】选项，打开"图形画板模板选择器"对话框。

② 在"基本"选项卡界面中，从变量列表中选择"重量"和"发动机类型"两个变量，对话框右侧将显示可用的图形表示，从中选择"条形图"表示，从"摘要"下拉列表框中选择"均值"作为输出摘要统计量。设置结果如图12-19所示。

图12-19　"基本"选项卡设置

③ 单击"图形画板模板选择器"对话框中的"详细"按钮，进入"详细"选项卡界面。这里采用默认设置。

④ 单击"图形画板模板选择器"对话框中的"标题"标签，进入"标题"选项卡界面，选择"使用定制标题"单选按钮，在"标题"文本框中输入"各国汽车平均发动机排量"。

⑤ 单击"图形画板模板选择器"对话框中的"选项"标签，进入"选项"选项卡界面。在"输出标签"的"标签"文本框中输入"简单条形图：发动机排量-原产地"字样，其他采用默认设置。

⑥ 输出图形。

所有设置结束后，单击"图形画板模板选择器"对话框中的"确定"按钮，在SPSS Statistics查看器中即输出与图12-18相似的图形。

（4）直接绘制简单条形图

① 打开"条形图"对话框

打开数据文件，进入SPSS Statistics数据编辑器窗口，在菜单选项组中依次选择【图形】|【条形图】选项，打开"条形图"对话框。选择"简单"直观表示，在"图表中的数据为"选项组中选择"个案组摘要"。

② "定义"按钮

单击"条形图"中的"定义"按钮，即可进入"定义简单条形图：个案组摘要"对话框。从"条形表示"选项组中选择"其他统计（例如平均值）"单选按钮，并从变量列表中将"重量"变量选入"变量"列表框中，系统默认表的特征为"重量"的均值。将"发动机类型"变量选入"类别轴"框中，其他采用默认设置，如图12-20所示。

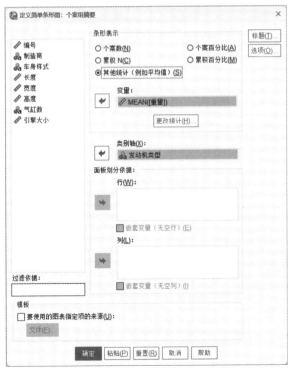

图12-20　定义个案组摘要

③"条形表示"选项组

该选项组中的选项用于定义条形图中条带的长度的统计量，各单选按钮含义如下。

·个案数：若选择此单选按钮，则表示条形图的长度为分类变量值的观测数。条形图中条的长度表示频数，分类变量可以是字符型变量或数值型变量。该选项为系统默认选项。

·个案百分比：若选择此单选按钮，则表示条形图的长度为分类变量的观测在总观测中所占的比重，即以频率作为统计量，条形图中条的长度表示的是频率。

·累积N：若选择此单选按钮，则表示条形图的长度为分类变量中到某一值的累积频数，即分类变量的当前值对应的个案数与以前各值对应的总个案数。

·累积百分比：若选择此单选按钮，则表示条形图的长度为分类变量中到某一值的累积百分比，即条的长度表示的是累积频率。

·其他统计（例如平均值）：若选择此单选按钮，则"变量"列表框被激活，选入变量后，系统默认设置对该变量的数据取均值，并作为条形图的长度。

④"统计"对话框

如果想选择其他的表示，则可单击"更改统计"按钮，打开如图12-21所示的"统计"对话框。

在"统计"对话框中可以选择总体特征的描述统计量、单侧区间数据的特征描述统计量和双侧区间数据的特征描述统计量。

总体特征的描述统计量设置较为简单，下面将重点介绍单侧区间的特征描述统计量和双侧区间的特征描述统计量的设置。

a. 单侧区间的特征描述统计量。"统计"对话框中间给出了单侧区间数据特征的描述统计量，当选择该部分中的选项时，上方的"值"文本框被激活，在文本框中输入数值，表示单侧区间的内界。按照原有数据与内界的大小关系，可将所有数据划分为两个区间，即大于该值的区间和小于该值的区

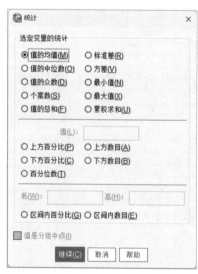

图12-21　"统计"对话框

间，各单选按钮含义分别介绍如下。

若选择"上方百分比"单选按钮，则以变量值大于阈值（内界）的比例作为条形的长度，"下方百分比"单选按钮的含义恰好相反。

若选择"百分位数"单选按钮，则表示以变量值的百分位数作为条形的长度。

若选择"上方数目"单选按钮，则表示以变量值大于阈值的个数作为条形的长度，"下方数目"单选按钮含义与之相反。

b. 双侧区间的特征描述统计量。"统计"对话框下方给出了双侧区间数据特征的描述统计量。当选择该部分中的选项时，上方的"低"和"高"文本框被激活，分别用于输入区间的下限和上限。各单选按钮含义分别介绍如下。若选择"区间内百分比"单选按钮，则表示以变量值在该区间的比例为纵轴；若选择"区间内数目"单选按钮，则表示以变量值在指定区间的数目为条形长度。

c."值是分组中点"复选框。若选择此复选框，则表示值由中点分类。

设置完毕后，单击"继续"按钮，即可返回主对话框中进行其他设置。

⑤"选项"对话框

单击"选项"按钮，打开"选项"对话框。用户可以在此对话框中设置对缺失值的处理方法、是否显示误差条形图及误差条形图的内容，图表的可用选项取决于图表的类型和数据。选择"显示误差条形图"复选框，其他采用默认设置，如图12-22所示。

"选项"对话框中的主要选项如下。

a."缺失值"选项组。该选项组中的选项仅在主对话框"误差条形图表示"选项组中有多个变量时才会被激活。用户若选择"成列排除个案"单选按钮，则表示被摘要的变量存在缺失值时会从整个图表中排除个案；若选择"按变量排除个案"单选按钮，则表示可从每个计算的摘要统计量中排除单个缺失个案，不同的图表元素可能基于不同的个案组。

b."显示带有个案标签的图表"复选框。若选择此复选框，则表示在图中显示个案的标签值。

设置完毕后，单击"继续"按钮，则可返回主对话框中进行其他设置。

图 12-22 "选项"对话框

⑥ 输出图形

所有设置完毕后，单击"定义简单条形图：个案组摘要"对话框中的"确定"按钮，即可在SPSS Statistics查看器中输出图形，结果如图12-18所示。

12.2.3　案例：绘制分类条形图

分类条形图能够反映更多的信息，它对X轴的每个取值再按某个指标进一步细分，并作出关于所得子类别的条形图。

我们继续利用上节中的数据文件，得到不同发动机类型下按气缸数分类的平均引擎大小条形图，观察发动机类型和气缸数对引擎大小均值的影响。下面将详细介绍如何利用图形画板模板选择器绘制分类条形图。

① 打开数据文件，进入SPSS Statistics数据编辑器窗口，在菜单选项组中依次选择【图形】|【图形画板模板选择器】选项，打开"图形画板模板选择器"对话框。

② 在"基本"选项卡界面中，从变量列表中选择"发动机类型"和"引擎大小"两个变量，选择条形图表示，从"摘要"下拉列表框中选择"均值"作为输出摘要统计量。

③ 单击"图形画板模板选择器"对话框中的"详细"标签，进入"详细"选项卡界面。从"可选审美原则"选项组的"色彩"下拉列表框中选择"气缸数"，设置结果如图12-23所示。

④ 在"标题"选项卡中为图标添加"不同发动机类型平均引擎大小"标题，其他均采用默认设置。

⑤ 输出图形。所有设置结束后，单击主对话框中的"确定"按钮，即可在SPSS Statistics查看器中输出图形，结果如图12-24所示。

12.2.4　案例：绘制堆积条形图

堆积条形图与分类条形图相似，差别只是堆积条形图不把子类别分散开来做条形图，而是将其逐次堆积在Y轴方向上，以便于更好地比较总值的大小。

下面将详细介绍如何利用图表构建器绘制不同发动机类型平均引擎大小的堆积条形图。

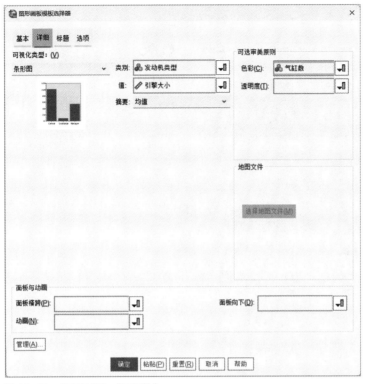

图12-23 色彩设置为"气缸数"

① 打开数据文件，进入 SPSS Statistics 数据编辑器窗口，在菜单选项组中依次选择【图形】|【图表构建器】选项，打开"图表构建器"对话框。

② 在"选择范围"列表框中选择"条形图"，然后从右侧显示的直观表示中双击"堆积条形图"表示或将其选中拖入画布中。从变量列表中选择"发动机类型"变量并拖至 X 轴变量放置区，选择"引擎大小"拖至 Y 轴变量放置区，将"气缸数"拖入"堆积"变量放置区。设置结果如图12-25所示。

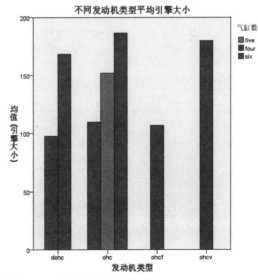

图12-24 分类条形图输出结果

269

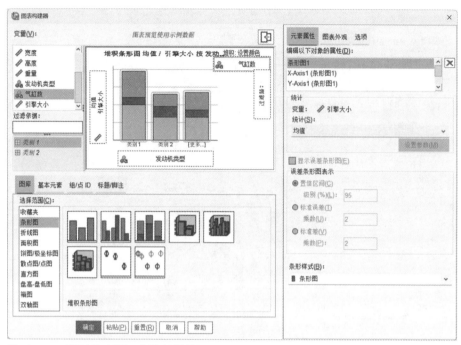

图 12-25 "图表构建器"对话框设置结果

③ 为图表添加"不同发动机类型平均引擎大小"标题,其他均采用默认设置。

④ 输出图形。所有设置结束后,单击主对话框中的"确定"按钮,即可在 SPSS Statistics 查看器中输出图形,如图12-26所示。

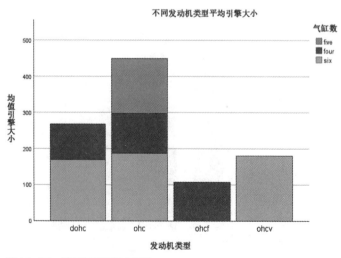

图 12-26 堆积条形图输出结果

12.3 折线图

12.3.1 折线图及其类型

折线图是由折线或曲线构成的图形，如股票的K线图、价格走势图、时间序列的趋势图等。折线图一般由2个变量绘制：一个变量作为分析的变量，即图中线所代表的含义；另一个变量是定性变量或时间变量，作为分类变量或参照变量，用于考察分析变量的变动状况。折线图也可以同时考察多个变量的变动状况，并从中找出数据之间的关系。

折线图最早由William Playfair于1786年用于时序数据的可视化，它通过将离散的时序数据点用线段连接起来进行数据的展示，可以帮助我们直观地感知数据的变化趋势及特征，因此它被认为是时序数据可视化的默认图表类型。

折线图可以显示随时间而变化的连续数据，因此非常适合显示相等时间间隔的数据趋势。在折线图中，类别数据沿水平轴均匀分布，值数据沿垂直轴均匀分布。例如为了显示不同日期的销售额走势，可以创建不同日期的销售额折线图。

折线图主要分为2种类型：简单线图和多重线图。

· 简单线图：用一条折线表示某个现象的变化趋势。

· 多重线图：用多条折线表示各种现象的变化趋势。

12.3.2 案例：绘制简单线图

如果需要用图形来描述马力[1]和发动机排量之间的关系形式，我们可以建立二者之间的线形图。接下来将演示如何用图表构建器绘制简单线图。

① 打开数据文件，进入SPSS Statistics数据编辑器窗口，在菜单选项组中依次选择【图形】|【图表构建器】选项，打开"图表构建器"对话框。

② 指定变量。在"选择范围"列表框中选择"折线图"，然后从右侧显示的直观表示中双击简单线图直观表示或将其选中拖入画布中。将变量"引擎大小"和"高度"分别拖入横轴和纵轴变量放置区内，设置结果如图12-27所示。

③ 同条形图一样，用户可以在"元素属性"对话框中对所有元素属性可选

---

[1] 马力是工程技术上常用的一种计量功率的常用单位。1马力约等于735瓦。

项进行设置。在属性设置对话框中选择"平均值"作为摘要统计量；在"标题/脚注"选项卡中选择"标题1"复选框；在"元素属性"对话框的"内容"文本框中输入"不同引擎大小汽车平均高度"作为输出简单线图的标题。设置完毕后，单击"应用"按钮使设置生效。

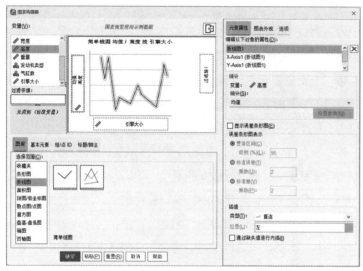

图12-27 "图表构建器"对话框变量设置结果

④ 输出图形。所有设置结束后，单击主对话框中的"确定"按钮，即可在SPSS Statistics查看器中输出图形，如图12-28所示。

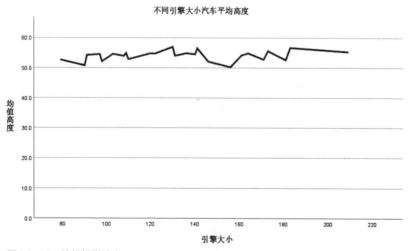

图12-28 简单线图输出

由图形可知，尽管随着汽车引擎的增大，汽车高度的变动幅度较大，但两者之间基本不相关。

12.3.3 案例：绘制多重线图

多重线图在一个图里显示多条趋势图，它需要指定一个分线变量，对其每个取值分别在图里作一条曲线，以便观察和比较不同类别的样本的变化趋势。

本节继续通过数据文件，介绍如何使用图形画板模板选择器绘制不同汽车尺寸和气缸数多重线图的多重线图。

① 打开数据文件，进入SPSS Statistics数据编辑器窗口，在菜单选项组中依次选择【图形】|【图形画板模板选择器】选项，打开"图形画板模板选择器"对话框。

② 在"基本"选项卡界面中，从变量列表中选择"长度"和"宽度"两个变量，从中选择线图直观表示，从"摘要"下拉列表框中选择"均值"作为输出摘要统计量。

③ 单击"图形画板模板选择器"对话框中的"详细"标签，进入"详细"选项卡界面。从"可选审美原则"选项组的"色彩"下拉列表框中选择"气缸数"。

④ 在"标题"选项卡中为图表添加"不同汽车尺寸和气缸数多重线图"标题，其他均采用默认设置。

⑤ 输出图形。所有设置结束后，单击主对话框中的"确定"按钮，即可在SPSS Statistics查看器中输出图形，如图12-29所示。

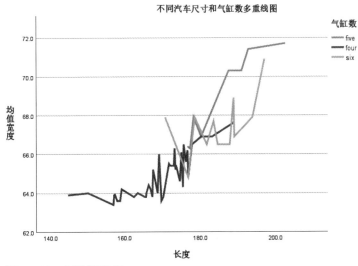

图 12-29　多重线图输出

273

12.4　饼图

12.4.1　饼图及其类型

饼图是一种以圆形表示数据的方式，它可以直观地展示数据中各部分所占的比例。在饼图中，每个扇区的弧长（或面积）大小表示该部分在总体中的相对比例。

饼图通常用于表示分类数据的比例关系，例如不同产品的销售额、市场占有率、用户比例等。通过观察饼图，人们可以快速了解各个分类在总体中所占的比重，以及各分类之间的相对大小关系。

饼图可以制作成平面或立体的形式，但一般来说，平面饼图更为常见。在制作饼图时，需要注意数据的准确性和可靠性，避免出现数据异常或错误的情况。同时，为了使饼图更加直观易读，需要合理选择颜色、标签和比例等元素，并进行适当的排版和美化。

SPSS提供了3种不同的饼图模式，即个案分组模式、变量分组模式和个案模式。绘制饼图的程序同样主要有2种：图表构建器、图形画板模板选择器。

12.4.2　案例：绘制饼图

下面介绍如何使用图表构建器绘制不同汽车制造商数量百分比的饼图。

① 打开数据文件，进入SPSS Statistics数据编辑器窗口，在菜单选项组中依次选择【图形】|【图表构建器】选项，打开"图表构建器"对话框。

② 在"选择范围"列表框中选择"饼图/极坐标图"，然后从右侧显示的直观表示中双击"饼图"表示或将其选中拖入画布中，将变量"制造商"拖入横轴放置区内。

③ 与其他图形的绘制一样，可以在"元素属性"对话框中对所有元素属性可选项进行设置。在极坐标区域属性设置对话框中选择"计数"作为摘要统计量，单击"应用"按钮使设置生效，设置完毕后，单击"应用"按钮。

④ 输出图形。所有设置结束后，单击主对话框中的"确定"按钮，即可在SPSS Statistics查看器中输出图形，如图12-30所示。

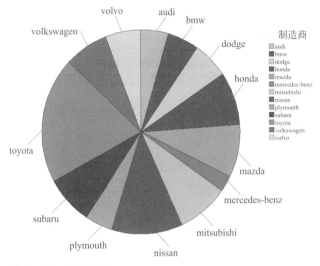

图 12-30　饼图输出

　　由该饼状图可以明显看出，所有汽车制造商中，商家 toyota 的百分比最大。

12.5　散点图

12.5.1　散点图及其类型

　　散点图是以点的分布情况反映变量之间相互关系的一种统计图形，散点图适用于描绘测量数据的原始分布状况，用户可以通过点的位置判断观测值的高低、大小、变动趋势或变化范围。

　　SPSS 提供了散点图的 5 种基本类型，分别为简单散点图、重叠散点图、矩阵散点图、三维散点图和简单圆点图，各基本类型含义简单介绍如下。

　　① 简单散点图。用于对照某个变量绘制另一个变量或在一个标记变量定义的类别中绘制两个变量。

　　② 重叠散点图。用于绘制两个或多个 y–x 变量对，每对都采用不同标记来表示。

　　③ 矩阵散点图。行和列数与所选矩阵变量个数相等，所有可能变量组合被

275

显示（变量1对比变量2）和"翻转"（变量2对比变量1）。

④ 三维散点图。用于在三维空间内绘制三个变量。

⑤ 简单圆点图。用于为某个数值变量绘制各个观察值。

12.5.2 案例：绘制简单散点图

下面介绍如何使用图形画板模板选择器绘制汽车长度和宽度的简单散点图。

① 打开数据文件，进入 SPSS Statistics 数据编辑器窗口，在菜单选项组中依次选择【图形】|【图形画板模板选择器】选项，打开"图形画板模板选择器"对话框。

② 在"基本"选项卡界面中，从变量列表中选择"长度"和"宽度"变量，从右侧可用图形类型中选择"散点图"。

③在"标题"选项卡中为图表添加"汽车长度和宽度简单散点图"标题，其他均采用默认设置。

④ 输出图形。所有设置完毕后，单击主对话框中的"确定"按钮，即可在 SPSS Statistics 查看器中输出如图 12-31 所示的图形。

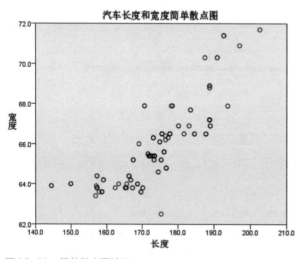

图 12-31　简单散点图输出

12.5.3 案例：绘制矩阵散点图

SPSS 提供的可以绘制矩阵散点图的程序主要有图表构建器和直接绘制两

种。下面将结合数据文件介绍图表构建器的SPSS操作过程。

① 打开数据文件，进入SPSS Statistics数据编辑器窗口，在菜单选项组中依次选择【图形】|【图表构建器】选项，打开"图表构建器"对话框。

② 在"选择范围"列表框中选择"散点图矩阵"，然后从右侧显示的直观表示中双击散点图矩阵直观表示或将其选中拖入画布中。将变量"长度""高度"和"重量"拖入散点矩阵变量放置区内。

③ 像绘制其他图形一样，用户可以在"元素属性"对话框中对所有元素属性可选项进行设置。在"标题/脚注"选项卡中选择"标题1"复选框，在"元素属性"对话框的"内容"文本框中输入"汽车长度高度与重量散点图矩阵"作为输出矩阵散点图的标题，设置完毕后，单击"应用"按钮使设置生效。

④ 输出图形。所有设置结束后，单击主对话框中的"确定"按钮，即可在SPSS Statistics查看器中输出图形，结果如图12-32所示。

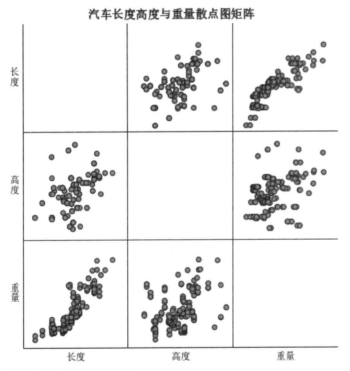

图12-32　矩阵散点图输出

由图12-32可以看出，长度与重量存在明显的相关性，长度与高度、高度与重量之间不存在明显的线性关系。

12.6 箱图

12.6.1 箱图及其类型

箱图也称箱状图、箱式图或箱线图，是一种用于显示一组数据分散情况资料的统计图。因形状如箱子而得名。它主要用于反映原始数据分布的特征，还可以进行多组数据分布特征的比较，在各种领域也经常被使用，常见于品质管理等方面。

箱图的类型主要有以下几种。

① 简单箱图：只包含一个数据序列的箱图。

② 分类箱图：包含两个或多个数据序列的箱图，其中的数据具有相同的分类方式。

③ 累加箱图：也称差异箱图或堆积箱图，它将两个或多个数据序列的差异进行累加，并将结果绘制在箱图中。

④ 百分比箱图：将每个数据点所占的比例绘制在箱图中，主要用于展示数据分布的偏态和峰态。

⑤ 标准化箱图：将原始数据经过标准化处理后绘制在箱图中，主要用于展示数据的分散程度和异常值。

此外，还有分组箱图等变种类型，这些类型可以根据实际需求进行选择。在绘制箱图时，需要注意以下几点。

① 确定数据的类型和分布特征，选择适合的箱图类型。

② 确保数据经过适当的处理和转换，以符合绘制箱图的条件。

③ 在绘制箱图时，需要注意数据的异常值和离群点，避免影响整个数据的分布特征。

④ 在展示多组数据时，需要注意数据的可比性和参照性，确保数据的准确性和可靠性。

12.6.2 案例：绘制简单箱图

下面介绍如何使用图形画板模板选择器绘制气缸数与汽车重量的简单箱图。

① 打开数据文件，进入SPSS Statistics数据编辑器窗口，在菜单选项组中

依次选择【图形】|【图形画板模板选择器】选项，打开"图形画板模板选择器"对话框。

② 在"基本"选项卡界面中，从变量列表中选择"重量"和"气缸数"变量，从右侧可用图形类型中选择"箱图"。

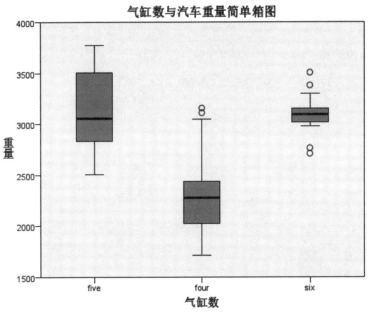

图12-33　简单箱图输出结果

③ 在"标题"选项卡中为图表添加"气缸数与汽车重量简单箱图"标题，其他设置保持默认。

④ 输出图形。所有设置完毕后，单击主对话框中的"确定"按钮，即可在SPSS Statistics查看器中输出如图12-33所示的图形。

由输出图可以明显看出，气缸数为5（five）的汽车重量明显高于其他类型。

12.6.3　案例：绘制分类箱图

分类箱图或聚类箱图的绘制过程与简单箱图的绘制基本相同，只需要在原有变量基础上添加一个分类变量即可。下面使用数据文件通过图表构建器演示分类箱图的绘制过程。

① 打开数据文件，进入SPSS Statistics数据编辑器窗口，在菜单选项组中依次选择【图形】|【图形画板模板选择器】选项，打开"图形画板模板选择器"

279

对话框。

② 在"基本"选项卡界面中，从变量列表中选择"车身样式""气缸数"和"引擎大小"变量，从右侧可用图形类型中选择"聚类箱图"。

③ 在"标题"选项卡中为图表添加"不同车身样式汽车气缸数与引擎大小箱图"标题，其他均采用默认设置。

④ 输出图形。所有设置结束后，单击主对话框中的"确定"按钮，即可在 SPSS Statistics 查看器中输出图形，结果如图 12-34 所示。

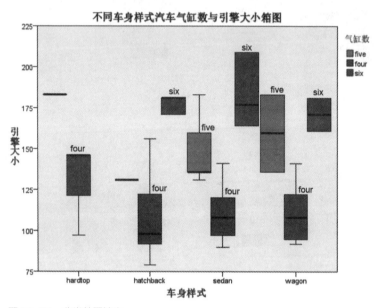

图 12-34　分类箱图输出

12.7　双轴图及其案例

12.7.1　双轴图及其类型

双轴图是一种数据图表，其中有两个 Y 轴用于表示不同类型的数据，主要用于展示两种不同量级的数据，以避免将数据过度放大或缩小。柱形图和折线图是最常见的双轴图类型，它们可以清晰地显示出两种数据的变化趋势和比较关系。

在制作双轴图时，需要注意以下几点。

① 确定数据的类型和量级，选择适合的双轴图类型。

② 确保两个Y轴的数据单位一致，以便进行准确的比较。

③ 在图表中清晰地标注出每个Y轴代表的数据类型和单位。

12.7.2 案例：绘制双轴图

下面将结合数据文件介绍双轴图的绘制过程。

① 打开数据文件，进入SPSS Statistics数据编辑器窗口，在菜单选项组中依次选择【图形】|【图表构建器】选项，打开"图表构建器"对话框。

② 在"选择范围"列表框中选择"双轴图"，然后从右侧显示的直观表示中双击"双轴线"直观表示或将其选中拖入画布中。将变量"制造商"拖入横轴变量放置区内，将变量"引擎大小"和"重量"分别拖入左右纵轴变量放置区内，如图12-35所示。

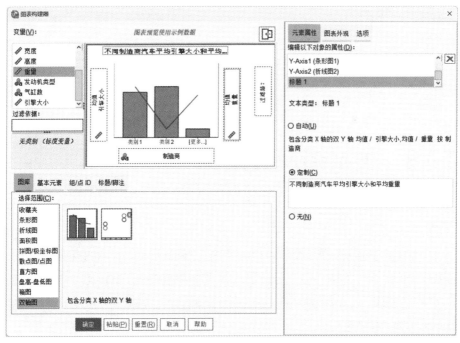

图12-35　设置双轴线图元素

③ 同绘制其他图形一样，可在"元素属性"对话框中对所有元素属性可选项进行设置。如在"标题/脚注"选项卡中选择"标题1"复选框，在"元素属

281

性"对话框的"内容"文本框中输入"不同制造商汽车平均引擎大小和平均重量"作为输出双轴线图的标题，设置完毕后，单击"应用"按钮使设置生效。

④ 输出图形。所有设置结束后，单击主对话框中的"确定"按钮，即可在SPSS Statistics查看器中输出图形，结果如图12-36所示。

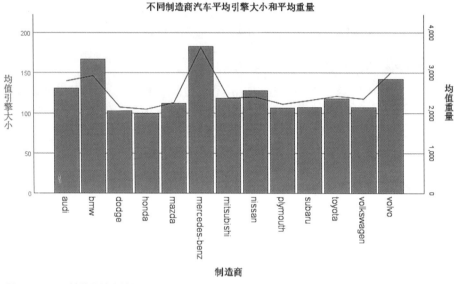

图12-36 双轴线图输出结果

12.8 关系图及其案例

12.8.1 关系图及其设置

关系图用于通过提供每个节点和链接彼此之间的链接和影响的直观表示来确定变量之间的相互关联。关系图通过节点和链接来直观表示链接和影响。节点表示变量和变量类别，链接则表示节点之间的影响强度。较大的节点和较粗的链接线代表较强的链接和影响。较小的节点和较细的链接线代表较弱的链接和影响。

在菜单选项组中依次选择【图形】【关系图】选项，打开"关系图"对话框，单击选项，在"关系图选项"对话框中，提供用于控制关系图节点和链接大小、布局、链接标签和缺失值的设置，如图12-37所示。

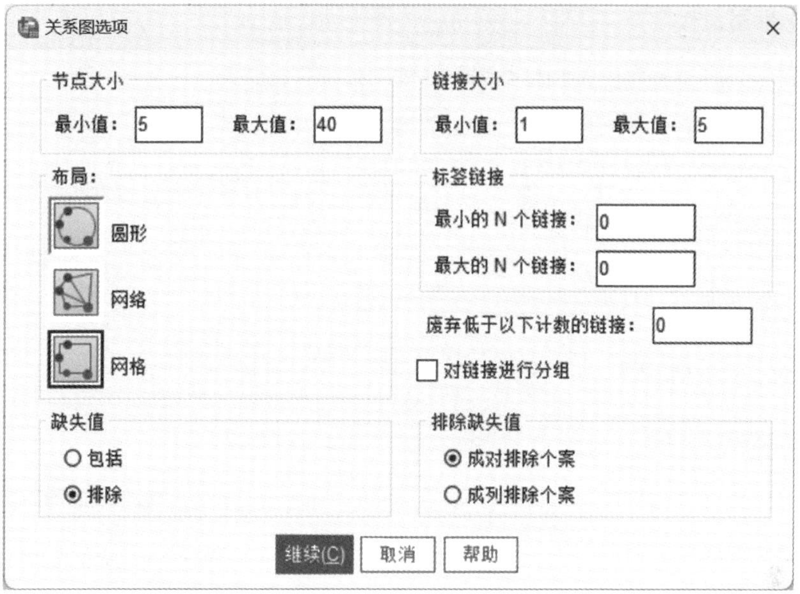

图 12-37　关系图选项

⬤ （1）节点大小

节点表示变量和变量类别。较大的节点表示强链接，较小的节点则表示弱链接。可用的设置可以设置最小和最大节点大小。

⬤ （2）链接大小

链接表示节点之间的影响强度。较粗的链接线代表强影响，较细的链接线则代表弱影响。可用的设置可以设置最小和最大链接线大小。

⬤ （3）布局

可用的设置可以控制关系图布局方向。

圆形：选择此选项时，关系图将以圆形模式显示，节点位于圆的外边缘上，链接线则位于圆内部。

网络：选择此选项时，将会使用算法将最强的链接分组在一起。这样做是为了使用空间差异和加权线来突出显示强链接。

网格：选择此选项时，关系图数据将以网状显示来表示，该网状显示则以规则间隔的网格模式布置。

283

（4）标签链接

最小的N个链接：在指定的N个最小链接上添加计数标签。

最大的N个链接：在指定的N个最大链接上添加计数标签。

废弃低于以下计数的链接：隐藏计数小于指定值的任何链接。

对链接进行分组：选择此选项时，会将最强链接分组在一起。

（5）缺失值

控制对缺失值的处理，可以选择包括或排除（默认设置）缺失值。

（6）排除缺失值

成对排除个案：包括组中变量不具有缺失值的个案。该个案可能在其他组使用的变量中有缺失值。

成列排除个案：从所有分析中排除任何变量具有缺失值的个案。

12.8.2　案例：绘制关系图

员工的教育水平与雇佣类型之间存在一定的关系。通常，教育水平较高的员工更容易获得更好的工作机会和更高的薪资，具体表现如下。

① 教育与技能的关系：教育水平较高的员工通常掌握更多的知识和技能，这些技能使他们在特定的工作环境中表现更出色。因此，他们更可能被雇佣为技术工人或专业人士，这些职位往往需要更高的教育背景和专业技能。

② 工资待遇与教育水平的关系：通常，教育水平更高的员工在工资上也会得到更好的待遇。这是因为他们的技能和知识在劳动力市场上具有更高的价值。一般来说，高等教育水平的员工在起始工资、津贴、福利等方面都可能得到更好的待遇。

③ 教育水平与职业发展的关系：除了更高的薪资，教育水平高的员工往往有更多的职业发展机会。这是因为他们有更多的知识和技能，可以更快地适应新的工作环境和需求。此外，由于他们的教育水平更高和掌握的技能更多，他们也更有可能得到晋升和提拔的机会，从而获得更好的职业发展机会。

④ 教育水平与就业机会的关系：教育水平高的员工在就业市场上通常有更多的选择。这是因为他们的技能和知识使他们成为许多雇主的理想人选。此外，

高等教育水平的人也更有可能获得实习或奖学金等机会，这进一步增加了他们的就业机会。

⑤ 教育水平与雇佣类型的多样性：教育水平不仅影响员工的薪资和职业发展，还影响雇佣类型的多样性。例如，一些公司可能会雇佣教育水平较低的员工从事一些基础工作，如清洁、搬运等，而教育水平较高的员工则可能从事更高级的工作，如管理、技术研发等。

下面介绍企业员工教育水平与雇佣类型的关系图的具体绘制过程。

① 打开"员工信息表.sav"数据文件，进入SPSS Statistics数据编辑器窗口，在菜单选项组中依次选择【图形】|【关系图】选项，打开"关系图"对话框。

② 将变量"教育水平"和"雇佣类别"拖放到变量放置区内，如图12-38所示。

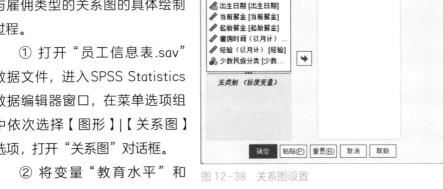

图12-38　关系图设置

③ 单击"选项"按钮以指定节点和链接大小、关系图布局（圆形、网络或网格）、标签链接，以及缺失值设置，这里使用默认设置。

④ 最后，在"关系图"页面单击"确定"按钮，生成员工教育水平与雇佣类型的关系图，如图12-39所示。

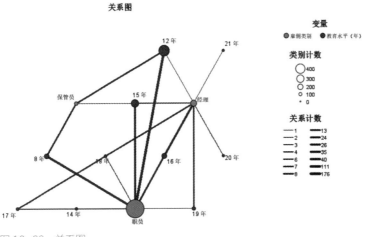

图12-39　关系图

285

13

案例：航空业客户价值画像

客户价值研究可以帮助航空公司更好地了解客户的需求、偏好和行为，从而更好地满足客户的需求，提高客户忠诚度和留存率。本章通过对航空业的客户进行深入价值研究，可以更好地帮助航空公司了解客户的消费行为和消费习惯等，从而制定更有效的市场营销策略和服务方案，以提高客户满意度和忠诚度。

13.1　研究背景

13.1.1　客户价值概念

客户价值是指客户对产品或服务的认可程度和满意度，客户价值是客户对企业的忠诚度和购买意愿的重要影响因素。客户价值概念的研究意义主要体现在以下几个方面。

① 帮助企业了解客户需求：通过研究客户价值，企业可以更好地了解客户的需求和偏好，从而更好地满足客户的需求，提高产品或服务的质量。

② 促进企业与客户的关系：研究客户价值可以帮助企业建立更加紧密的客户关系，提高客户忠诚度，增加客户的复购率，从而提高企业的盈利能力。

③ 优化产品和服务：通过研究客户价值，企业可以更好地了解客户对产品和服务的评价，从而及时调整和优化产品和服务，提高客户满意度。

④ 提高企业竞争力：研究客户价值可以帮助企业更好地了解市场需求和竞争对手的优势，从而更好地制定市场营销策略，提高企业的竞争力。

总之，客户价值概念的研究意义在于帮助企业更好地了解客户需求，提高客户满意度，建立紧密的客户关系，优化产品和服务，提高企业竞争力，从而实现可持续发展。

13.1.2　客户价值画像概述

客户价值画像是指利用客户的数据和行为分析，对客户进行细分和画像，以便更好地了解客户的需求、偏好和行为习惯，从而为客户提供个性化的服务和营销策略。客户价值画像能够帮助企业更好地了解客户群体，提高客户满意度和忠诚度，实现精准营销和精细化管理。

常用的客户价值画像方法包括：

① 数据分析：通过对客户的数据进行分析，包括消费行为、购买历史、交易频次等，来了解客户的消费习惯和价值。

② RFM模型：通过对客户的最近一次购买时间、购买频率和消费金额进行分析，将客户分为不同的等级，以便更好地了解客户的价值和需求。

③ 画像分析：通过对客户的基本信息、兴趣爱好、社交关系等进行分析，

287

来了解客户的生活方式和消费习惯。

④ 模型建立：利用机器学习和数据挖掘技术，建立客户价值模型，以预测客户的行为和价值，为企业提供决策支持。

客户价值画像的概述和常用方法可以帮助企业更好地了解客户，提高客户满意度和忠诚度，实现精准营销和精细化管理。

13.1.3　客户价值画像重要性

随着航空业竞争的加剧，航空公司需要更好地了解并满足客户的需求，以保持竞争优势和提高盈利能力。客户价值画像是一种对客户进行细致分析的方法，可以帮助航空公司更好地了解客户的喜好、行为习惯和价值，从而精准地制定营销策略，提供个性化的服务，同时也可以帮助航空公司识别高价值客户并进行个性化服务，以提高客户忠诚度和满意度。

因此，航空公司应该重视客户价值画像的建立和应用，以更好地满足客户的需求，提高盈利能力。

13.2　RFM 模型

13.2.1　什么是 RFM 模型

根据美国数据库营销研究所 Arthur Hughes 的研究，客户数据库中有三个神奇的要素：最近一次消费 R（Recency）表示客户最近一次购买的时间有多远，消费频率 F（Frequency）表示客户在最近一段时间内购买的次数，消费金额 M（Monetary）表示客户在最近一段时间内购买的金额。这三个要素构成了数据分析最好的指标。

（1）最近一次消费

最近一次消费意指客户最近一次购买产品或服务的时间距离现在有多远，它对于评估客户的活跃度和预测其未来的购买行为非常重要。

理论上，上一次消费时间越近的顾客应该是比较好的顾客，对提供即时的商品或是服务也最有可能会有反应。营销人员期望业绩有所增长，只能靠偷取竞争对手的市场占有率，而如果要密切地注意消费者的购买行为，那么最近的一次消费就是营销人员第一个要利用的工具。历史显示，如果我们能让消费者购买，他们就会持续购买。这也就是为什么，0～6个月的顾客收到营销人员的沟通信息多于31～36个月的顾客。

最近一次消费的过程是持续变动的。在顾客距上一次购买时间满一个月之后，在数据库里就成为最近一次消费为两个月的客户。反之，同一天，最近一次消费为三个月前的客户做了其下一次的购买，他就成为最近一次消费为一天前的顾客，也就有可能在很短的时间内就收到新的折价信息。

最近一次消费的功能不仅在于提供促销信息，营销人员的最近一次消费报告还可以监督事业的健全度。优秀的营销人员会定期查看最近一次消费分析，以掌握趋势。月报告如果显示上一次购买很近的客户（最近一次消费为一个月）人数如增加，则表示该公司是个稳健成长的公司；反之，如上一次消费为一个月的客户越来越少，则是该公司迈向不健全之路的征兆。

最近一次消费报告是维系顾客的一个重要指标。最近才买你的商品、服务或是光顾你商店的消费者，是最有可能再向你购买东西的顾客。再则，要吸引一个几个月前才上门的顾客购买，比吸引一个一年多以前来过的顾客要容易得多。营销人员如接受这种强有力的营销哲学——与顾客建立长期的关系而不仅是卖东西，会让顾客持续保持往来，并赢得他们的忠诚度。

◯ （2）消费频率

消费频率是顾客在限定的期间内所购买的次数。我们可以说最常购买的顾客，也是满意度最高的顾客。如果相信品牌及商店忠诚度的话，最常购买的消费者，忠诚度也就最高。增加顾客购买的次数意味着从竞争对手处偷取市场占有率，由别人的手中赚取营业额。

根据这个指标，我们又把客户五等分，这个五等分分析相当于是一个"忠诚度的阶梯"（loyalty ladder），其诀窍在于让消费者一直顺着阶梯往上爬，把销售想象成是要将两次购买的顾客往上推成三次购买的顾客，把一次购买者变成两次的。

（3）消费金额

消费金额是所有数据库报告的支柱，也可以验证"帕雷托法则"——公司80%的收入来自20%的顾客。在商业中，该法则可以解释为：大约80%的业务收入或利润来自大约20%的客户或产品。这意味着，为了获得大部分的回报，企业应该重点关注那部分能产生大部分结果的少数客户或产品。

如果你的预算不多，而且只能提供服务信息给2000个或3000个顾客，你会将信息邮寄给贡献40%收入的顾客，还是那些不到1%的顾客？数据库营销有时候就是这么简单。这样的营销所节省下来的成本会很可观。

结合这三个指标，我们就可以把顾客分成5×5×5=125类，对其进行数据分析，然后制定我们的营销策略。最近一次消费、消费频率、消费金额是测算消费者价值最重要也是最容易的方法，这充分地体现了这三个指标对营销活动的指导意义。而其中，最近一次消费是最有力的预测指标。

13.2.2　RFM模型的应用

RFM模型的应用非常广泛，适用于多种行业和场景。它可以帮助企业更好地理解客户需求和行为，优化市场营销策略和提升客户体验，从而更好地满足客户需求并提高企业的销售业绩和市场竞争力。

RFM模型的应用主要包括以下几个方面。

① 确定最有价值的客户群体。通过RFM模型将客户按照最近一次购买时间、购买频率和购买金额三个维度进行划分，可以识别出最有价值的客户群体。这些客户通常具有较高的忠诚度和购买力，对企业的收益和品牌形象有较大的贡献。

② 优化市场营销策略。RFM模型可以帮助企业更加精准地进行市场分析和营销策略制定。例如，可以根据不同RFM维度的得分，对客户进行细分和分类，制定个性化的促销活动、优惠政策和服务方案，从而提高客户的满意度和忠诚度，促进销售业绩的提升。

③ 提高客户体验。通过了解客户的购买行为和偏好，RFM模型可以帮助企业优化产品设计、服务流程和售后服务，提高客户的体验和满意度。例如，对于频率高但金额较小的客户，可以推出更多的小额商品和快捷的购物流程；对于金额高但频率较低的客户，可以提供更加高端的商品和专属的VIP服务。

④ 提高市场竞争力。RFM模型可以帮助企业了解市场竞争力和趋势，从而及时调整营销策略和产品服务，提高市场占有率和竞争力。例如，对于被竞争对手挖走的高价值客户，可以针对其购买行为和需求，推出更加个性化的产品和服务，以吸引客户回流和增加市场份额。

⑤ 精细化运营服务。通过RFM模型分析客户的消费时间间隔、消费频率和消费金额，可以制定更加精细化的运营策略。例如，针对消费时间间隔短的客户，可以采取唤醒或者刺激消费的策略；对于消费频率高的客户，可以规律性地提醒其关于产品的一些优惠信息；对于消费金额高的客户，可以提供专属的优惠价格。

13.3　SPSS 操作步骤

航空公司客户的价值主要受客户最近一次乘坐公司飞机距离观测窗口结束的月数、客户在观测窗口内乘坐公司飞机的次数，以及客户在观测窗口内累计的飞行里程等因素的影响。

导入数据文件"航空客户数据.xlsx"，航空公司客户RFM建模数据包括4个字段，即客户编码（MEMBER_NO）、最近一次消费（R）、消费总体频率（F）和消费金额（M），变量视图如图13-1所示。

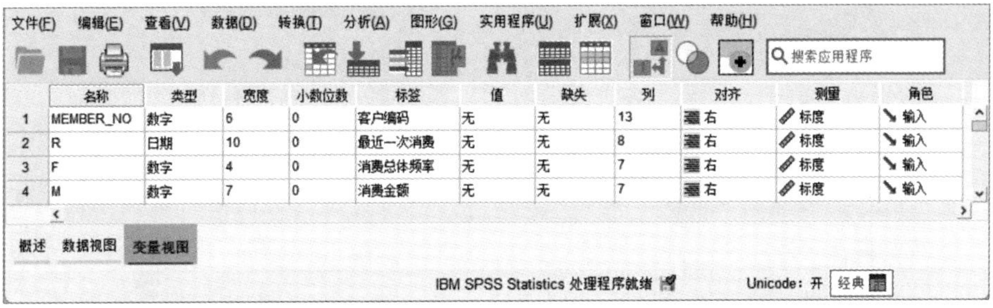

图13-1　案例数据变量视图

下面将介绍其具体操作步骤及其设置。

操作步骤如下。

打开SPSS软件，在数据视图窗口下，选择【分析】|【直销】|【选择技术】

选项。

在"直销"模块中点击"帮助确定我的最佳联系人（RFM分析）"选项，然后点击"继续"按钮，如图13-2所示。

图13-2　"直销"选项

在RFM分析中，通常有两种数据格式：交易数据和客户数据。

·交易数据：这种数据格式通常每次交易占用一行，关键变量包括客户ID、交易时间、交易金额等。交易数据可以被整理成客户数据，但客户数据无法还原成交易数据。

·客户数据：这种数据格式也是每次交易占用一行，关键变量包括客户ID、交易总金额、最近交易日期、交易总次数等。

在"RFM分析：数据格式"页面，根据我们的案例数据，这里选择"客户数据"选项，再点击"继续"按钮，如图13-3所示。

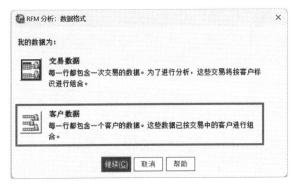

图13-3　RFM 分析：数据格式

13.3.1　"变量"选项卡

　　进入"客户数据RFM分析"的变量设置页面，将"客户编码[MEMBER_NO]"放入"客户标识"框中，"最近一次消费[R]"放入"交易日期或时间间隔"框中，"消费总体频率[F]"放入"交易数"框中，"消费金额[M]"放入"金额"框中，如图13-4所示。

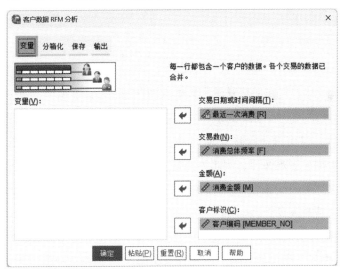

图13-4　"变量"选项

13.3.2　"分箱化"选项卡

　　将大量数值分组为小量类别的过程有时也称为分箱化。在RFM分析中，分箱化是为了将客户的最近一次消费时间、消费频率和消费金额划分为不同的等级

293

或类别。分箱化的目的是更好地理解客户的购买行为和价值，并据此制定有效的营销策略，如图13-5所示。例如，通过分箱化，企业可以识别出哪些客户是最近购买过的高价值客户，哪些客户可能是潜在的流失客户，从而采取相应的措施来维护和提高客户的忠诚度和购买力。

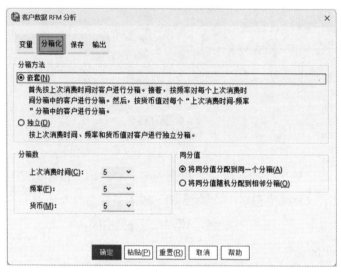

图13-5 "分箱化"选项

○ **（1）分箱方法**

嵌套：在嵌套分箱化中，简单等级被分配到上次消费时间值。在每个上次消费时间等级中，客户会分配到一个频率等级，然后在每个频率等级中，客户会分配到一个消费金额等级。这可以使合并RFM得分的分布更平均，但其缺点是会使频率和消费金额等级得分更难解释。例如，拥有上次消费时间等级5的客户的频率等级5与拥有上次消费时间等级4的客户的频率等级5意义是不同的，因为频率等级取决于上次消费时间等级。

独立：简单等级被分配到上次消费时间、频率和消费金额值。三个等级独立分配。三个RFM组件中每个组件的解释因此都非常明确；一个客户的频率得分5与另一个客户的频率得分5意义是相同的，无论其上次消费时间得分如何。对于较小的样本，这样做的缺点是会导致合并RFM得分的分布不平均。

○ **（2）分箱数**

它用于每个组件创建RFM得分的类别（分箱）数。可能的合并RFM得分的

294

总数是三个值的乘积。例如，5个上次消费时间分箱、4个频率分箱和3个消费金额分箱将创建总共60个可能的合并RFM得分，范围从111到543。

每个组件的缺省分箱数是5，将创建125个可能的合并RFM得分，范围从111到555。每个得分组件允许的最大分箱数是9。

（3）同分值

"同分值"是两个或更多相等的上次消费时间、频率或消费金额值。理想状况下，希望在每个分箱中拥有大致相同的客户数量，但是大量同分值的值可能影响分箱的分布。有两种方法可以处理同分值：将同分值分配到同一个分箱和将同分值随机分配到相邻分箱。

13.3.3 "保存"选项卡

来自交易数据的RFM始终以每个客户一行的方式创建新汇总数据集。使用"保存"选项卡来指定想保存的得分和其他变量以及它们的保存位置，如图13-6所示。

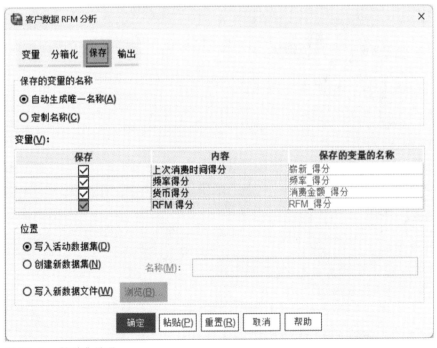

图13-6 "保存"选项

295

（1）保存的变量的名称

上次消费时间得分：分配给每个客户的基于最近交易日期的得分，越高表示交易日期越近。

频率得分：分配给每个客户的基于交易总数的得分，得分越高表示交易越多。

货币得分：分配给每个客户的基于所选消费金额汇总测量的得分，得分越高表示消费金额汇总测量的值越高。

RFM得分：三个单个得分合为一个值，公式为"上次消费时间得分×100+频率得分×10+消费金额得分"。

缺省情况下，所有可用变量都包括在新数据集中，因此，取消选择不想包括的变量。根据需要，可以指定自己的变量名称，变量名称必须符合标准变量命名规则。

（2）位置

来自交易数据的RFM始终以每个客户一行的方式创建新汇总数据集。可以在当前会话中创建新数据集或在外部数据文件中保存RFM得分数据。

13.3.4 "输出"选项卡

RFM分析的"输出"选项卡如图13-7所示。

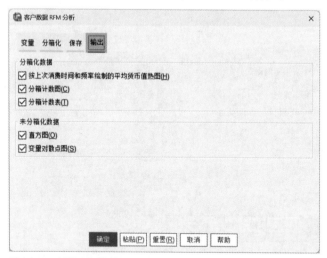

图13-7 "输出"选项

（1）分箱化数据

分箱化数据的图表基于计算的上次消费时间、频率和消费金额得分。

按上次消费时间和频率绘制的平均货币值热图：平均货币值热图显示由上次消费时间和频率得分定义的类别的平均货币值，颜色越深的区域表示平均货币值越高。

分箱计数图：分箱计数图表显示选定分箱化方法的分箱分布，每个条代表将被分配每个合并RFM得分的个案数。

分箱计数表：与分箱计数图中的信息相同，不同之处在于以表格形式呈现，每个单元格中为分箱计数。

（2）未分箱化数据

未分箱化数据的图表基于用来创建上次消费时间、频率和消费金额得分的原始变量。

直方图：直方图显示用于计算上次消费时间、频率和消费金额得分的三个变量的值的相对分布。这些直方图经常用来表示正态或对称分布以外的偏斜分布。

变量对散点图：这些散点图显示用于计算上次消费时间、频率和货币值得分的三个变量之间的关系。

13.4　SPSS 结果介绍

13.4.1　RFM 分箱计数

尽管通常希望相当均匀的分布，即所有（或大多数）条形的大体高度相同，但当使用将同数的值分配给相同分箱的缺省分箱化方法时，必然会产生一定量的偏差。分箱分布中的极值波动和 / 或较多空的分箱可能表明应尝试另一种分箱化方法，或重新考虑RFM分析的适用性。

分箱计数图显示所选分箱方法的分箱分布，如图13-8所示。每个条形都表示将被赋予每个组合RFM得分的客户数。尽管通常希望获得相当均匀的分布，即所有（或大多数）条形的高度大致相同，但在使用将绑定值分配给同一分箱的缺省分箱方法时，必然会产生一定程度的偏差。

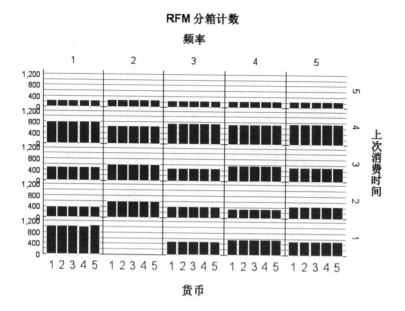

图 13-8　RFM 分箱计数

分箱分布中出现极端波动和 / 或较多空分箱可能表明应尝试另一种分箱方法（减少分箱数目和 / 或随机分配绑定值），或者重新考虑 RFM 分析的适用性。

13.4.2　分箱计数表

建模有效数据共有 62044 条，缺失数据为 0 条，如图 13-9 所示。

个案处理摘要

	个案					
	有效		缺失		总计	
	N	百分比	N	百分比	N	百分比
频率得分 * 货币得分 * 上次消费时间得分	62044	100.0%	0	0.0%	62044	100.0%

图 13-9　个案处理摘要

分箱计数表显示所选分箱方法的分箱分布。每个单元格都表示将被赋予每个组合 RFM 得分的客户数。尽管通常希望获得相当均匀的分布，即所有（或大多数）单元格包含数目接近的客户，但在使用将绑定值分配给同一分箱的缺省分箱方法时，必然会产生一定程度的偏差。单元格计数出现极端波动和 / 或较多单元格的计数为0可能表明应该尝试另一种分箱方法（减少分箱数目和/或随机分配绑定值），或者重新考虑RFM分析的适用性，如图13-10所示。

频率得分 * 货币得分 * 上次消费时间得分 交叉表

计数

上次消费时间得分			货币得分 1	2	3	4	5	总计
1	频率得分	1	1040	1020	1040	1013	1053	5166
		3	491	492	492	491	492	2458
		4	555	555	556	555	555	2776
		5	512	513	513	513	512	2563
	总计		2598	2580	2601	2572	2612	12963
2	频率得分	1	384	387	386	387	384	1928
		2	586	585	587	586	586	2930
		3	415	415	416	415	415	2076
		4	351	351	351	351	351	1755
		5	450	451	451	451	450	2253
	总计		2186	2189	2191	2190	2186	10942
3	频率得分	1	496	502	497	497	500	2492
		2	608	608	609	608	608	3041
		3	468	468	468	468	468	2340
		4	566	566	567	565	566	2830
		5	516	518	518	517	517	2586
	总计		2654	2662	2659	2655	2659	13289
4	频率得分	1	817	819	817	818	817	4088
		2	652	653	652	654	652	3263
		3	761	761	761	761	761	3805
		4	733	734	733	734	733	3667
		5	748	747	748	748	748	3739
	总计		3711	3714	3711	3715	3711	18562
5	频率得分	1	233	234	233	234	233	1167
		2	280	280	281	280	280	1401
		3	236	237	237	237	237	1184
		4	254	255	255	255	255	1274
		5	252	253	252	253	252	1262
	总计		1255	1259	1258	1259	1257	6288
总计	频率得分	1	2970	2962	2973	2949	2987	14841
		2	2126	2126	2129	2128	2126	10635
		3	2371	2373	2374	2372	2373	11863
		4	2459	2461	2462	2460	2460	12302
		5	2478	2482	2482	2482	2479	12403
	总计		12404	12404	12420	12391	12425	62044

图13-10　分箱计数表

13.4.3　RFM 热图

从RFM热图可以看出上次消费时间分箱为5，频率分箱为5的RF类别的平

299

均货币值最高，基本在100000以上，如图13-11所示。

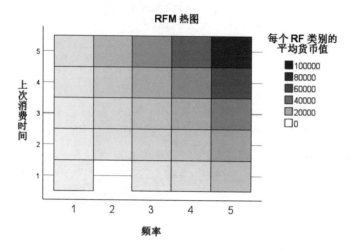

图 13-11　RFM 热图

平均货币值热图显示由上次消费时间得分和频率得分定义的类别的平均货币值。区域颜色越深表示平均货币值越高。换而言之，与上次消费时间得分和频率得分处于较浅色区域的客户相比，上次消费时间得分和频率得分处于较深色区域的客户花费更多货币值的可能性通常更大。

13.4.4　RFM 直方图

每个直方图的水平轴始终采用左侧为较小值、右侧为较大值的顺序。但对于上次消费时间，图表的解释依赖于上次消费时间测量的类型：日期或时间间隔。对于日期，左侧条代表更"早"的值。对于时间间隔，左侧条代表更"近"的值。每个变量的平均值和标准差如图13-12所示。

直方图显示三个分别用于计算上次消费时间得分、频率得分和货币值得分的字段的值相对分布。这些直方图通常会指示一定程度倾斜的分布，而不是正态或对称分布。

每个直方图的水平轴始终将较小的值显示在左侧，将较大的值按顺序显示在右侧。但对于上次消费时间，对图表的解释取决于上次消费时间的测量类型：日期或时间间隔。对于日期，左侧的条形代表过去的值（较早以前的值比近期的值小）。对于时间间隔，左侧的条形代表较近期的值（时间间隔越小，交易离现在越近）。

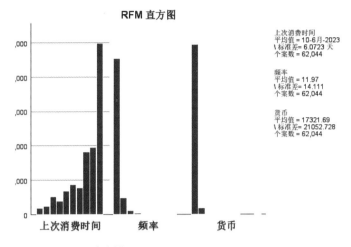

图 13-12　RFM 直方图

13.4.5　RFM 散点图

RFM散点图是根据两两变量记录绘制的图形，可以直观显示变量的关系，如图13-13所示。

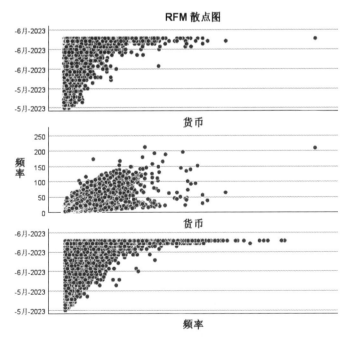

图 13-13　RFM 散点图

301

这些散点图显示三个分别用于计算上次消费时间得分、频率得分和货币值得分的变量之间的关系。由于频率常常代表范围相对较小的离散值，因此通常会看到频率标度中出现各个点的明显线性分组。例如，如果交易总数不超过15，那么只有15个可能的频率值（除非计入零碎交易），尽管存在数百个可能的上次消费时间值和数千个货币值。

对上次消费时间轴的解释取决于上次消费时间的测量类型：日期或时间间隔。对于日期，越接近原点的点代表离现在越远的过去日期。对于时间间隔，越接近原点的点代表越近期的值。

13.4.6 RFM 得分

RFM得分和各个变量的具体得分会显示在数据视图窗口中，如图13-14所示。

	MEMBER_NO	R	F	M	最新_得分	频率_得分	消费金额_得分	RFM_得分	变量	变量
1	1	09-Jun-23	3	18770	2	2	5	225		
2	2	12-Jun-23	24	35087	3	5	4	354		
3	3	13-Jun-23	9	20660	3	3	5	335		
4	4	15-Jun-23	12	23071	4	3	5	435		

图 13-14 RFM 得分

13.5 案例小结

通过航空业的客户价值画像案例，可以得出如下的几点结论。

① 重要性分析：根据RFM模型的分析结果，可以确定客户的重要性，即哪些客户对航空公司的价值更高。通过对客户的最近购买时间（Recency）、购买频率（Frequency）和消费金额（Monetary）进行分析，可以识别出高价值客户和低价值客户。

② 客户细分：根据RFM模型的结果，可以将客户分成不同的细分群体，例如重要客户、一般客户和低价值客户。这有助于航空公司更好地理解客户群体的特点和需求，从而制定针对性的营销策略和服务方案。

③ 营销策略制定：通过RFM模型的分析结果，航空公司可以针对不同的客户群体制定不同的营销策略。对于重要客户，可以加强客户关系管理，提供更个性化的服务和优惠，以增加客户忠诚度和购买频率；对于低价值客户，可以采取一些促销活动，以提高其购买意愿和消费金额。

④ 数据驱动决策：RFM模型的数据分析结果可以帮助航空公司更加科学地进行决策，避免主观臆断和盲目行动。通过对客户价值画像的深入分析，航空公司可以更好地把握客户需求和行为，从而更加精准地制定营销策略和服务方案。

综上，航空业客户价值画像RFM案例数据分析可以帮助航空公司更好地了解客户群体，制定针对性的营销策略，提高客户满意度和忠诚度，从而实现业务增长和盈利增长。

14

案例：武汉市空气质量分析

▼

随着我国经济的快速发展，空气质量区域性特性日渐明显。武汉市经济迅速发展的同时，环境污染问题也得到明显改善，主要环境影响因素指标有PM2.5、PM10、SO_2、NO_2、CO、O_3等。本章利用SPSS软件对2014年至2022年武汉市的空气质量数据进行数据分析。

14.1 案例背景概述

14.1.1 案例研究意义

随着我国经济发展以及现代化水平的不断提高，各行各业都追求着最大的经济效益，然而与此同时，生产、生活中产生的废气污染物也越来越多，众多污染物弥漫在空气中久久无法消散，我国的空气质量出现下降，空气污染严重，不仅对我国的生产发展造成了严重后果，更危害着居民的身心健康，污染物被吸入体内，成为诱发呼吸系统疾病和心脏病的主要原因之一。

绿水青山就是金山银山。良好生态环境既是自然财富，也是经济财富，关系着经济社会发展潜力和后劲。生态文明建设是关系人民福祉、关乎国家未来的重中之重。面对各类资源日益匮乏、环境污染越发严重、生态系统不断退化的发展趋势，我们必须树立"保护生态环境就是保护生产力，改善生态环境就是发展生产力"的生态发展观念。

目前，我国的空气污染状况亟待解决，而当前的空气质量监测系统又是根据实时监测数据汇总得到当天的空气质量指数（Air Quality Index，简称AQI）及六种污染物平均浓度值，因此具有一定的后效性，无法及时地提供预警并引导政府及居民采取有效的提前防护措施。基于上述我国空气质量现状，分析武汉市的空气质量状况，选取武汉市2014年1月1日至2022年12月31日的空气质量相关数据，从整体季节性分析与预测的角度，对武汉市空气质量状况进行细致深入的研究。

14.1.2 空气质量指数

空气质量指数又称空气污染指数，是根据环境空气质量标准和各项污染物对人体健康、生态、环境的影响，将常规监测的几种空气污染物浓度简化成为单一的概念性指数值形式。

目前各国的空气质量标准也大不相同，AQI的取值范围自然也就不同，我国采用的标准和美国标准相似，其取值范围为0 ~ 500，如表14-1所示。

空气污染物是由气态物质、挥发性物质、半挥发性物质和颗粒物质的混合物造成的，其中主要是PM2.5、PM10、SO_2、NO_2、CO、O_3等污染物。

表14-1 空气质量指数标准

空气质量指数	污染级别	对健康的影响	建议采取措施
0～50	优	空气质量令人满意，基本无空气污染，对健康没有危害	各类人群可多参加户外活动，多呼吸一下清新的空气
51～100	良	除少数对某些污染物特别敏感的人群外，不会对人体健康产生危害	除少数对某些污染物特别容易过敏的人群外，其他人群可以正常进行室外活动
101～150	轻度污染	敏感人群症状会有轻度加剧，对健康人群没有明显影响	儿童、老年人及心脏病、呼吸系统疾病患者应尽量减少体力消耗大的户外活动
151～200	中度污染	敏感人群症状进一步加剧，可能对健康人群的心脏、呼吸系统有影响	儿童、老年人及心脏病、呼吸系统疾病患者应尽量减少外出，停留在室内；一般人群应适量减少户外运动
201～300	重度污染	空气状况很差，会对每个人的健康都产生比较严重的危害	儿童、老年人及心脏病、肺病患者应停留在室内，停止户外运动；一般人群尽量减少户外运动
＞300	严重污染	空气状况极差，所有人的健康都会受到严重危害	儿童、老年人和病人应停留在室内，避免体力消耗，除有特殊需要的人群外，一般人群尽量不要停留在室外

影响空气污染物的因素：一是气象因素，气象条件是影响大气污染的一个重要因素，如风向、风速、气温和湿度等，都直接增加污染物的危害程度；二是地形因素，例如在窝风的丘陵和山谷盆地，污染物不能顺利扩散开去，可能形成一定范围的污染区；三是植物的净化作用，花草树木可以过滤和净化大气中的粉尘和有害气体，对减轻大气污染有着不可忽视的作用。

（1）PM2.5

PM2.5是指环境空气中空气动力学当量直径小于等于2.5μm的颗粒物，它能较长时间悬浮于空气中，当空气中PM2.5含量浓度越高，就代表空气污染越严重。PM2.5可以由硫和氮的氧化物转化而成。而这些气体污染物往往是由人类对化石燃料（煤、石油等）和垃圾的燃烧造成的。对空气质量和能见度等有极大的影响。

（2）PM10

PM10是指粒径在10μm以下可吸入的颗粒物。可吸入颗粒物在环境空气中持续的时间很长，对人体健康和大气能见度的影响都很大。通常来自在未铺的沥青、水泥的路面上行驶的机动车，材料的破碎碾磨处理过程以及被风扬起的尘土。可吸入颗粒物被人吸入后，会积累在呼吸系统中，引发许多疾病，对人类危害大。可吸入颗粒物的浓度以每立方米空气中可吸入颗粒物的毫克数表示。

（3）SO_2

二氧化硫，化学式为SO_2，是常见的硫氧化物，大气主要污染物之一。火山爆发时会喷出该气体，在许多工业过程中也会产生二氧化硫。由于煤和石油通常都含有硫化合物，因此燃烧时会生成二氧化硫。当二氧化硫溶于水中，会形成亚硫酸（酸雨的主要成分）。若把二氧化硫进一步氧化，通常在催化剂存在下，便会迅速高效生成硫酸。这就是对使用这些燃料作为能源的环境效果担心的原因之一。

（4）NO_2

二氧化氮，化学式为NO_2，在高温下是棕红色有毒气体。人为产生的二氧化氮主要来自高温燃烧过程的释放，比如机动车尾气、锅炉废气的排放等。二氧化氮还是酸雨的成因之一，其所带来的环境效应多种多样，包括：对湿地和陆生植物物种之间竞争与组成变化的影响，大气能见度的降低，地表水的酸化、富营养化（由于水中富含氮、磷等营养物藻类大量繁殖而导致缺氧），以及增加水体中有害于鱼类和其他水生生物的毒素含量。

（5）CO

一氧化碳，化学式为CO，纯品为无色、无臭、无刺激性的气体。相对分子质量为28.01，密度为1.25g/L，冰点为−205.1℃，沸点为−191.5℃。在水中的溶解度甚低，极难溶于水。与空气混合爆炸极限为14.5% ~ 74.2%。一氧化碳极易与血红蛋白结合，形成碳氧血红蛋白，使血红蛋白丧失携氧的能力和作用，造成组织窒息，严重时死亡。一氧化碳对全身的组织细胞均有毒性作用，尤其是对大脑皮质的影响最为严重。在冶金、化学、石墨电极制造以及家用煤气或煤炉、汽车尾气中均有CO存在。

（6）O_3

臭氧，化学式为O_3，又称为超氧，是氧气（O_2）的同素异形体，在常温下，它是一种有特殊臭味的淡蓝色气体。臭氧主要分布在10 ~ 50km高度的平流层大气中，极大值在20 ~ 30km高度之间。在常温常压下，稳定性较差，可自行分解为氧气。臭氧具有青草的味道，吸入少量对人体有益，吸入过量对人体健康有一定危害。氧气通过电击可变为臭氧。

14.1.3 案例数据采集

本案例以天气后报网的空气质量数据为数据来源，如图14-1所示，采集了从2014年至2022年共计9年的武汉市空气质量数据，共获得3238条记录，案例数据集中字段信息包括：日期、质量等级、AQI指数、当天AQI排名、PM2.5、PM10、SO_2、NO_2、CO和O_3等信息。

2022年12月武汉空气质量指数AQI_PM2.5历史数据

日期	质量等级	AQI指数	当天AQI排名	PM2.5	PM10	SO₂	NO₂	CO	O₃
2022-12-01	优	26	107	14	26	6	17	0.53	42
2022-12-02	优	43	153	30	38	8	34	0.69	28
2022-12-03	良	63	216	45	54	8	36	0.78	20
2022-12-04	良	68	248	50	57	7	30	0.73	27
2022-12-05	优	44	161	31	35	6	36	0.66	24
2022-12-06	良	66	213	47	59	7	54	0.90	9

武汉12月份空气质量指数(AQI)数据：数值单位：μg/m³(CO为mg/m³)

图 14-1 空气质量指数数据

14.2 数据可视化分析

近些年来，武汉市一直大力推进挥发性有机化合物（volatile organic compounds，VOCs）及重点行业污染治理，重点实施精细化扬尘管控，取得了一定的成效。武汉市区环境空气质量总体趋于良好，大气空气质量优良的天数逐年上升。

14.2.1 历年 AQI 总体比较分析

为了比较分析2014年至2022年武汉市空气质量状况，绘制了这9年AQI

数据的条形图，如图14-2所示。在条形图中，每一个条形代表一年的AQI数据，条形的高度代表该年的AQI值，通过这种方式，我们可以清晰地看到每年AQI的数值大小，从而了解空气质量的变化趋势。

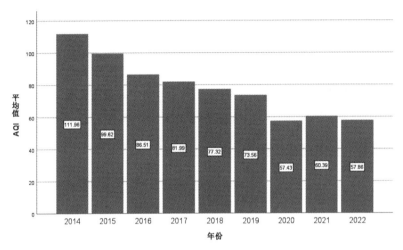

图14-2 历年AQI均值条形图

通过这样的图表，我们可以方便地对比不同年份之间的空气质量状况，观察AQI值的变化规律，进而评估武汉市空气质量的整体趋势，这对于我们了解空气质量状况，制定相应的环境保护政策具有重要的参考价值。

从图形可以看出：2014年至2022年，武汉市AQI均值从2014年的111.96下降到2022年的57.86，基本呈现逐渐下降的趋势。

14.2.2　历年空气质量等级分布

为了分析2014年至2022年武汉市空气质量等级情况，绘制了空气质量等级分布的堆积条形图，如图14-3所示。从图形可以看出：从2014年开始，武汉市空气质量的优良总天数呈现逐渐上升的趋势，污染的天数呈现下降的趋势。

14.2.3　污染物浓度散点图矩阵

要想控制空气污染，降低空气中污染物的浓度值，首先需要搞清楚污染物之间的关系，绘制各个污染物之间的散点图矩阵，可以帮助研究人员更好地理解多个变量之间的关系，从而更好地进行数据分析和决策，如图14-4所示。

309

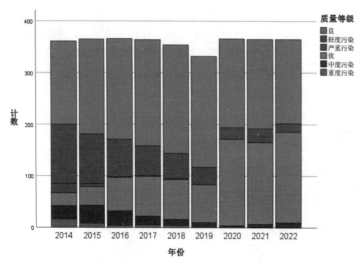

图 14-3　空气质量等级堆积条形图

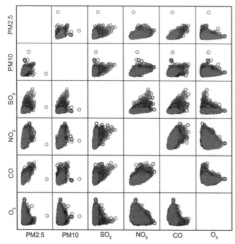

图 14-4　污染物散点图矩阵

14.3　AQI 数据分析

14.3.1　污染物浓度描述性分析

空气污染物浓度描述性分析是对空气中污染物浓度的统计、描述和解释，是评估空气质量、了解污染物来源和制定治理措施的重要依据，描述性分析可以得到各个变量的个数、最小值、最大值、均值和标准偏差等统计量，如图14-5所示。

描述统计

	N	最小值	最大值	均值	标准 偏差
PM2.5	3238	3	590	51.09	38.149
PM10	3238	0	617	79.18	48.389
SO$_2$	3238	2	105	12.18	10.746
NO$_2$	3238	9	125	42.71	19.935
CO	3238	.36	2.77	.9827	.31277
O$_3$	3238	3	190	57.96	28.965
有效个案数（成列）	3238				

图14-5 污染物描述性分析

14.3.2 污染物浓度相关分析

空气污染物浓度值的相关分析如下，可以看出6种污染物两两之间的相关系数中，"PM2.5"和"PM10"之间的皮尔逊相关系数最大，为0.760，二者之间存在高度相关，且两者之间相关的双侧显著性值小于0.001，如图14-6所示。

相关性

		PM2.5	PM10	SO$_2$	NO$_2$	CO	O$_3$
PM2.5	皮尔逊相关性	1	.760**	.587**	.598**	.771**	-.308**
	显著性（双尾）		.000	.000	.000	.000	.000
	个案数	3238	3238	3238	3238	3238	3238
PM10	皮尔逊相关性	.760**	1	.596**	.712**	.612**	-.117**
	显著性（双尾）	.000		.000	.000	.000	.000
	个案数	3238	3238	3238	3238	3238	3238
SO$_2$	皮尔逊相关性	.587**	.596**	1	.559**	.568**	-.134**
	显著性（双尾）	.000	.000		.000	.000	.000
	个案数	3238	3238	3238	3238	3238	3238
NO$_2$	皮尔逊相关性	.598**	.712**	.559**	1	.628**	-.325**
	显著性（双尾）	.000	.000	.000		.000	.000
	个案数	3238	3238	3238	3238	3238	3238
CO	皮尔逊相关性	.771**	.612**	.568**	.628**	1	-.358**
	显著性（双尾）	.000	.000	.000	.000		.000
	个案数	3238	3238	3238	3238	3238	3238
O$_3$	皮尔逊相关性	-.308**	-.117**	-.134**	-.325**	-.358**	1
	显著性（双尾）	.000	.000	.000	.000	.000	
	个案数	3238	3238	3238	3238	3238	3238

**. 在 0.01 级别（双尾），相关性显著。

图14-6 污染物相关分析

14.3.3　AQI 线性回归建模

下面对武汉市2014年至2022年的污染物数据进行多元线性回归分析，以AQI为因变量，以PM2.5、PM10、SO_2、NO_2、CO、O_3为自变量。使用调整后R方评价和选择模型，这是由于R方存在一个问题，就是当模型中自变量的数量增加时，R方会自然增加，即使这些自变量对因变量的解释能力很小。为了解决这个问题，引入了调整后R方，调整后R方考虑了模型中自变量的数量，它对模型的拟合优度进行了修正。

本案例中，由SPSS输出的模型摘要可知，模型6最好，调整后R方最大，数值为0.946，并包含所有6个自变量，如图14-7所示。

模型摘要[g]

模型	R	R 方	调整后 R 方	标准估算的错误
1	.944[a]	.891	.891	14.563
2	.970[b]	.941	.941	10.714
3	.971[c]	.943	.943	10.551
4	.972[d]	.944	.944	10.437
5	.972[e]	.945	.945	10.345
6	.972[f]	.946	.946	10.309

a. 预测变量：(常量)，PM2.5。
b. 预测变量：(常量)，PM2.5，PM10。
c. 预测变量：(常量)，PM2.5，PM10，NO_2。
d. 预测变量：(常量)，PM2.5，PM10 NO_2，CO。
e. 预测变量：(常量)，PM2.5，PM10 NO_2，CO，O_3。
f. 预测变量：(常量)，PM2.5 PM10，NO_2，CO，O_3，SO_2。
g. 因变量：AQI。

图 14-7　线性回归模型摘要

回归系数是线性回归分析中非常重要的参数，它们帮助我们理解自变量与因变量之间的关系，指导我们进行数据分析和预测建模。

在SPSS中，回归系数可以通过回归分析结果中的系数表格得到，每个自变量都有一个回归系数，表示自变量对因变量的影响程度，该模型的回归系数如图14-8所示。

系数[a]

模型		未标准化系数		标准化系数	t	显著性
		B	标准错误	Beta		
1	(常量)	22.638	.428		52.920	.000
	PM2.5	1.094	.007	.944	163.048	.000
2	(常量)	13.249	.362		36.578	.000
	PM2.5	.792	.008	.683	104.300	.000
	PM10	.313	.006	.343	52.374	.000
3	(常量)	15.842	.439		36.048	.000
	PM2.5	.801	.008	.692	106.348	.000
	PM10	.347	.007	.380	51.221	.000
	NO_2	-.135	.013	-.061	-10.101	.000
4	(常量)	11.232	.696		16.136	.000
	PM2.5	.755	.009	.651	81.548	.000
	PM10	.354	.007	.388	52.423	.000
	NO_2	-.176	.014	-.079	-12.492	.000
	CO	8.324	.982	.059	8.478	.000
5	(常量)	6.499	.925		7.029	.000
	PM2.5	.769	.009	.664	82.173	.000
	PM10	.337	.007	.369	47.751	.000
	NO_2	-.145	.014	-.065	-9.995	.000
	CO	9.201	.980	.065	9.391	.000
	O_3	.055	.007	.036	7.692	.000
6	(常量)	5.657	.938		6.032	.000
	PM2.5	.775	.009	.669	82.424	.000
	PM10	.342	.007	.374	48.132	.000
	NO_2	-.132	.015	-.060	-9.017	.000
	CO	9.998	.990	.071	10.097	.000
	O_3	.059	.007	.038	8.181	.000
	SO_2	-.109	.023	-.027	-4.831	.000

a. 因变量：AQI。

图 14-8　线性回归模型系数

　　从模型系数表，我们可以得出该多元线性回归模型的方程为：

AQI = 5.657+0.775×PM2.5+0.342×PM10−0.132×NO_2+9.998×
　　　　CO+0.059×O_3−0.109×SO_2

　　在SPSS中绘制回归模型的残差直方图，以便对模型的残差进行分析和诊断，残差直方图是评估统计模型拟合优度的重要工具之一。该模型的标准化残差直方图如图14-9所示，可以看出残差呈现正态分布，且没有明显的规律性，说明模型的拟合效果较好。

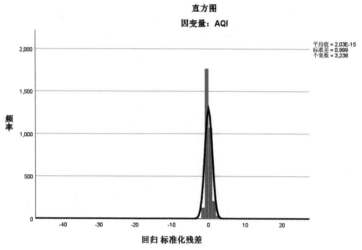

图 14-9 残差图

14.4 案例小结

经济快速发展和城市化进程中大量能源的消耗排放了大量对人体有害的物质，对大气环境造成了一定程度的污染。随着生态文明建设理念的普及，人们对环境空气质量的意识在提高，要求也逐渐提升。

中国的环境空气质量标准2012年进行了第三次修订，调整了环境空气功能区分类，居住区、商业交通居民混合区、文化区、工业区和农村地区执行二类标准，调整了部分污染物的浓度限值，增设了PM2.5浓度限值和臭氧8小时平均浓度限值。

2022年武汉市生态环境质量各项指标均达到省下达考核目标（含空气质量激励目标）要求。PM2.5平均浓度首次达到《环境空气质量标准》二级标准。2022年，武汉市环境空气质量指数（AQI）优良天数为338天，AQI优良率为92.6%，同比增加2.0个百分点。细颗粒物（PM2.5）年均浓度为34.98 μg/m³，二氧化硫（SO_2）、可吸入颗粒物（PM10）、二氧化氮（NO_2）年均浓度分别为8.14 μg/m³、56.33 μg/m³、33.76 μg/m³；O_3浓度为66.87 μg/m³，一氧化碳（CO）浓度为0.86 μg/m³。